W0074601

Das Buch

Mathias Richling kennt sich aus mit den Schwachstellen unseres Staates. Das Problem: Es werden immer mehr. In der Ära Merkel ist der Bürger endgültig zum Missbrauchsopfer degradiert worden. Steuerverschwendung und Wählerbetrug zählen längst zur Routine, Korruption und Sozialabbau sind salonfähig. Um Recht, Moral und Verlässlichkeit scheren sich Banken und Parteien nur noch gelegentlich. Und in Talkshows demonstrieren unsere mäßig ehrenwerten Entscheidungsträger eine Art Demokratie zum Schnellverzehr. Aber je mehr das gemeine Volk und die selbstherrlichen Führungseliten auseinanderklaffen, desto mehr entwickelt sich eine neue, selbstbewusste Öffentlichkeit und sucht sich neue Wege in die Politik. Deutschland heute: zum Weinen? In Richlings Buch vor allem: zum Lachen!

Der Autor

Mathias Richling zählt seit vielen Jahren zur ersten Garde der deutschen Kabarettszene. Neben zahlreichen Bühnenshows hat er auch eigene TV-Sendungen wie »Jetzt schlägt's Richling« und »Zwerch trifft Fell« im SWR sowie »Studio Richling« auf SWR und ARD. Seit Oktober 2013 tritt er mit seinem neuen Bühnenprogramm »Deutschland to go« auf.

MATHIAS RICHLING

Deutschland
to go

Demokratie zum Schnellverzehr

Ullstein

Besuchen Sie uns im Internet:
www.ullstein-taschenbuch.de

Ungekürzte Ausgabe im Ullstein Taschenbuch
1. Auflage Januar 2014
© Ullstein Buchverlage GmbH, Berlin 2012 / Ullstein Verlag
Alle Rechte vorbehalten
Das Werk ist urheberrechtlich geschützt. Insbesondere die Vervielfältigung,
Verbreitung und öffentliche Wiedergabe (z.B. durch Vortrag, öffentliche
Zugänglichmachung im Internet) sind außerhalb der Schranken des
Urheberrechtgesetzes untersagt.
Deutschland to go® ist eine eingetragene Marke von Mathias Richling.
Umschlaggestaltung: ZERO Werbeagentur, München
Titelabbildung: © Günter Verdin; FinePic®, München
Satz: Pinkuin Satz und Datentechnik, Berlin
Gesetzt aus der Caslon
Papier: Pamo Super von Arctic Paper Mochenwangen GmbH
Druck und Bindearbeiten: GGP Media GmbH, Pößneck
Printed in Germany
ISBN 978-3-548-37525-0

Inhalt

9 Prêt-à-Demokratie?

11 Formsache Demokratie

13 Demokratie als Dresscode

18 Wie viele Meinungen haben Sie?

22 Die demoskopierte Meinung

29 Talkokratie Deutschland

35 Ein Fall von Westerwelle (auf Englisch: Westerwelle)

39 Auslegungssache Wahrheit

44 Die wahre Lüge

51 Steuern sind eine Wahrheit für sich

56 Zauberkunststück Etat

59 Gleichheit als Halluzination

64 Reichtum der Armut

75 Planungsfehler Alter

82 Sterbehilfe als Lebenslösung

87 Systemische Gesundheit

92 Die Randgruppe der dicken Mehrheit

98 Raucher zu Asche

100 Muss der Sozialstaat sozial sein?

104 Kapitale Hoffnungen

107 Die SPD als breite Mitte

116 Links – geschnitten oder am Stück?

125 Die rechte Geschichte der Linken

131 Grün, Rot-Grün, Grün-Rot, Grün-Grün? Passe!

142 Grün trägt sich zu allem

146 Kaperei in schwerer See

149 Geld als Feind des Kapitalismus

153 Griechenland – Wiege und Bahre der Demokratie

161 Staat machen mit Deutschland

167 Darsteller der Demokratie

171 Die »Einheit« war verschreibungspflichtig

175 Kraut und Rüben, Kohl und drüben

181 Politik kaufen oder leasen?

188 Vorteilsannahme nach dem Amt

198 Friedliche Nutzung von Atomkatastrophen

204 Klimahandel

213 Wir führen Frieden in Afghanistan

218 Schuld aus Prävention

221 Der durchschaubare Deutsche

226 Der Deutsche ist immer der Täter

230 Der gesicherte Deutsche

234 Der Bürger als Kollateralschaden

237 Informationsabfluss

241 Im Netz will jeder alles von sich wissen

247 Wie viel Gewalt braucht der Staat?

251 Mut zur Katastrophe

254 Für einen Bahnhof wird die Demokratie umgegraben

258 Alle Gewaltlosigkeit geht vom Volk aus

261 Fall-Beispiel Wulff

266 Der Deutsche bringt alles fertig

Prêt-à-Demokratie?

»Deutschland to go« ...
Was will uns der Dichter denn damit schon wieder sagen?
Deutschland zum Mitnehmen?
Und wenn ja, wohin? Nach Hause?
Ist gemeint, dass unsere Demokratie nur noch taugt für den schnellen Verzehr in den eigenen vier Wänden? Meistens nimmt man zu viel mit im Warenkorb politischer Wünsche, und dann wird der überwiegende Teil – wie in der modernen Konsumgesellschaft längst auch bei Lebensmitteln üblich – nach ein paar Tagen weggeschmissen.
Meint »Deutschland to go« etwa, wir verbrauchen Demokratie nur mehr zur kurzen Erfrischung? Oder im Falle von Mattheit oder Unterzuckerung über den Tag wie Kaffee oder Sandwiches? Wird also Demokratie nur zwischendurch und ganz persönlich konsumiert? Und weil man für mehr auch gar keine Zeit hat? Wenn es den eigenen Interessen dient und den eigenen Bedürfnissen und dem eigenen Nutzen zugute kommt?
Wird Demokratie demnach immer weniger konsumiert in Landtagen, im Bundestag, in den kommunalen Parlamenten? Dafür schon lange viel mehr am Fernseher und im Fernsehen, in Polit-Talkshows, in Gesprächsrunden und in Berichterstattungen?
»Drive in« also und »find out«?
»Find out«, welche demokratischen Angebote am besten zu einem passen. »Find out«, aber finde dich nicht zurecht!

Dabei ist die Frage tatsächlich nicht, ob Politik trivialisiert wird, sondern wie lange sie schon trivialisiert wird.

Bedeutet »Deutschland to go« also nichts anderes, als dass Deutschland als das, was es sein soll, nämlich als Demokratie, dahingeht? Sich verflüchtigt?

Versuchen wir Antworten zu finden, auf die gar keine Fragen mehr gestellt werden.

Zumal der Politiker im Allgemeinen auch Antworten zu geben pflegt, nach denen nicht gefragt wurde. Fragen nach dem Verwirklichungsgehalt seiner Versprechungen etwa beantwortet er gerne mit der Präambel des Programms seiner Partei. Und fragt man ihn, welche Wirkung seine Maßnahmen zur Wirtschaftskrise zeigen, spricht er von seinen persönlichen Erfolgen in den letzten Umfragen.

Eine Antwort einer Kanzlerin der Bundesrepublik lautete sinngemäß:

»Druck ist hier der falsche Weg. Ich will keine schärferen Regeln. Ich will nur Anreize schaffen durch Anregungen und Angebote.«

Man dachte sogleich, dass die Frage dazu nur lauten konnte: »Wie lösen Sie die Krise im Börsenhandel?« Es wäre auch die Frage denkbar gewesen: »Wie verhindern Sie Ausschreitungen wie die der französischen oder englischen Jugend in Deutschland?« Die richtige Frage zu ebendieser Antwort lautete jedoch in diesem Gespräch: »Wie regeln Sie die Ungerechtigkeit der unterschiedlichen Mehrwertsteuer – bei Hundefutter und bei Babynahrung?«

Wir können erkennen, dass sich mit einer einzigen Antwort ganze Berge von Problemen in Deutschland vielsagend und bündig abtragen lassen.

Hoffen wir, dass bei all dem, was Politiker uns vorsetzen, noch Antworten übrig sind, die weniger Fragen offenlassen …

Wenn der Dichter nur wüsste, was wir damit gesagt bekommen wollen!

Formsache Demokratie

Die Bundesrepublik Deutschland sei eine Demokratie!
So gibt es das deutsche Grundgesetz von 1949 vor.
Jedenfalls meint der normale, durchschnittliche und politisch nur maßvoll interessierte Bürger sich an diese Formulierung zu erinnern nach jahrzehntelanger Praxis von Landtagswahlen, Bundestagswahlen, Superwahljahren und einigem Gerede über Bürgernähe.
Allerdings ist die Formulierung »Deutschland ist eine Demokratie« so allgemein und unpräzise wie etwa zu sagen: »Der Deutsche ist ein Mensch.«
Ja, aber was für einer?
Ein europäischer, ein asiatischer?
Spricht er? Kann er zuhören? Kann er mitfühlen?
Der deutsche Mensch kann bei großen Katastrophen eine Menge spenden. Aber kann er mitfühlen? Der deutsche Mensch hat zum Beispiel an einem einzigen Abend nach der Berichterstattung zum Erdbeben von Haiti im Januar 2010 22 Millionen Euro gespendet. Unabhängig von den Abermillionen, die in den Tagen davor und danach gespendet wurden. Insgesamt eine dreistellige Millionensumme. Nur für Haiti. Nachdem die Deutschen ihre Geldbeutel entleert hatten, hat man von Haiti nicht mehr viel hören wollen.
Allerdings auch nichts zu hören bekommen.
Es war erledigt.
Eine neue Katastrophe war wichtiger, die uns nicht so viel Geld gekostet hatte: der Prozess um einen Herrn Kachelmann. Darüber hinaus waren die Spenden für Haiti die Ablasszettel.

Wir haben uns teuer erkauft, dass wir nicht weiter entsetzt sein mussten.

So sehr Mensch ist der Deutsche.

Aber die Betroffenen in Haiti sind eben auch Menschen. Also sagt »Mensch« nicht viel aus über den Deutschen. So wie »Demokratie« wenig aussagt über das, was in Deutschland von Staats wegen praktiziert wird.

Demokratie als Dresscode

Auffällig ist jedenfalls, dass ein Kanzler – in diesem Fall war es schon wieder eine Kanzlerin, vermutlich war es dieselbe – zu bedenklichen Zeiten explizit hervorhob, dass wir in einer »repräsentativen Demokratie« leben.

Das ist natürlich nicht gerade nicht richtig.

Die Staatsform der Bundesrepublik Deutschland ist eine mittelbare, eine parlamentarische und dadurch aber eben repräsentative Demokratie, in der das Volk als der eigentliche Herrscher, süffisant im Grundgesetz auch »Souverän« genannt, sich eine Volksvertretung zusammenwählt, deren Mehrheit beispielsweise Gesetze beschließt und eine Regierung bildet, die von der Volksvertretung kontrolliert werden soll. Aber eben ab der Wahl nicht mehr vom Volk, dem großen »Souverän«, kontrolliert werden kann. Wie auch die Gesetze selbst, einmal in der Hand der Volksvertreter, nicht mehr vom Volk beeinflusst werden können.

Denn Volksentscheide sind zwar auch bundesweit vorgesehen, haben aber seit 1949 im Bund nie stattgefunden und auf lokaler respektive Länderebene ausgesprochen selten.

Wenn also der Wähler bei deutschen Wahlen seine Stimme abgibt, ist das nicht nur ein billiger Kalauer.

Es ist auch eine Tatsache mit schwerwiegender Realität:

Er hat fortan zu schweigen.

Zumindest, bis er nach vier, manchmal auch fünf Jahren wieder aufgefordert wird, für eine Gesamtheit von Entscheidungen quasi blanko zugestehend seine Stimme hervorzukramen.

Auf diesen komplexen Umstand der »repräsentativen Demo-kratie« zu insistieren ist deswegen besonders infam, weil es in einer Zeit geschieht, in der sich der Bürger besinnt auf das, was Demokratie noch alles heißen könnte.

Nicht dass dieser deutsche Bürger plötzlich anarchisch würde. Er beruft sich nur auf das, von dem er meint, dass ihm das Grundgesetz es zugestünde, sogar zusichere:

Volksherrschaft.

Mitsprache.

Wille des gesamten Volkes.

Dagegenhalten dürfen.

Hinterfragen.

Rückgängig machen können.

Das alles sind sicher Dinge, die der Deutsche selbst jahrzehnte-lang vernachlässigt hat. Sträflich vernachlässigt hat.

Das wird ihm mit einem Mal in dieser Zeit bewusst.

Und plötzlich will er das alles sogar ändern:

In Volksentscheiden über Rauchergesetze in Bayern. Oder über Schulreformen in Hamburg. Und mit Demonstrationen zu Stuttgart 21. Und letztlich sogar in Wahlen, die zu scheinbar radikalen Regierungswechseln führen wie im März 2011 in Baden-Württemberg, als ein grüner Regierungschef eine CDU ablöste.

Eine CDU übrigens, die durch ihre vererbten Ansprüche an Macht nach 60 Jahren ähnlich entsetzt und entwurzelt war und befürchtete, auf ein Abstellgleis der Demokratie geschoben zu werden, wie seinerzeit Kaiser Wilhelm II. bei seiner erzwunge-nen Abdankung 1918.

Immerhin mussten Herr Mappus als vorerst letzter schwäbi-scher konservativer Regent und sein Verein nicht in ein Exil ins innerdeutsche Ausland wie Bayern oder Sachsen.

In dieser Situation also betont eine Frau Merkel diese »reprä-sentative Demokratie«!

Mit anderen Worten:

Sie misst dem deutschen Wähler die Rolle der Königin Elisabeth II. von England zu! Diese Queen ist repräsentativ. Sie kann nur und soll nur das vorlesen, was ihr der englische Premierminister als Regierungserklärung vorlegt.

Sie kann daran nichts ändern.

Sie ist nur die Souffleuse der Monarchie.

Und wenn es nach Frau Merkel ginge, sollen wir also auch Demokratie nachplappern. Der Unterschied ist lediglich – und das könnte natürlich gefährlich für uns sein –: Die Queen ist ein Touristenmagnet. Sie spielt jedes Jahr finanziell sechzigmal so viel ein wie das, was sie ihre Untertanen kostet. Aber welcher japanische oder amerikanische Urlauber würde schon den deutschen Wähler fotografieren und sein Bild auf Tassen und Taschentüchern kaufen?

Der deutsche Wähler hat keinen Mehrwert.

Wir kosten die Regierungen nur Geld.

Geld, das wir ihnen vorher gegeben haben.

Und vor allem kosten wir sie Nerven.

Und oft hat man das Gefühl, wir stehen kurz vor unserer Abschaffung. Eine Drohung, mit der die Königin von Großbritannien sich auch zeit ihres Lebens herumschlagen muss.

Gleichwohl bleibt Frau Merkels ausdrückliche Betonung der Tatsache, dass Deutschlands Demokratie eben »repräsentativ« sei, eine Spitze, die weit mehr betont als diese Tatsache. Denn was heißt in diesem Zusammenhang repräsentativ?

Soll die Demokratie da sein zum Repräsentieren?

Zum Herzeigen?

Der Bundespräsident ist zum Beispiel der höchste Repräsentant in diesem Staat. Er ist da, um hergezeigt zu werden. Er hat Politik nicht zu bestimmen. Er ist ein Grüß-Gott-Onkel. Vielleicht ist unsere Demokratie das in gewisser Weise auch: ein Grüß-Gott-Onkel.

Sagen wir nicht anderen artig »Guten Tag« damit, um sie davon abzuhalten, zu viele Bürgerrechte und Menschenrechte bei uns einzuklagen?

Und es funktioniert sogar auch ganz gut:

Deutschland wurde im letzten Bericht von Amnesty International bei den Menschenrechtsverletzungen zwar angesiedelt im mittleren Bereich. Aber im Grunde wird nicht viel Aufhebens gemacht, wenn Polizisten mal Verdächtige zusammenschlagen oder Schüler in Stuttgart mit Wasserwerfern beschädigen.

Wenn früher im alten Russland der Zar ein abgewirtschaftetes Dorf besichtigen wollte, wurden herrliche Häuserfassaden aufgestellt, die hinten hohl waren. Man tat dies, um den Zar mit der Pracht seines Reiches zu erfreuen.

Und man nannte es »Potemkinsches Dorf«.

Unsere Demokratie ist auf eine Art ein Potemkinsches Dorf.

Das, was der Bürger zu sehen bekommt, ist innen hohl geworden und wird hinter der Fassade mit nichts aufgefüllt.

Und wenn der Bürger sich dagegenlehnt, wie wegen des Bahnhofs in Stuttgart, kippt schnell alles nach hinten weg.

Also heißt »repräsentative Demokratie« nichts anderes, als dass der Wähler für den Bundestag alle vier Jahre mehrere Tausend Politiker angeboten bekommt, aus denen er etwa 650 auswählen soll, die er in den meisten Fällen nicht persönlich kennt. Und die ihn nicht kennen. Und dann entscheiden diese paar Abgeordneten über ein ganzes Volk, von dem sie keine Ahnung haben und das von ihnen keine Ahnung hat. Und sie merken es nicht. Das nennen wir Demokratie.

Und wenn dann eine Bundeskanzlerin in dieser Weise eine »repräsentative Demokratie« so besonders betont, ist eigentlich nirgends und niemals in kürzerer Form der absolute Wille zur Ignoranz und zur Nichtachtung des Wunsches des Souveräns – des Volkes – geäußert worden.

Da aber per Definition das Volk der Souverän ist – und im Grundgesetz wird er eben nicht als »repräsentierender Souverän« abgekanzelt –, da es also der Herrscher ist, der Machthaber, haben wir es hier zu tun mit einer vollendeten Majestätsbeleidigung.

Und zwar durch jene, die Seine Majestät Volk einbestellt haben zu Geschäftsführern: Kanzler, Minister, Staatssekretäre, Abgeordnete. Sie alle bilden den Hofstaat des Souveräns. Wir wollen nie vergessen: Sie alle sind unsere Angestellten!
Wir haben sie nur zu lange gewähren lassen.
Wenn der Restaurantleiter vom Inhaber nie Anweisungen oder Ermahnungen bekommt, sondern immer nur den Lohnzettel, glaubt er irgendwann, er sei der Chef. Frau Merkel, Herr Steinmeier, Herr Gabriel, Herr Westerwelle – sie glauben wirklich, sie seien die Chefs.

Natürlich liegt das an uns.
Wir haben ihnen das jahrelang durchgehen lassen.
Und wir haben in über 60 Jahren meist nicht genutzt, wozu die deutsche Verfassung uns auffordert:
uns einen Willen zu bilden.
Vor allem auch deswegen, weil man einen Willen nur bilden kann, wenn man zu etwas eine Meinung hat.
Aber haben wir die?

Wie viele Meinungen haben Sie?

Ist es nicht vielmehr so, dass wir uns Beurteilung anlesen? Ist es nicht so, dass einer Zeitungsmeldung oder dem Bericht eines Nachrichtenmagazins Unbedingtheit und Richtigkeit zugestanden werden, selbst wenn uns ein Augenzeuge persönlich den Vorfall ganz anders schildert?

Haben wir nicht immer noch einen ungeheuren Respekt vor dem öffentlich verbreiteten Wort? Vor der vereinfachten und allgemein gemachten, weil allgemein bekannt gemachten Meinung?

Und ist unsere Meinung oft nicht nur eine wiedergekäute?

Trotzdem werden wir pausenlos gefragt nach unserer Meinung, in Tausenden von Umfragen demoskopischer Institute:

»Wen würden Sie wählen, wenn am nächsten Sonntag Wahl wäre?«

»Wen würden Sie wählen, wenn die Wahl am Dienstag wäre?«

»Wen würden Sie wählen, wenn am nächsten Sonntag Sonntag wäre?«

»Wen würden Sie wählen, wenn Sie wüssten, wen Sie wählen würden?«

»Wenn Sie nicht wissen, wen Sie wählen würden, würden Sie dann trotzdem wählen?«

Umfragen erfordern wesentlich mehr Wissen und Meinung als jede einzelne Wahl!

Aber nicht, dass es mit der Wahl genug sei.

Nach einer Wahl geht die Meinungsforschung munter weiter:

»Haben Sie gewählt?«

»Oder haben Sie die Möglichkeit gewählt, nicht zu wählen?«

Und da kommt in den letzten Jahren meistens heraus, dass bis zu 50 Prozent der Wahlberechtigten bei Landtags- oder Kommunalwahlen sich tatsächlich nicht entscheiden konnten, zur Wahl zu gehen. Aber gerade diese Nichtwähler haben auch vorher irgendwann eine Umfrage beantwortet.

Das ist natürlich demokratisch unverantwortlich.

Es ist eine gesellschaftliche Gesamtlüge.

Ein Hintergehen der Gemeinschaft.

Man kann doch als Deutscher nicht lauten und lauteren Instituten ins Mikrofon sagen, man würde das und das wählen, und es dann real gar nicht machen. Man kann sich doch nicht am Telefon umfragen lassen, welchen Klarspüler man verwendet, und dann am Wahltag nicht einkaufen, sondern SPD wählen. Oder umgekehrt. Da stimmt dann nichts mehr. Das wäre, wie wenn man im Restaurant ein Hochzeitsessen bestellt für 80 Personen und man kommt dann nur zu zweit, weil einem eine andre Braut zugelaufen ist. Der Koch hat eingekauft. Da lagern 80 Portionen, und 78 Schweinesteaks und Plumpuddings sollen vergammeln?

Und genauso ist es bei einer Wahl:

Der CDU war zum Beispiel einmal per Demoskopie versprochen worden, sie komme bei der Wahl auf 42 Prozent. Es handelte sich um die Bundestagswahl 2005. Das reale Wahlergebnis erbrachte dann aber gerade einmal 35 Prozent. Und jetzt? Wer sollte den Rest jetzt fressen?

Weil der Wähler die CDU endlich gefressen hatte?

Das ist unseriös. Die CDU hatte sich auf 42 Prozent eingestellt. Sie hatten in dieser Partei Vorbereitungen getroffen und alles Mögliche an Ideen eingekauft. Und jetzt drohte alles zu vergammeln! Sie hatten Personal bereitgestellt. Einen Kauder, einen Pofalla, einen Mißfelder. Die würden sich auch nicht ewig halten ...

Also, wir sehen:
Meinung ist etwas furchtbar Schwieriges.
Vor allem, wenn man sie abgeben muss.
Wem ginge es nicht so, dass er auf die Frage, wen er denn wählen würde, antwortet, er nähme die SPD. Fragt der Frager aber dann fragend: »Meinen Sie wirklich?«, wird einem sogleich klar: Also, meinen tut man das eigentlich nicht.

Und diese Wechselhaftigkeit zieht sich durch den Alltag eines jedes Einzelnen, der eine Meinung zu haben glaubt:
Ob es das Kostüm ist oder das Parfüm oder das Jägerschnitzel – man wählt etwas aus, und fragt daraufhin irgendjemand: »Meinst du?«, steht man schon bekleckert da und merkt, dass die eigene Meinung mit dem, was man ausgewählt hatte, nicht das Geringste zu tun hat.

Natürlich hängt das damit zusammen, dass die Fragen nicht nur im Zwischenmenschlichen, sondern sogar bei den scheinbar professionellen Umfragen stets falsch gestellt sind:
»Wen würden Sie wählen, wenn Sie am Sonntag wählen würden?« Das ist ein doppelter Konjunktiv.
Es sind Traumwelten, wenn man antwortet, man würde SPD wählen. Man würde sich auch ein Haus kaufen. Man würde auch vielleicht in die Karibik fahren.
Man würde. Aber man tut es nicht!
Weil man für beides gar kein Geld hat.
Und so, wie man kein Geld hat, hat man doch auch keine Meinung. Wer kann sich heute noch Meinung leisten? Meinung ist ein unglaublicher Luxus. Um eine Meinung zu haben, muss man informiert sein. Für Zeitungen aber haben viele wirklich kein Geld mehr. Um eine Meinung zu haben, muss man unter Umständen einen gewissen Bildungsgrad mitbringen. Aber in

den Bildungsetats wird überall herumgestrichen. Meinung setzt Studium voraus, anhören, ausloten, hinterfragen, genaues Abwägen. Eine Meinung kann man nur haben zu etwas, wovon man eine Ahnung hat. Nur: Wer hat denn eine Ahnung von den Parteien?

Nehmen wir ein Beispiel aus diesen Parteien:
Sie wollten keinen sofortigen Atomausstieg, sondern erst einen in etwa 30 Jahren. Sie wollten die Bundeswehr im Ausland kämpfen sehen. Sie sagten, Gewalt ist Mittel der Politik, denn man muss auch mal drauflosschlagen können. Sie sagten, Natur darf auch mal verschandelt werden durch ein Heer von Riesenbauwerken, die eng nebeneinander auf romantischen Wiesen und an traumhaften Ufern stehen.
Dann sprechen wir, meinen Sie, doch eindeutig von der CDU. Nein, eben nicht. Wir sprechen von den Grünen, denn die Riesenbauwerke sind Windräder, die die Umwelt nur deswegen vor CO_2 bewahren, weil man sie vorher mit ihnen zugebaut hat.
Und so weiter und so weiter.
Also kann man unschwer zugeben:
Meinung ist harte Arbeit.

Die demoskopierte Meinung

Aber wer den ganzen Tag schuftet, will natürlich nicht nach Feierabend auch noch seinen Geist beackern und sein Meinungsfeld dauernd umgraben. Wir gehen nicht mehr in die Tiefe. Wir sind nicht mehr fundiert. Wenn etwas analytisch wird, zappen wir zu geistig leichter verdaulichen Happen. Zumal man allgemein davon gehört hat, dass man abends auch mental nichts zu sich nehmen soll, was schwer im Hirn liegt.
Und so haben wir von allem nur noch:
eine Last-Minute-Meinung.

Damit stimmen wir bei Wahlen schnell ab, und fertig ist unsere Ansichtsterrine. Und eine vorherige Umfrage ist immer nur ein Meinungsquickie: schnell die Hose im Hirn runtergelassen und den Erguss von Ansichten über das Papier ausgebreitet.
Und das heißt, Meinung ist an sich Zufall.
Und hat mit der Realität nicht viel zu tun.

Manchmal stimmen beide Seiten zwar überein – die Meinung und die Realität. Manche Umfragen entsprechen dann auch dem Ergebnis. Weil sie eben stehengeblieben sind. So wie es der bekannte Vergleich von der Uhr sagt, die stehengeblieben ist und so auch zwei Mal am Tag die richtige Zeit anzeigt.
(Das funktioniert natürlich nur bei analogen Uhren!)
Das heißt, dass die meisten eigentlich gar keine Meinung haben. Weil sie ihnen zusätzlich unnötig erschwert wird:
»Wen würden Sie wählen am nächsten Sonntag?«
Die Frage ist ähnlich wie jene, welche Sprache man sprechen

würde am nächsten Donnerstag, wenn man am Donnerstag sprechen könnte.

Kirgisisch vielleicht.

Und? Kann man es dann nächste Woche? Na also.

Können wir wirklich wählen, wenn wir mal wählen können?

Können wir sprechen, wenn wir sprechen können?

Und die Sprache der Parteien versteht man noch weniger.

Weil die Parteien sie einem auch nicht beibringen.

Nein, Umfragen sind eine große Irritation.

Weil sie nicht berücksichtigen, dass der Deutsche an sich selten eine fundierte Meinung hat. Aber er äußert sie gerne.

Nehmen wir ein Beispiel:

Jahrelang ging man davon aus, dass ein gewisser Oskar Lafontaine ein Linker aus der SPD sei, der dann zum Linken der sogenannten Linken geworden war. Dann vermeldeten irgendwann die Medien, wie und in welchem Zusammenhang er das Wort »Fremdarbeiter« gebrauchte. Nun ja, meinte man, das sagen andere auch. Was soll schon die geschichtliche Assoziation mit diesem Vokabular? Da hat er eben nicht daran gedacht. Aber dann ergänzte dieser Lafontaine, die Nazis »waren nicht in erster Linie fremdenfeindlich, sondern rassistisch«.

Es war eine Äußerung, die man eher aus dem Munde eines Rechtsradikalen hätte hören sollen. Aber weil man meinte, man habe eine Meinung, und weil man weiter meinte, man lasse sich doch seine Meinung nicht durch subjektive Äußerungen von anderen und noch nicht mal von Äußerungen des Objektes der eigenen Meinung kaputtmachen, meinte man weiter, Lafontaine sei links.

Und das bedeutet, dass Meinung meistens nichts anderes ist als ein Vorurteil. Dazu braucht man keine Bildung, und man kann sie genauso leicht äußern.

Nehmen wir ein anderes Beispiel:
Wenn der Kellner nach dem Essen im Restaurant fragt, ob es geschmeckt hat, und man sagt »ja«, ist er am Ende beleidigt, wenn man nicht mehr kommt, weil das Essen zum Übergeben war. Trotzdem hat es natürlich geschmeckt. Nur halt scheußlich. Es hat scheußlich geschmeckt.
Es war richtig beantwortet, aber es ist falsch gefragt worden.

Aus diesen wenigen Beispielen lässt sich leicht schlussfolgern, dass Meinung eine große Gefahr für die Demokratie ist.
Weil sie kaum einer beherrscht.
Nur weil Sie sich heute beim Arzt eine Salbe verschreiben lassen für Ihre rauen Lippen, können Sie morgen auch keine Tipps geben für eine Blinddarmoperation.
Das meinen aber manche Patienten.

Meinung ist wie Geld – man hat es nicht. Aber man träumt davon, was man damit machen würde, wenn man es hätte. Und wenn man dann mal ein paar Kröten oder ein paar Ansichten zusammenhat, dann gehen die drauf für Alltäglichkeiten und Grundbedürfnisse.

Was nun die Demoskopie an sich angeht –
so ist sie nur die Lehre von der Meinung.
Und zwar von der Meinung, die das Volk vor einer Wahl abgeben soll, wenn es nicht so darauf ankommt. Damit das Volk diese Meinung nicht mehr hat, wenn etwas zu entscheiden ist.

Aber mittlerweile macht das Volk ja, was es will.
Das Volk ändert pausenlos diese seine Meinung.
Und das ist natürlich in der Demoskopie nicht vorgesehen.
Und in der Demokratie auch nicht.
Denken Sie nur an die Bundestagswahl 1998. Da hat das Volk gemeint, es müsse plötzlich mit Rot-Grün links wählen. Also blieb den sogenannten Linken, der von nun an regierenden rot-

grünen Koalition, nichts anderes übrig, als selbst konservativ zu werden. Sonst hätte es ja einen politischen Umsturz gegeben in Deutschland. Die Entwicklung eines solchen Umsturzes war jedoch in den Umfragen vorher nicht erkannt worden. Wie so oft musste man zugestehen, dass Demoskopen von Meinung keine Ahnung haben.

Sondern nur davon, wie man eine Meinung abgibt.

Und meistens auch noch eine Meinung, die man gar nicht hat.

Allerdings darf man zugeben, dass diese Demoskopen gleichwohl Dinge herausbekommen, die einen selbst oft überraschen. Wer einmal in einer Umfrage angekreuzt hat, dass er im Urlaub nach Mallorca fährt, dort abends ARD-Programme im Fernsehen anschaut, das Handtuch nur benötigt, um den Liegestuhl zu reservieren, und auch dort gerne Kalbshaxe isst, wundert sich, dass die Demoskopen herausbekommen, dass er Deutscher ist. Das ist wirklich phänomenal.

Das heißt, je mehr Informationen man von sich hergibt, umso leichter werden Tatsachen herausgefunden, die man auch mit einem einzigen Wort hätte preisgeben können.

Aber sagt man ihnen nur ein einziges Wort, verheddern sich Demoskopen völlig in Tausenden von Vermutungen über den Befragten. Sagt man zum Beispiel, man wähle CDU, wird ein komplettes Profil von einem offenbar, und alle wissen sofort:

Der Ausgehorchte färbt sich die Haare, aber nur am Kopf, trinkt nur lauwarmes Bier und hat Teppichboden auch an den Wänden. Und alles nur, weil er CDU wählt.

Das alles zeigt: Man kann nicht einfach wählen, was man will. Wir sind in Deutschland.

Wir befinden uns in einer rechtsstaatlichen, parlamentarischen Demoskopie.

Man kann hier nicht seine Meinung abgeben und dann gegen die eigene Meinung wählen. Das können Politiker machen, wenn sie gewählt sind. Aber die sind die Einzigen, die nie eine Umfrage beantworten müssen.

Demokratie ist vielleicht die Herrschaft des Volkes.

Aber Demoskopie ist die Herrschaft der Meinung über das Volk. Eine Meinungsdiktatur.

Nun, nicht ganz. Denn man darf ja nach der Meinungsäußerung immer noch wählen. Also haben wir praktisch eine konstitutionelle Diktatur der Meinung. Es ist eine Beteiligung der Meinungsforschung an der Zusammensetzung des Parlaments.

Und wir haben es selbst so weit kommen lassen. Wir haben es so weit kommen lassen, dass das Volk nicht mehr Träger der Staatsgewalt ist und nicht mehr seinen Willen kundtun soll, sondern nur noch seine Meinung.

Deswegen berief sich ein Herr Schröder nach der Bundestagswahl 2005 auch nicht auf das letzte Wahlergebnis, weil er da im Vergleich mit dem neuen Wahlergebnis verloren hatte.

Er berief sich auf die letzten Umfragen vor der Wahl, und im Vergleich zu denen hatte er massenhaft Stimmen dazugewonnen.

Dieser Herr Schröder war überhaupt der erste demoskopisch gewählte Bundeskanzler. Viele Deutsche haben nur gemeint, er habe regiert.

Interessant ist, dass die Frage noch nie umgefragt wurde:

»Wozu braucht man überhaupt Demoskopen?«

Die Antwort kann nur lauten:

Damit man behaupten kann, dass das Wahlergebnis zwar so und so ist. Aber es hätte auch so sein können. Oder eben noch wieder ganz anders. Und das führt dazu, dass es vor der einzelnen Wahl einen regelrechten Meinungsterror gibt:

Habe ich bei Forsa nachgeguckt, wusste ich, dass ich mehrheitlich der Ansicht bin, für die SPD zu sein. Dann hat mir aber Allensbach gesagt, dass meine Meinung zur CDU am selben Tag um ein halbes Prozent abgesackt war. Und erst am Wahltag war ich wohl der Meinung, dass ich nur noch zu 37 Prozent für die SPD war. Aber 34 Prozent von mir waren wohl für die CDU. Und eine Minderheit meiner persönlichen Ansichten konnte sich offenbar mit FDP, Grünen und den Linken anfreunden. Daran erkennt man die wahre Kunst der Meinungsforscher: Ich habe zwei Stimmen abgegeben. Aber diese zwei Stimmen sind unter fünf oder sechs oder sieben Parteien im Bundestag aufgeteilt worden. Wie die Meinungsinstitute das verteilt und herausbekommen haben, bleibt ein Rätsel. Aber es zeigt, dass Demoskopen Informationen über den Wähler haben, die dieser Wähler in seinem ganzen Leben nie über sich erfahren wird.

Mit anderen Worten:
Die meisten Wählenden sind am Wahlabend regelrecht überrumpelt worden von ihrer Meinung. Denn – wie bis hierher ausführlich hergeleitet – man macht sich immer erst dann ein Bild von einer Sache, wenn man schon lange eine Meinung dazu hat.
So haben diese Demoskopen nämlich auch herausgefunden, dass fast zwei Drittel der Deutschen gar nicht von Politikern belästigt werden wollen. Gleichzeitig wissen die meisten Deutschen allerdings nicht, was Politik ist.
Trotzdem werden sie befragt.
Man wird angerufen und ausgehorcht nach seiner Ansicht über zwei Fläschchen, die die gleiche Verpackung haben, und es wird einem gesagt, darin seien zwei verschiedene Parfüms. Und man möge jetzt bitte beantworten, welcher Duft einem besser gefällt! Am Telefon!
Aber nicht anders wird beim Thema Parteien verfahren:
Man weiß nicht, was drin ist. Man weiß nur, dass die Verpackungen gleich sind und dass es einem stinkt. Eigentlich sind Umfragen und Wahlen nichts anderes, als irgendwelche Knöpfchen zu drücken an einem einarmigen Banditen.

Das Geld ist in jedem Fall weg.

Es bleibt dem Wähler nach der Wahl jedenfalls nur noch zu sagen: Mit dieser Meinung von mir habe ich nicht gerechnet.

Im Grunde kann doch niemand mehr Umfragen im Ernst ertragen:

»Wen würden Sie wählen, wenn es CDU und SPD nicht gäbe?«

»Wen würden Sie wählen, wenn Ihre Partei die Mehrheit hätte?«

»Wenn Sie morgen nichts essen –
gehen Sie dann trotzdem aufs Klo?«

»Wenn Merkel nicht Kanzlerin bleibt –
übergeben Sie sich dann dennoch?«

»Wenn am Freitag schon Sonntag wäre -
was machen Sie dann am Montag?«

Und dann schaltet man den Fernsehapparat ein, und in irgendeiner Talkshow wird gefragt:

»Als du bei einer Umfrage CDU angekreuzt hast, was hast du dabei empfunden?«

Das ist der nächste Teil unserer repräsentativen Demokratie:

Sie wird nur mehr repräsentiert.

Gefühlt und repräsentiert.

Talkokratie Deutschland

Diese Demokratie wird aber nicht repräsentiert im Bundestag.
Und nicht in den Ausschüssen.
Nein, sie wird repräsentiert in den Talkshows.
Und in Gesprächsfetzen.
In denen werden immer gleiche Fragen gestellt.
Und in denen wird Demokratie immer mehr zu einer zur Schau gestellten Staatsform.

In diesen Gerede-Sendungen wird auf Antworten der Politiker hin gefragt. Das bedeutet, dass ein Herr Gabriel, ein Herr Ernst, eine Frau Künast oder eine Frau Merkel und so weiter prägnante Textstellen ihrer Programme oder vorformulierte Aussagen zu aktuellen Ereignissen vortragen. Und die einladenden Fragehansel stellen mit viel Instinkt jene Frage vor die erwartete Antwort, von der sie meinen, dass sie gerade jetzt geäußert werden wird.
In glücklichen Momenten funktioniert das sogar.
In den meisten Fällen jedoch ist das Durcheinander von Fragen und Antworten nicht mehr zu durchschauen. Der Zuschauer bildet sich nur ein, dass es funktioniert, weil die Antworten der Politiker dermaßen nivelliert sind, also abgefeilt, eingeebnet und unpräzise gemacht, dass sie auf die meisten Fragen zu passen scheinen.

Dadurch ergibt sich für viele Gastgeber die Frage, ob es wirklich noch sinnvoll ist, mit einer Frage zu fragen. Oder ob man nicht besser mit einer Antwort eine Antwort provozieren sollte, indem man die Antworten schon in die Frage verpackt:

»Herr Berufspolitiker! Sie stammen von hier, sind berufstätig, Schützenkönig und Gesangsvereinler. Und Sie sind Vater, Ehemann, Katholik, Sie haben studiert, Grundwehrdienst geleistet, das Zweite Staatsexamen gemacht. Was machen Sie außer der Politik?«

Die Fragen selbst wirken tatsächlich oft so, als habe ein Redakteur sich alle möglichen Fragewörter, die aus einem unerfindlichen Grund mit einem W anfangen – wann, wo, was, wieso oder wer –, notiert und dann geprüft, welches Thema zu welchem Fragewort passt. Und danach wird gefragt.

Da muss sich natürlich dann auch der Frager fragen lassen:

»Ist die Frage Ihr bester Freund?«

»Sind das eigene Fragen?«

»Und wenn Sie die Frage stellen, fragen Sie dann oder tun Sie nur so?«

Geht es ihm um die Frage oder um das, was dahintersteckt? Wird ihm vielleicht erst durch die Frage klar, was er gemeint haben könnte, wenn er die betreffende Frage gar nicht gestellt hätte? Ist also eine Antwort eine Antwort auf die Frage? Oder könnte sie auch ohne Frage stehen, weil die Frage als Frage gar nicht erkennbar ist?

Und wäre der Politiker dann sogar doch entschuldigt?

Denn dann ist es wiederum kein Wunder, dass viele Gäste als Fremdkörper empfunden werden. Oft kommen sie einem sogar vor wie Teilnehmer einer Karaokeshow:

Alte Texte zu neuem Mund.

Weswegen der Bundestag meistens leer ist.

Es heißt zwar immer, alle seien in allen Ausschüssen.

In Wahrheit quatschen sie in ARD und ZDF und den Privaten herum. Wir haben eine parlamentarische Talkokratie.

Und in der wirken Politiker wie präsentiert auf einer Plakatwand für die Parolen entlang der Straßengräben der deutschen Politik.

Inhaltlich werden sie hie und da schon eingeholt von den Zoo-shows. Zebra, Eisbär und Schildkröte vermitteln uns inzwischen mehr Ehrlichkeit und Wahrhaftigkeit als unsere Volksvertreter.

Die Vokabel »Volksvertreter« weist andererseits darauf hin, dass man von deutschen Politikern das erwartet, was der deutsche Wähler selbst in Talkshows vorbringt, da dieser Politiker diesen Wähler ja vertritt, also darstellt, also wiedergibt in der Öffentlichkeit. Und da besteht eben heute nicht nur Politik, sondern vor allem das gesamte Leben aus Talk. Und die, die früher schon nicht gelebt haben, erzählen jetzt, wie das Leben nicht ist.

Was früher beim Bäcker morgens schnell in fünf Minuten während des Brötchenholens vertratscht wurde, findet heute 24 Stunden in jedem Wohnzimmer statt.

Vielleicht ist das auch ein Grund, warum immer weniger am Morgen zum Bäcker gehen, sondern einmal am Wochenende ihre Tiefkühlspeisen aus Getreide, Wasser und Triebmittel im Großmarkt besorgen.

Die aber, die 24 Stunden diesem Tratsch zugucken, werden schon aus Mangel an menschlichem Material und aus Fülle an zur Verfügung gestellter Sendezeit auch irgendwann einmal in den Fall kommen, selber gesehen zu werden in diesen Sendungen. Das hat eine solche – wenn auch kurze – Popularität zur Folge, dass einem auf der Königstraße, auf der Kö oder auf dem Ku'damm kaum jemand mehr hinterherruft:

»Den kenn ich doch vom Fernsehen!«

Heute schreit man höchstens:

»Hast du den gesehen? Der war noch nie in einer Sendung!«

Uns steckt der Talk im Nacken.

Und worüber der Deutsche nicht mal mit sich selbst spricht, darüber redet er wie selbstverständlich im Fernsehen.

Das lässt erkennen:

Die Zeit der sexuellen Revolution ist vorbei.

Der Deutsche will keine Peepshow mehr sehen.

Wir sind nicht mehr Voyeure.

Wir wollen dabei gesehen werden!

Sex ist out.

Talk ist in!

Wer hätte auch gedacht, dass Schweißfüße und Haarausfall am Oberschenkel nicht medizinisch zu heilen sind, sondern indem man darüber quatscht? Früher hat man Lassie und Flipper dressiert. Heute kann der deutsche Fernsehzuschauer als Talkgast schon bei weitem mehr als Fury vor 30 Jahren.

Man muss nur einschränkend sagen:

Die Formel, es gäbe keine dummen Fragen, sondern nur dumme Antworten, ist so ziemlich das Dümmste, was in diesem Genre jemals auf den Redewendungsmarkt geworfen wurde.

Es gibt wahrhaftig noch sehr viel dümmere Fragen, als es dumme Antworten gibt!

Oder es ist doch undurchschaubar intelligent, wenn der Talkgast bei Vera, Bärbel oder Britt vorgesetzt bekommt:

»Wie fühlst du dich, wenn du Joghurt mit dem Finger isst?«

»Wenn du weggehst, gehst du dann öfter mal aus?«

»Nach dem Ende deiner Beziehung – hast du da eine Veränderung im ganzen Verhältnis bemerkt?«

»Du bist jetzt zusammen mit einer Frau. Ist das das Gleiche wie ohne Frau?«

Und so, wie Geiselgangster schon interviewt wurden, statt sie festzunehmen, kommt heute kein Mensch mehr auf die Idee, einen Exhibitionisten einzulochen, nur weil er die Weichteile seines Hirns im Fernsehen zeigt.

Früher haben die Waschweiber beim Einseifen ihrer Kleider geratscht. Heute wird die schmutzige Wäsche umweltfreundlich ohne jegliches Waschpulver im Fernsehen gewaschen:
Dass der Mann sie betrügt mit einem Kanarienvogel.
Dass die Ehe nicht mehr klappt, weil sie im früheren Leben eine Barbiepuppe war.

Wir kosten das Leben aus.
Aber wir schmecken es nicht mehr.
Und dazu kommt, dass diese Talkshows eigentlich nur gemacht werden wegen der Werbung. Das wäre praktisch so, wie wenn man sich eine Katze zulegt, damit jemand da ist, der die Katzenstreu vollmacht.

Trotzdem macht all dies Sinn:
In einer Gesellschaft, in der Müll im Gelben Sack mehr Einnahmen bringt als das Produkt, kann der Inhalt nur noch die Verpackung sein.
Früher hat man sein Stereogerät poliert oder den Couchtisch. Heute wäscht man mit Sorgfalt und Spülmittel leere Joghurtbecher. Denn das Leben ist eben nicht der Kampf der Palästinenser oder der Einsatz der NATO. Und das Leben ist auch eben nicht die Produktpiraterie der chinesischen Mafia. Das Leben ist auch nicht das Ozonloch oder die Autoflut.
Das Leben ist der Aknepickel.
Das Leben ist der Rasen, den Frau Prisnitz von gegenüber wieder zu spät gemäht hat und der dadurch den Löwenzahnsamen so reifen ließ, dass er sich in alle anderen Gärten verstreuen konnte.
Das Leben ist die geliehene halbe Zwiebel, die der Nachbar seit Wochen nicht zurückgibt.
Und dieses Leben bekommt von Woche zu Woche mehr Sendeplätze.
Natürlich ist auf diese Weise Politik auch nur noch bloße Verpackung.

Politik wird dargestellt.
Politik ist Showgeschäft.
Das sagt sich flott.
Es heißt aber: Politik wird gespielt.
Von Darstellern, die die Kunst aber nie erlernt haben, darstellen zu können.

Ein Fall von Westerwelle
(auf Englisch: Westerwelle)

Nehmen wir einen – man weiß nicht, ob man sich dunkel erinnern soll – Herrn Westerwelle. Guido Westerwelle.
Er war Parteivorsitzender der FDP – man weiß auch nicht, ob man sich dunkel an die erinnern soll – und wurde auf wundersame Weise Außenminister.
Man sollte besser formulieren:
Er wurde Darsteller des Außenministers.
Dabei schien ihm sehr wichtig, dass er als Staatsmann auftreten konnte. Das gilt sicher für die meisten Politiker. Aber Herr Westerwelle hat die Präsentation dieses Wunsches auf unvorstellbar naiv-intensive Weise aufgeführt. Er hat das ihm anvertraute Ministerium vor allem als Traumschiff verstanden.

Das mag zu tun gehabt haben mit der Frau, die zur selben Zeit als Bundeskanzlerin fungierte und in dieser Funktion das Frausein nicht ablegen konnte. Früher, unter Männer-Kanzlern, hatten wir gestandene Außenminister in der Welt herumlaufen. Unter Frau Merkel war der eine dann nichts als ein Aktenkoffer, von dem man das Gefühl hatte, er werde als vergessenes Gepäckstück seiner Chefin immer hinterhergeschickt. Wenigstens hatte man ihm einen Namen gegeben:
Er ging als Steinmeier in die Annalen einer großen, schwarzroten Regierungskoalition ein.

Aber der neue war nur noch ein Handtäschchen.
SPD und Grüne hatten einstmals Schwarz-Gelb noch verhin-

dern wollen. Das war bald gar nicht mehr nötig. Egal, ob Steuerpolitik, Rechtspolitik, Gesundheit – Westerwelle verhinderte sich schon selbst.

Es war so rührend zu beobachten, wie er anfangs einmal ganz erstaunt war, in einer Woche 20 000 Flugkilometer hinter sich gebracht zu haben. Er machte den Eindruck, als habe er gar nicht gewusst, dass es so viele Kilometer auf der Welt überhaupt gibt. 20 Jahre nach dem Fall der Berliner Mauer hatte er mit diesem Außenamt auch seine ganz persönliche, uneingeschränkte Reisefreiheit erhalten. Von da an konnte die Welt sich seiner Sympathie einfach nicht mehr entziehen.

Zumal er die Außenpolitik auch auswendig gelernt hatte.
In Deutsch natürlich.
Deutsch war ihm immer wichtig. Er wollte nur Deutsch sprechen – und nicht nur in Deutschland. In Frankreich betonte er, dass er nicht Französisch sprechen möge, und in Amerika sagte er, dass er nicht Englisch sprechen wolle. Er fühlte sich mit einer einzigen Ernennung als der neue Welt-Außenminister.
Dem das Amt Spaß machte.
Er machte sich Spaß!
Die Welt machte ihm einfach Spaß.
Die Welt war ihm einfach so vertraut, als sei er schon ewig in ihr unterwegs gewesen. Sie war ihm einfach so vertraut. Er saß im Flugzeug und schien jedes Mal zu denken:
»Woher kennen wir uns – die Welt und ich?«
Er spürte, dass die Welt ihm einfach auf den Leib geschneidert war. Das Amt selbst eignet sich natürlich nicht dafür, auf den Leib geschneidert zu sein. Das Amt war ihm insofern mehr Beihilfe, Accessoire, Schminkkoffer, Hutschachtel. Das Amt war der Bleistift für das riesige Manuskript Welt, das er jetzt bewältigen musste. Das Amt allein wäre natürlich zu klein für ihn. Er sah sich schon von Beginn an eher in einer Linie mit Obama und dem Papst.

Für Politiker wie ihn ist ein Amt Mittel.

Es ist Vehikel.

Es ist, wenn man so will, das Auto, um zum Ziel zu kommen. Westerwelle brauchte dafür keinen Ferrari. Er wollte nur schnell von A nach B gelangen können. Und dafür genügte ihm in diesem Fall ein bescheidenes Außenministerium.

Dieses Amt ist kein Statussymbol. Es ist ein Nutzfahrzeug.

Und dieser Westerwelle wollte mit diesem Nutzfahrzeug nicht nur Distanzen überwinden, sondern auch, wie er sagte, Vorurteile.

Er wollte mit der Welt eine orale Auseinandersetzung beginnen. Und das meinte er überhaupt nicht anzüglich.

So war er etwa gleich nach Amtsantritt in Polen bei dessen erzkatholischem Präsidenten und fand heraus, dass der und das polnische Volk ihn gar nicht verabscheuten wegen seiner Gleichgeschlechtlichkeit. Sie verabscheuten ihn, weil er sich dazu bekennt. Und da hatte auch ein Westerwelle verstanden: In der katholischen Kirche ist das Bekennen die Sünde! Die Sünde ist nicht das Sein!

Bald hatte dieses Außenministerchen noch Barack Obama vorsprechen lassen in Form von dessen Außenministerin Hillary. Und er sah sich mit Berlusconi, mit Hu, Kaczyński und dachte: »Das bin ich!«

Oft kniff er sein Gegenüber.

Damit der wusste, dass er nicht träumte.

Er platzte vor Stolz, dass er Sarkozy und Hollande nicht einfach nur getroffen hatte. Nein, beide hatten ihn persönlich zur Tür gebracht. Da sei so viel Nachhaltigkeit gewesen, dass er sofort gespürt habe, diese Männer sehe er bestimmt wieder. Als er neben Hillary sprach, hatte sie ihn – er konnte es nicht glauben – von der Seite angeguckt.

Er sagte einmal in einer dieser Redeshows, es solle doch keiner so tun, als komme er in dieses Amt und es beeindrucke ihn nicht, wenn er mit Hillary Clinton – verstehen Sie, Hillary, also der personelle Fortsatz von Obama, von George Washington, von Amerika, von Freiheit, von amerikanischer Verfassung –, wenn er mit dieser Frau eine halbe Stunde verabredet sei, und am Ende seien es fast 34 Minuten gewesen!

Das hatte ihn über die Maßen beeindruckt.
Und wenn er dann am Abend in den Tageskalender für den nächsten Tag schaue mit den Stichworten »Flugbereitschaft«, »Auslandsgäste« und »Angela Merkel« und dann noch der Fahrer anriefe und ihm sage, wann er ihn morgen abhole – dann könne er vor Aufregung die ganze Nacht nicht schlafen.

Weil er spüre:
So viel Weltgeschichte macht bescheiden.
Er sähe auf einmal die Kleinheit und die Kleinlichkeit von Problemen wie Hartz IV oder Krankenkasse oder Rente oder Stuttgart 21.
Also, er wusste nie, was er mit sich anfangen sollte.
Aber er wusste eben auch nicht, was er mit Deutschland anfangen sollte. Und mit den Deutschen ebenfalls nicht.
Da er aber hier nur herausgegriffen ist als glanzloses Beispiel, als Muster ohne Wert, und für ein Heer von Gleichgemachten und politisch ähnlich Orientierten steht, ist es nur logisch, dass die Deutschen auch mit ihm nie etwas angefangen haben.

Nur wird die Politikverdrossenheit, die sich seit Jahren zementiert, so plötzlich ein wenig erklärbarer.

Auslegungssache Wahrheit

Und diese Politikverdrossenheit wird auch erklärlicher, wenn man sich vor Augen führt, dass kurz nach dem Amtsantritt der schon mehrfach angesprochenen Bundeskanzlerin etwa verwirrenderweise 44 Prozent aller Deutschen angegeben haben, Frau Merkel könne es. Sie meinten die Amtsführung. Und das sagten auch 76 Prozent derer, die nur der CDU anhingen. Darüber hinaus hatten 50 Prozent der Merkel-Gegner zu ihr Vertrauen, aber nur 79 Prozent der CDU-Anhänger. Und 31 Prozent der Gegner von Merkel fanden, sie habe Ausstrahlung. Nur 54 Prozent der CDU-Zugehörigen sagten das auch. Aber 46 Prozent der CDU-Begeisterten sagten das eben nicht. Während nur 69 Prozent der Merkel-Gegner das auch nicht sagten.
Wenn Sie das nicht verstanden haben –
können Sie es ja noch einmal nachlesen.

Jedenfalls wurde Frau Merkel von den Gegnern prozentual mehr unterstützt als von den Anhängern. Bei ihrem Vorgänger Gerhard Schröder war es genau umgekehrt – ohne das jetzt im Einzelnen aufzuschlüsseln. Das heißt, die CDU hätte ein viel besseres Ergebnis gehabt, wenn sie Schröder damals als Kanzlerkandidat gehabt hätte. Und die SPD wäre besser mit Merkel gefahren. Und zwar um jeweils 30 Prozent. Das sind zusammen 60 Prozent. Die restlichen Prozente der kleinen Parteien machen aber nur 26 Prozent aus. Damit kämen wir auf eine Prozentzahl von 135 Prozent. Und das bedeutet, dass es einfach zu wenige Leute gab, die wahlberechtigt waren.
Deswegen wurde Rot-Grün 2005 abgewählt.

Weil der Wähler nicht differenzierte und eine viel zu wendige, um nicht zu sagen windige Meinung hatte.

Wobei – wir erinnern uns – das Wahlergebnis im Jahr 2005 für entsprechende Koalitionsverhandlungen so knapp ausgefallen war, dass erst Wochen später eine Regierung »Schwarz-Rot« als sogenannte »Große Koalition« gebildet werden konnte.

Das mag daran gelegen haben, dass der Wähler nicht loslassen wollte von der Wahlkampfzeit. Er mochte diese Zeit des Wahlkampfes nicht enden sehen. Und er hoffte, durch ein ausgetüftelt enges Ergebnis eine Neuwahl zu erzwingen.

Denn Wahlzeiten sind immer noch die besten Zeiten.

Die SPD sagt dann: »Mit uns wird alles besser als mit uns.«

Die CDU sagt: »Mit uns wird alles viel besser, weil es erst mal schlechter wird.«

Die FDP meint: »Wir machen es besser schlecht.« Oder auch: »Wir machen das Schlechte besser.«

Und die Linke trompetet: »Wem es besser geht, dem soll es jetzt mal schlechter gehen.«

Jeder verspricht weniger Arbeitslose, mehr Wirtschaft, mehr Geld, mehr Licht, mehr Sommer, mehr Deutschland. Und man fragt sich bei solchen Aussichten immer wieder: Warum haben wir diese Wahlen nicht schon vor Jahrzehnten gehabt?

Aber genau das ist das Problem:

Diese Aussichten gibt es eben immer nur vor Wahlen!

Und gerade deswegen dürften Wahlen nie mehr abreißen.

Um Deutschland dauerhaft ins Hoch zu führen, müsste die nächste Bundestagswahl nach der eben stattgefundenen stattfinden. Schon weil damit durch Masse und häufige Wiederholung Wahlen nicht mehr ausgerufen werden können als Richtungswahl oder gar als Schicksalswahl, bei der führende Parteimitglieder immer posaunen, dass es keinen Ausweg gebe und dass die wirtschaftliche Lage mies sei und dass es keine Gelder gebe für mehr Sozialleistungen.

Ob CDU oder SPD, Grüne oder FDP, sie alle behaupten vor jeder Wahl steif und fest, es bliebe dem Volk nur das Nichts. Und da zieht das Volk natürlich dann oft die Konsequenz. Und wählt es dann eben.
Das Nichts.

Auf diesem Wege kamen im Laufe der Bundesrepublik Deutschland Figuren an das Licht der Macht, die man immer weniger loswurde, je undifferenzierter und machtklobiger sie waren.
Frau Merkel war seit 2005 im Amt. 16 Jahre hatte Kohl das Amt breitgesessen. Schröder hatte nur sieben Jahre, aber die reichten ihm, um so zu werden wie Kohl:
störrisch, bockig, beleidigt und rechthaberisch.
Als er abgewählt worden war, gab er der Allgemeinheit zu verstehen, dass er gut und gerne hätte Bundeskanzler bleiben können, wenn nur diese blöde Demokratie nicht sei.
In 60 Jahren Demokratie in Deutschland war eine Stimme Mehrheit immer die Mehrheit gewesen. Beim Wahlausgang 2005 mit einem Stimmenvorsprung für die konkurrierende CDU von 1,0 Prozent pochte Schröder darauf, dass diese Gepflogenheit nicht mehr gelten solle. Schröder berief sich auf die Demoskopie und wollte in vordemokratische Gepflogenheiten zurück.
Man konnte froh sein, dass er nicht noch weiter zurückging in die Zeit, als andere Parteien einfach verboten waren.
Real hatte er 4,3 Prozent verloren. Aber er tanzte dennoch schier auf den Tischen vor Freude. Zum Glück hatte er kein Minus von 14 Prozent, wie es prognostiziert worden war. Er hätte sich vermutlich auf den Kopf gestellt und gejubelt: »Das reicht sogar für eine Kanzlerschaft in Frankreich und England.«

Die Grünen hatten bis dahin keine Phantasie für eine Kanzlerin Merkel. Aber Schröder reichte offenbar die Phantasie nicht mal mehr für die Demokratie.

Denn die Frage war nicht mehr, ob es Gemeinsamkeiten gab zwischen SPD und CDU. Die Frage war nur noch, ob es irgendwelche Gemeinsamkeiten gab zwischen der SPD und der Demokratie.

Eine Stimme Mehrheit ist die Mehrheit!
Das war nicht mehr relevant.
Und die Partei SPD raste dazu.
Beim nächsten Wahlverlust würde Schröder wohl gerufen haben:
»Wollt ihr die totale SPD?!«
Es war eine gespenstische Situation.
Die sogenannte »Elefantenrunde« an jenem Wahlabend im September 2005 war nur noch vergleichbar mit einer schlechten Folge von »Vera am Mittag« oder »Die Oliver Geissen Show« oder »Britt«.
Es gab nicht mal einen Vaterschaftstest.
Und der Lügendetektor war auch nicht angeschaltet.
Man hatte das unbedingte Gefühl, dass wir Schröder bald bei »Richterin Barbara Salesch« und Angela Merkel bei »Zwei bei Kalwass« sähen, wenn der Exkanzler so weitergemacht hätte mit seiner billigen Talkshow.
Mit anderen Worten:
Die Lüge war endgültig staatstragend und hoffähig geworden.
Und sie hatte im Wortsinn ausgesprochenen Realitätscharakter bekommen in diesem Deutschland.

Machtgier war die Mode, die man trug zu Brioni und Zigarren, mit denen Schröder ja gerne herumstolzierte.
Die Lüge war sichtbar parteiübergreifend und konnte auf einmal erkannt werden als eine der ersten Insignien, die eine Unterscheidung der politischen Lager fast nicht mehr möglich machte.
Wer konnte noch sagen, welche Steuerlüge besser war?
Welche Versprechungen gelungener?

Versprechungen übrigens, die meist zustande kamen, weil man meinte, der politische Gegner habe mit denselben Versprechungen größere Erfolge. Also übernimmt man sie, obwohl sie oft diametral dem eigenen Programm oder, schlimmer noch, den eigenen Zielen entgegenstehen.

Die wahre Lüge

Das Wort »Lüge« ist bei jeder Kleinigkeit in aller Munde.
Kaum ist uns etwas nicht erklärbar oder kann etwas an Erwartungen nicht erfüllt werden, haben wir vor lauter Lügen sofort das Wort »Lüge« auf den Lippen.
Wenn man den Politiker nun aber einmal löst von der rein menschlichen Sicht und ihn nur betrachtet als das, was er zu sein hat, nämlich als Politiker, dann sind Ausrufe wie »Steuerlüge«, »Preisschock«, »Blutsauger«, »Verräter« nur noch eine ähnliche Empörung, wie wenn man sich im Dezember darüber aufregt, dass bald Weihnachten ist und davon ja im Sommer keiner gesprochen habe.
Es steht zwar im Kalender!
Aber wir schauen natürlich nicht nach.

Und im Kalender der Politik steht:
Vor Wahlen wird gelogen!
Dass das legal ist, erkennt man schon daran, dass zum Beispiel in »Aktenzeichen XY – ungelöst« niemals aufmerksam gemacht wird auf Abgeordnete. Oder konkreter: auf die Lügen derselben. Wie bei jedem Lotto oder Ratespiel gilt auch für den Bundestag:
Der Rechtsweg ist ausgeschlossen!
Schließlich weiß man:
Politiker können es nicht anders.
Es ist ihr Beruf. Glauben wir es doch endlich.
Oder gehen wir zu einer Show von David Copperfield und rennen schreiend auf die Bühne mit den Worten: »Der hat

gelogen. Der kann gar nicht zaubern. Das sind alles nur Tricks.«?

Also könnten wir ruhig auch auf der Politikbühne einmal ausrufen: »Mensch, das ist toll! Seit 60 Jahren sind es exakt die gleichen Kunststücke, die gleichen Zaubereien und dieselben Lügen: weniger Steuern, mehr Geld, weniger Arbeitslose. Aber so gut vorgebracht, dass wir jedes Mal wieder darauf reingefallen sind.«
Wir könnten ruhig einmal honorieren, wie schön Abgeordnete und Parteien uns das alles gemalt haben. Und wenn die Vorstellung mit dem Titel »Bundestagswahl« vorbei ist, wird wieder hart geprobt für den nächsten Wahlkampf. In dem wir es dann auch wieder schön haben sollen – in wunderbaren alten Lügen.
Neu einstudiert und neu präsentiert.

Denn es gilt immer zu bedenken:
Was ist eine Lüge für ein Aufwand!
Man denkt sich etwas aus für die anderen, für die Wähler, damit man ihnen nicht wehtut. Das darf sich dann nicht widersprechen. Es muss drei Tage später noch dasselbe sein.
Eine Lüge ist das tägliche Kunstwerk des Lebens.
Für die Wahrheit braucht man noch nicht mal ein gutes Gedächtnis. Wahrheit ist immer nur brutal und lieblos.

Trotzdem ist bei den Ärzten das Lügen doch auch seit Jahrtausenden Tradition. Im schlimmsten Fall sagt man dem Todkranken einfach nicht, dass er stirbt. Aber wollen Sie, dass Frau Merkel, Herr Gabriel oder Herr Trittin uns das sagen?
Nein, sie behandeln uns liebevoll. Sie behaupten, dass alles wieder gut wird. Dass es mit uns aufwärtsgeht. Dass wir in Sicherheit sind. Und so haben wir als Deutschland noch ein paar wunderschöne letzte Tage zu Hause.

Es war eine unglaubliche, bis zur Perfektion geprobte Kunstfertigkeit, wenn Frau Merkel vor einer Bundestagswahl nicht sagte, sie möge keine Erhöhung der Mehrwertsteuer. Sie sagte damals, sie wolle 18 Prozent. Nach der Wahl waren es dann 19 Prozent. Es war so haarscharf verlogen, dass man es gar nicht merkte.

Und zum Dank plärrte der Wähler nur:

Frau Merkel hat eine komische Frisur. Sie lasse die Lefzen so merkwürdig nach unten hängen, und sie wirke griesgrämig. Es fielen sogar Beleidigungen wie »Wischmopp«, »Dackelaugen«, »Wackeldackel«.

Das sollte der Dank dafür sein, dass sie uns so eine tolle Illusionsshow vor der Wahl hingelegt hatte? Hätten wir nicht sagen können, dass wir im ersten Moment dachten, Claudia Schiffer sitze auf der Regierungsbank? Das wäre so perfekt gelogen gewesen, dass die Merkel sich hätte kaputtlachen müssen. Weil es so absurd ist. Und die Folge wäre gewesen, dass wir endlich eine freundlich dreinblickende Kanzlerin gehabt hätten.

Nur durch eine Lüge!

Lüge ist eine Dienstleistung.

Und wir sollten sie Frau Merkel und allen anderen abkaufen.

Der Kunde ist König.

Und je mehr wir abdrücken an Trinkgeld in Form von Mehrwertsteuer, Einkommensteuer und Abgaben, umso perfekter werden die Lügen das nächste Mal sein.

Stattdessen mäkeln wir, die Regierung sei nur ein Jackpot.

Wir fragen: Haben die noch alle sechs Richtige im Kopf?

Wer einmal lügt, dem glaubt man nicht, sagen wir.

Und wenn er auch aus der Politik ausscheidet.

Wir behaupten, »Politiker« sei nur ein anderes Wort für »Lügner«.

Die würden nicht nur lügen bei Wahlversprechen und Amtseiden.

Die meisten würden schon die Unwahrheit sagen, wenn sie behaupteten, sie seien Politiker!

Dabei hat man doch selbst auch eine Berechtigung für eine Lüge, wenn andere lügen. Und seien es nur ein paar Notlügen. Stellen Sie sich vor, Politiker sagten alle die Wahrheit. Millionen von Steuersündern kämen sich schäbig vor und würden bei der Steuer nicht mehr betrügen. Was sollte der Finanzminister dann mit dem ganzen Geld machen? Er würde sich für Deutschland kein Geld mehr leihen müssen, die Banken gingen pleite, die Weltwirtschaft krachte zusammen.
Das tut sie gerade ohnehin.
Aber das hat andere Gründe.
Und es hat andere Lügen zur Grundlage.

Das Leben insgesamt fängt doch mit der Wahrheit nicht viel an. Im Grunde ist die Behauptung, dass generell eine Wahrheit existiere, die größte Lüge überhaupt.
Die Lüge ist die Schminke auf dem Geist des Menschen.
Das Solarium in Zeiten bitterer Wahrheit.

Wenn man zu viel hat davon, gibt es zwar Hautkrebs.
Aber man sieht wenigstens gut aus dabei!
Die Lüge befreit von der Psyche her:
Man kann lachen, wenn man ertappt wird.
Man kann rumbrüllen, wenn man ertappt.
Man kann sich aalen in der Unzuverlässigkeit der anderen.
Lüge ist die Grundlage für emotionale Ausbrüche.
Und für Seelenreinigung.
Lüge ist Luft.
Luft, die der menschliche Geist braucht, um frei atmen zu können. Das kann jeder ja für sich überprüfen.

Wie ist es denn bei einem selbst?
Sagt man die Wahrheit im Büro, wenn man den Kollegen nur

fragt, wie es geht? Will man wirklich wissen, ob sich die Kollegin in der Nacht übergeben hat oder ob sie Krach hatte mit ihrem Mann, weil der Rostbraten verbrannt war? Wie lange denkt man, dass man überleben kann, wenn einem bei jeder Gelegenheit gesagt wird: »Sie sehen miserabel aus?«

Stattdessen klagt man sich gleich durch die Instanzen wegen Mobbing. Aber wer Mobbing nicht aushält, ist kein Genussmensch!

Lüge ist die Grundlage des menschlichen Zusammenlebens.

Wenn jeder jedem dauernd sagt, was er von ihm hält, bricht der komplette Sozialstaat zusammen. Es gäbe keine Familien mehr, sondern nur noch Eremiten. Und wenn alle vor der Wahl alles gesagt bekämen, würden wir gar niemanden wählen und hätten Anarchie, Urwald und Selbstjustiz.

Es lebt der Mensch, solange er lügt.
Zu Hause oder bei der Ehefrau.
Im Büro und über die eigene Qualifikation.
Wer nicht lügt, wäre schon längst erschlagen worden.
Die Lüge ist unsterblich.
Die Wahrheit stirbt jeden Tag.
Solange wir lügen, leben wir noch.
Wahrheitsliebende Menschen müssen sehr einsam sein.
Die Lüge setzt sich immer durch.

Es gibt halbe Wahrheiten.
Aber halbe Lügen sind nicht bekannt.
Man stelle sich vor, man versteckt die beste Freundin, und deren Mann klingelt mit einer Knarre in der Hand. Sagt man dann die Wahrheit? Sagt man, dass die beste Freundin im Hause ist? Na bitte!
Mit der Wahrheit kann man nicht überleben.
Die Lüge hat uns erst zur Zivilisation gebracht.

Darüber hinaus wollen wir auch betrogen sein.

Es gibt uns das Gefühl, ernst genommen zu werden.

Wir fühlen uns gut, wenn jemand sich die Mühe macht, uns ein gutes Gefühl zu geben oder uns etwas vorzugaukeln, indem er uns anlügt.

Denn das meiste wird doch nur zu unserem Glück verheimlicht: In China gab es vor Jahren einmal verseuchtes Wasser. Die Regierung gestand nicht ein, dass darin Gift enthalten war. Und die Menschen tranken das Wasser weiter in aller Ruhe. Sie starben auch daran. Aber auch in aller Ruhe. Völlig unaufgeregt.

Die Wahrheit würde doch da den Glauben an den Staat vernichten. Und sie vernichtet auch die Grundlage dieses Staates. Nämlich des Grundgesetzes.

Und dieses Grundgesetz ist vor allem auf Lügen aufgebaut:

Jeder hat ein Recht auf Arbeit!

Ja, aber ein paar Millionen sind eben nicht jeder.

Alle Menschen sind gleich!

Ja, aber nur die, die Arbeit haben.

»Mann und Frau sind gleich.«

Sehr gut. Hat man sie schon einmal nackt gesehen?

»Die Würde des Menschen ist unantastbar.«

Manchmal kann das Grundgesetz richtig komisch sein.

Weil es verlogen ist.

Die Wahrheit ist nie lustig. Sie ist immer eine Tragödie.

Das Wichtigste ist jedoch, dass wir über 60 Jahre an dieses Grundgesetz geglaubt haben. Wollen wir das alles nicht mehr? Wollen wir im Kino sitzen oder im Theater und sehen, wie sich die Schauspieler für die Rolle schminken, alles übertünchen und Stimmübungen machen?

Wollen wir gar keine Illusion mehr haben?

Politik ist doch nichts anderes als Illusion für die, die sich die Kinokarten nicht mehr leisten können wegen der Politik.

Und wie perfekt Politiker beim Lügen geworden sind, sieht man daran, dass sie einem inzwischen sogar ins Auge gucken, ohne Zwinkern, ohne rot zu werden, ohne die Arme zu verschränken, und sagen:

»Wir erheben keine neuen Steuern!«

Das ist inzwischen so überzeugend, dass man oft denkt: Haben wir vielleicht gelogen?

Wir haben doch bei der Wahl gesagt: »Wir glauben euch!«

Wir haben das Kreuz gemacht in der Wahlkabine und wussten da schon, dass die lügen. Sind nicht wir die Heuchler?

Steuern sind eine Wahrheit für sich

Wenn man sich bewusst macht, dass Politiker Volksvertreter sind, sie also die Mandanten, also uns, vertreten und das in unserm Sinne tun sollen, weil wir auch dafür bezahlen, dann wird klar, dass das Potential für Lüge, für Changieren und für Tricksereien bei uns selbst liegt.
Und dass die von uns Gewählten es nur repräsentieren.
Wenn sie selbst als Politiker also nicht ehrenwert sind, haben sie vielleicht ganz einfach nichts Ehrenwertes darzustellen.
Das bedingt sich alles.

Denken wir doch nur an die Horde der immer häufiger auffliegenden so neutral genannten Steuersünder. Einerseits wird das Tricksen bei der Steuer schmackhaft gemacht durch Bücher über »tausend legale Steuertricks« und andererseits durch etwa 400 Zusatzgesetze zum Einkommensteuergesetz.
Man will gar kein einfaches Steuergesetz, wie es etwa ein Professor Kirchhof schon 2005 und seither immer wieder vorgeschlagen hat. Obwohl ein Steuersatz von 25 Prozent für obere Einkommen vermutlich mehr Steuereinnahmen garantierte durch den Wegfall so vieler Steuervergünstigungen.
Man argumentiert mit den Interessengruppen.
Aber die größte Interessengruppe ist die der Politiker.
Man will den Bürger in Versuchung führen.
Weil er als Schuldiger besser zu handhaben ist.
Und der Staat macht mit Steuerverschwendungen dann vor, woraus sich der Bürger seine Berechtigung für eigene Unehrlichkeiten ableitet.

Das bedeutet, dass Betrug und Vorenthalten sich wieder mal gegenseitig bedingen. Volk und Staat hantieren mit den gleichen Mitteln:

Jahrelang gaben sich Politiker die Mühe, darauf hinzuweisen, dass Steuerbetrug kein Kavaliersdelikt sei. Aber wie kam man denn überhaupt auf die Idee, dass jemand meinen könne, es sei ein Kavaliersdelikt? War da vielleicht in frühen Jahren zu viel geduldet worden?

Wie auch immer, seit einigen Jahren beginnt man endlich deutlich, Steuerhinterzieher als Kriminelle zu definieren. Und man verschärfte die Suchaktionen. Und erwarb die berühmten Steuer-CDs aus Liechtenstein und der Schweiz.

Die auch nach deutschem Recht nicht ganz legal hergestellt worden waren. Wenn widerrechtlich eine Aussage auf Tonband aufgenommen wird, ist sie vor Gericht nicht zu verwenden. Hätte ein bekannt gewordener Kindermörder seine Aussage vor Gericht nicht wiederholt, wäre sein Geständnis nicht zu verwerten gewesen, das er unter Androhung von Folter in Frankfurt 2002 abgegeben hatte.

War also der Erwerb von illegal beschafften Informationen über Kriminelle nicht auch kriminell?

War es nicht Hehlerei, einem Erpresser für fünf Millionen Euro eine CDU mit Diebesgut abzukaufen?

Oh, Entschuldigung, das war ein Freudscher Druckfehler!
Es muss heißen: »… für fünf Millionen Euro eine CD mit Diebesgut abzukaufen?«

Natürlich sagte der Staat: Nein, das war es nicht!
Warum? Ganz einfach: wegen des Unterschieds!
Ein Erpresser sagt normalerweise: Geld her, oder wir bringen jemanden um. Dieser Liechtensteiner Erpresser hat aber gesagt: Geld her, und ihr dürft selbst welche an die Wand stellen!

Es blieb der Tatvorwurf der Denunziation!

Der aber entkräftet wurde durch das Lob des guten Dienstes, den die Denunziation in diesem Fall geleistet hatte. Diesen Nutzen können alte Stasis und uralte Nazis überzeugend bestätigen. Obwohl man natürlich mit denen von Staats wegen nichts mehr zu tun haben will. Aber deren Methoden verwendet man wieder gerne.

Natürlich nur so lange, wie sie von den Gefühlen wie Neid und Missgunst und Lust auf Selbstjustiz beim Volk gedeckt werden!

Die Frage, die übrig blieb, war:

Wäre es nicht aber auch sinnvoll, diese Methoden des Erlangens von Beweismitteln bei sich selbst anzuwenden?

Nicht nur den sündigen Bürger zu verfolgen?

Sondern auch die sündigen Volksvertreter?

Der Bund der Steuerzahler weist seit Jahrzehnten in jedem Jahr nach, dass dieser Staat regelmäßig jährlich circa 30 Milliarden Euro verschwendet, in tote Projekte steckt, in sinnlosen Abgeordnetenreisen verprasst.

Und so den Sozialkassen vorenthält.

Wobei die Dunkelziffer unter Umständen bis zu dreimal höher liegen könnte. Ein klarer Fall von Steuerhinterziehung! Ein klarer Fall von Entzug der Steuern, die der Gemeinschaft nicht zugutekommen!

Fühlt sich da der kleine Arbeitnehmer nicht animiert, im Gegenzug schon mal 100 Euro Zinsen nicht anzugeben oder täglich vier Kilometer mehr für berufliche Fahrten geltend zu machen?

Ist also Steuerverschwendung nur eine Reaktion auf eine als unfair empfundene Steuermoral der deutschen Bürger selbst?

Verschleudert der Politiker also nur das, von dem er das Gefühl hat, dass es dem Staat durch Steuerhinterziehung sowieso vorenthalten würde?

Oder gilt doch eher zweierlei Maß?

Man verfolgt den Bürger als Steuersünder. Aber eine CDU und zum Beispiel ein Roland Koch, als nur einer von vielen, haben sich jahrelang an der Macht gehalten mit genau denselben Steuerbetrügereien in Liechtenstein.

Gut, man kann dieser Partei zugutehalten, dass sie eben keinen Informanten hatte, der ihr eine CD zugespielt hätte, auf der gespeichert war, dass sie Konten in Liechtenstein hat.

Aber zeitgleich mit dem Erfolg dieser CDs verprasste zum Beispiel ein Sigmar Gabriel als Umweltminister 50 000 Euro – in Worten: fünfzigtausend –, weil er alleine von Mallorca nach Berlin und zurück flog für eine wenige Stunden dauernde Kabinettssitzung. Es ist nicht zu erinnern, dass der Staat ihn als Steuerverschwender gejagt hätte.

Vielleicht verstehen wir das auch nicht:
Im Drogenhandel ist es gang und gäbe.
Und in der Prostitution auch.
Es ist ein Ehrenkodex.
Der eine Gauner pinkelt dem anderen nicht ans Bein.
Deswegen hören wir auch immer nur von der russischen Mafia, von der italienischen oder der albanischen.
Eine deutsche Mafia ist nicht bekannt.
Warum wohl? Weil sie den Kürzeren ziehen würde, wenn sie sich im Revier der Bundesregierungen mit ihr anlegte.
Was also nach unserer Ansicht steuerverschleudert wird, ist nichts als eine Art Schutzgeld.

Bleibt die Frage, warum die Bundesfinanzminister nicht auch mit den verschwendeten Steuermilliarden nach Liechtenstein flüchten.
Das kommt daher, dass die sicherste Steueroase die Bundesregierung selbst ist. Vorausgesetzt, man ist ihr Mitglied.
Und zusammenfassend muss man auch wirklich zugeben, dass

Steuerverschwendung niemals genauso hart bestraft werden kann wie Steuerhinterziehung.

Wie will man regelmäßig die Flugbereitschaft nutzen, Staatsgäste empfangen und Steuergelder gezielt sinnlos einsetzen, wenn die halbe Regierung im Knast sitzt?

Zauberkunststück Etat

Die Verflechtungen von Volk und Volksvertreter sind also viel enger, als wir es uns bisher haben träumen lassen.
Und die gegenseitigen Täuschungsmanöver sind sich manchmal zum Verwechseln ähnlich.
Alle Welt rennt mit Begeisterung in Illusionsshows.
Warum soll sie der Regierungsapparat nicht bieten?

Wir haben seit langem eine Finanzkrise.
Wir wissen nicht, wo wir das Geld noch hernehmen sollen. Und nicht, wie wir die Schulden ausgleichen können. Gleichwohl beweisen die Regierungen, dass es ganz einfach ist, an Geld zu kommen.
Man muss es nur umschichten.

Also bittet die Regierung, dass wir uns einen riesigen Behälter vorstellen, in dem sich, sagen wir, 2000 Milliarden Euro befinden. Diese 2000 Milliarden sind aber die Schulden, die der Bund zurzeit insgesamt hat.
Schulden sind Geld, das nicht da ist.
Und was nicht da ist, können wir nicht sehen.
Aber die Zauberkünstler, die sich Finanzminister nennen, erklären uns, nur mit bloßem Auge sähen wir, dass da nichts in dem Behälter drin ist. Wenn wir uns versenken in das Dargebotene, dann spüren wir mental, dass da nicht nichts drin ist. Sondern in besagtem Behälter sind eben diese 2000 Milliarden nicht drin.

So ist unsere Finanzkrise entstanden.

Weil die meisten kein Gefühl für das haben, was nicht da ist.

Und nun benötigen wir immer wieder etliche Milliarden für Konjunkturpakete. Nehmen wir für dieses Beispiel einmal 50 Milliarden. Und da nichts anderes da ist, müssen wir diese 50 Milliarden nehmen von diesen 2000 Milliarden Schulden. Etwas anderes haben wir nicht.

Und weil »Konjunkturpaket« bedeutet, dass das Geld ausgegeben werden soll in Gemeinden und Städten durch Bauaufträge oder Großprojekte, wird man dort gar nicht merken, dass man das Geld, das man bekommt, gar nicht real kriegt.

Die Gemeinden werden nicht merken, dass sie es nicht haben, weil sie meinen, sie hätten es gleich weitergegeben. Sie bekommen real Minusgeld. Also Schulden.

Und werden so animiert, ungerührt Schulden zu machen.

Und zu investieren.

Denn wenn man erst mal so viel Schulden bekommt, also Geld nicht bekommt, ist die Hemmschwelle geringer, eigene Schulden zu machen.

Wer keine Schulden hat, nimmt nicht gerne 100 Euro auf. Das wären 100 Prozent. Wer aber 100 000 Euro Schulden hat, leiht sich ohne Probleme noch 2000 Euro. Das wären nur zwei Prozent.

So haben alle das Gefühl, sie hätten etwas bekommen, wo sie in Wahrheit noch mehr verloren haben.

Die Regierungen haben hier große Mentalisten hervorgebracht – Meister im Heucheln und Mauscheln. Sie können mit Geld vielleicht nicht umgehen, aber sie wissen, wie man es verschwinden lässt.

Sie wissen, wie sie dem Bürger interaktive Politik vorspielen. Sie wissen, wie sie den Steuerzahler in alle Richtungen verbiegen. Und wie sie durch Live-Experimente mit den Lebenden Kontakt aufnehmen. Sie verzaubern uns, indem sie uns sagen: Wir haben hier keine 50 Milliarden.

Und ihr da draußen seid 80 Millionen deutsche Bundesbürger. Das sind pro Mann und Frau 625 Euro, die jeder Einzelne nicht hat. Und jetzt bricht bei den Finanzministern die Neigung durch, Uri Geller zu spielen, wenn sie sagen: Wir alle haben in unserer rechten Tasche keine 700, keine 600, sondern exakt keine 625 Euro. Und jetzt sollte man die Augen schließen und nie mehr darauf achten, was in der Politik geschieht.

Sondern es nur genießen.

Diese herrlichen Illusionsshows.

Denn es ist alles eine Auslegungsfrage.

Gleichheit als Halluzination

Das Sparen im Bundeshaushalt ist eine große Frage der Aus-
legung.
Zuerst einmal gilt, dass Sparen überparteilich ist:

Die Regierung will sparen, die Opposition will sparen.
Und wenn zwei das Gleiche wollen, ist einer immer der Dritte.
Und diese Ehre kommt dem Wähler zu.
Wobei Sozialpolitik immer die dritte Seite der Medaille ist.
Die Vorderseite sind Einnahmen.
Die Rückseite sind die Ausgaben.
Und der Steuerzahler ist der Rand.

Zurück zum Sparen:
Bei diesem Thema muss der Bürger sich endlich lösen von sich.
Von seinen eigenen verschrobenen und auch geradezu spießigen
Vorstellungen in diesem Bereich. Denn für den staatlich un-
trainierten, nur auf sich bezogenen Bürger heißt Sparen, Geld
nicht auszugeben, das man hat.
Der Staat ist auf einer viel höheren Ebene angelangt.
Für den Staat bedeutet Sparen, weniger Geld auszugeben von
dem, was man nie besitzen wird. Sparen heißt dort nicht, 1000
Euro einzunehmen und nur 700 auszugeben und 300 auf die
hohe Kante zu legen. Sparen heißt dort, 1000 Euro einzunehmen und nicht 2000 Euro auszugeben, sondern nur 1700. Die
300 Euro Unterschied zur ursprünglich geplanten Ausgabe
nennt man gespart.
In die Wirklichkeit zurücktransferiert, bedeutet das, dass der

deutsche Staat 2011 nicht 42 Milliarden Schulden aufgenommen hat. Sondern nur 27.

Und die dafür Verantwortlichen suchten bereits nach einem Heiligenschein, um diese geniale Sparleistung angemessen zu würdigen.

Umso größer war jedoch das Geschrei, als man dann real noch zusätzlich sparte bei den Sozialausgaben.
Und es wurde gerne von der Opposition gefordert, man solle das Geld holen bei den Reichen. Während die Regierung der Ansicht war, dass sie ja genau das tue:
das Geld bei den Reichen zu holen.
Denn die Sozialausgaben machten inzwischen einen beinahe so hohen Betrag aus, wie ihn die Hälfte der Einnahmen für den Etat ergaben. Das waren seinerzeit etwa 130 Milliarden. Man muss zugeben, dass so viel kein Unternehmer in Deutschland besitzt.
Also haben offenbar die sozial Schwachen finanziell das größte Einkommen in Deutschland?!
Sie teilen es zwar unter sich auf. Und je mehr es sind, umso geringer ist der Anteil für den Einzelnen. Aber als Ganzes sind sie die Reichsten.
Das ist wie beim Lotto. Gewinnt es einer, hat er eine Million. Gewinnen es hundert, hat jeder 10 000. Aber trotzdem bleibt es eine Million.
Die Regierung will nüchtern und ganz emotionslos nur den Betrag sehen. Es geht hier gar nicht um den Menschen, den lässt sie völlig unbehelligt. Es geht nur um eine neutrale Betrachtungsweise.

Selbstverständlich ist gesellschaftlicher Konsens, dass der mehr sparen soll, der mehr hat. Und wer mehr hat, spart ja auch zum Beispiel die neuen breiten Reifen für seinen Sportwagen. Das kann der Sozialfall natürlich nicht. Erstens hat er gar keinen

Sportwagen. Und zweitens hat er natürlich deswegen auch gar keine breiten Reifen. Also muss der Weniger- oder der Nicht-Vermögende da verzichten, wo er was hat.

Und das Einzige, was er hat, ist eben zum Beispiel Hartz IV. Aber was er dort spart, ist immer noch weniger wert als die breiten Reifen des Sportwagens des Reichen.

Also lernen wir:

Der Reiche spart einfach mehr.

Und so kommt es immer wieder zu Eindrücken aus dem Regierungsviertel, dass fast 50 Prozent aus dem Etat für Sozialleistungen in Zeiten leerer Kassen einfach nicht haltbar sind.

Der Sozialstaat würde hier allmählich zum puren Luxus.

Not kleidet zwar den Sozialstaat gut, wenn er Bedürftige ausstattet und wenn er sich kümmern kann. Aber in Zeiten, in denen man das Geld dringend braucht, etwa für Rettungsschirme oder für griechische Korruptionshilfen, können wir in Deutschland mit der Not nicht auch noch protzen.

So entschied man sich logischerweise, im Zuge eines Sparpaketes den sozial Schwachen den Heizkostenzuschuss zu streichen. Was man nur als gerecht angesehen hat, denn den Reichen wäre der Heizkostenzuschuss auch gestrichen worden. Die hatten zwar bisher gar keinen bekommen. Und wenn man 100 Prozent von nichts streicht, bleibt bekanntlich immer noch nichts übrig. Man meinte also, wenn man zwei Gruppen, nämlich den Armen und den Reichen, für dieselbe Sache, nämlich Heizung, den exakt gleichen Betrag ausbezahlt, nämlich nichts –

dann könne man sich etwas Gerechteres nicht vorstellen.

Der Staat muss sich eben immer einigen auf den kleinsten gemeinsamen Nenner. Und das ist der Zahler.

Sonst geht alles zu Bruch.

Wir haben in Deutschland ein Mehrheitszahlrecht.
Das heißt, die Mehrheit zahlt dann auch.
Der Bürger ist das letzte Sparschwein.
Und das wird geschlachtet, wenn Not am Mann ist.
Man will den Bürger entlasten – von seinem Einkommen.
Damit er erlöst wird von seinen Verlustängsten.

Denn die Angst, dass man etwas verlieren könnte, ist größer als die Angst, wenn man gar nichts mehr hat. Das kann man bei jedem Todesfall erleben: Das Bangen und Hoffen, wenn ein geliebter Mensch an den Apparaten hängt, ist furchtbar. Ist es vorbei, kann die Trauerarbeit beginnen.
Die Regierung will nur, so scheint es oft, die Trauerarbeit der Bürger um ihr verlorenes Geld früh genug beginnen lassen. Damit mehr Zeit bleibt, die Wunden heilen zu lassen.
Deswegen war auch dieses erwähnte Sparpaket ausgewogen:
Alle unteren Einkommen kriegen gleich viel wenig.

Insgesamt kann man sagen, dass Sparzwang im Allgemeinen auch ein Gemeinschaftserlebnis ist, bei dem man mal am Samstagabend gemeinsam fragt:
»Wo essen wir heute nicht?«
»Welches Kino lassen wir heute links liegen?«
»Was können wir heute zusammen verpassen?«

Man erwartet mit einigem Recht, dass der Bürger ruhig stolz sein kann. Er braucht wirklich nicht mehr neidisch zu sein, wenn ein anderer mit einem neuen Ferrari vorfährt oder auf den Malediven Urlaub macht. Wir geben unser Geld aus für anspruchsvollere Unternehmungen. Man kann ruhig mal den Test machen und einem Bürger in Paris oder London sagen, wie viel Geld wir in Deutschland ausgeben für Steuern, für Abgaben, für Sparpaket, Solidaritätszuschlag, für Abgeordnetenreisen und Abgeordnetendiäten, für Präsidenten-Ehrensolde, für Pflege, für Rente, für den Staat.

Jeder Franzose oder jeder Engländer wird mit Bewunderung und Ehrfurcht raunen:

»Donnerwetter, das könnten wir uns nicht leisten.«

Reichtum der Armut

Vielleicht ist das auch der Grund dafür, dass die Armut in Deutschland sich offenbar erholt hat in der letzten Zeit. Sie ist 2011 leicht angestiegen. Und ein Ende des Aufschwungs der Armut ist auch noch nicht abzusehen.

Gleichwohl werden wieder über alle sozialen Themen unendliche Scheindiskussionen geführt.
Vor allem Geldscheindiskussionen.
Es gibt manche Freigeister, auch Liberale genannt, die behaupten sogar, dass man deswegen schnell arm werde in Deutschland, weil die Kriterien sich verschoben hätten. Weil man nämlich schon zu den Armen zähle, wenn man sich keine drei Handys und keine zwei Fernsehapparate oder keinen Zweitwagen leisten könne.
Dem kann man sich schlecht verschließen.
Weil offensichtlich ist, dass Armut bei uns als relativ ausgelegt wird. Vor allem ein Reicher kann furchtbar arm sein:
Hat ein Reicher 250 000 Euro, nimmt ihm der Staat 45 Prozent, und es bleiben ihm 140 000 Euro übrig. Damit ist er aber natürlich um ein Vielfaches ärmer als ein normaler Arbeitnehmer. Der hat vielleicht 2000 Euro, und wenn ihm dann der Staat mit dem entsprechenden Steuersatz rund 30 Prozent abnimmt, bleiben ihm 1400 Euro.
Damit hat er relativ mehr als der sogenannte Reiche.

Rein prozentual errechnet, natürlich.
Sein VW Lupo kostet im Unterhalt wesentlich weniger als der

64

Bentley von Herrn Reich. Die Drei-Zimmer-Wohnung steht in keinem Verhältnis zu der Zwanzig-Zimmer-Villa dessen, der die Millionen besitzt. Wenn man also von dem Gehalt des Normalverdieners ausgeht, hat der Reiche ein Tausendfaches an Unterhalt aufzubringen.

Und das heißt, dass er viel mehr Geld braucht.

Schon, um zu überleben. Während der schicke Arme es sich leisten kann, von der Gesellschaft ausgegrenzt zu sein.

Sie interessiert ihn nicht. Man ist was Besseres.

Oder wie soll man das nennen? Wenn man am Tag auskommen kann mit 4,50 Euro für Brot und Milch und Käse und Wurst? Das wirkt schon überheblich, wenn man nur davon erzählt. Welcher arme Reiche kann das denn? 4,50 Euro kostet das Viertel eines Glases Champagner. Und dann ist der Tag vorbei. Aber gibt man einem »sogenannten« Armen Champagner, hat der die natürliche Gabe, dass ihm schlecht wird.

Weil er ihn nicht gewohnt ist.

Die Armen kommen ohne Geld zurecht.

Die Reichen eben nicht.

Der Arme ist für das Leben besser gewappnet.

Der Reiche stirbt doch bei jeder sich bietenden Gelegenheit.

Das Problem bei der – auch von einem Herrn Sarrazin seinerzeit leidenschaftlich angeprangerten – finanzierten Armut ist nur: Reiche ernähren sich normal, aber reiche Arme stopfen sich mit jedem billigen Zeug den Magen voll, bekommen Herzverfettung, Bluthochdruck und belasten noch zusätzlich die Krankenkassen mit Zusatzkosten. Damit war gemeint, man solle eben in die Natur nicht eingreifen. Wenn ein Vogel aus dem Nest fällt, hat der Mensch nicht dazwischenzufunken. Man wollte klarmachen, dass unsere Armut bedeutet, dass Arme zu viel haben.

Sie wären reicher, wenn sie nichts hätten.

Aber das ist natürlich auch das Schöne an Deutschland:
Aus dem regelmäßig erscheinenden Armutsbericht kann sich jeder arm lesen. Denn Armut ist immer noch relativ.
Wenn man auf einen Schlag alle Einkommen verdoppeln würde, hätten natürlich auch die Armen doppelt so viel. An realem Einkommen hätten sie doppelt so viel. Aber statistisch wären sie genauso arm als wie zuvor. In der Relation zu den Reichen wären sie genauso arm wie früher.

Armut ist bei uns ein berechnender Wert.
Für einen Alleinstehenden mit zwei Kindern lohnt sich, wie man ausgerechnet hat, ein Job erst, wenn er 2050 Euro im Monat verdient. Mit 2050 Euro im Monat ist er aber schon Mittelschicht. Mit anderen Worten, Armut ist bereits fast Mittelschicht in Deutschland.
Die Schere klafft hier vor allem zwischen Reich und Reich.

Und das sieht der Wähler inzwischen genauso.
Jedenfalls bestätigt das der Armutsbericht:
Nur jeder Sechste ist von Armut betroffen.
Die andern fünf Sechstel macht sie eben nicht betroffen.

Und warum das so ist, erkennen wir, wenn wir uns private Fernsehberichterstattung anschauen:
Wer heute seine Spülmaschine oder seinen Flachbildschirm bezahlen will, braucht einfach mehr Geld vom Staat als der, der nur in der Mülltonne nach Resten stiert und auf der Straße um einen Euro bettelt. Von denen gibt es nicht mehr viele. Arme sind heute ein teures Luxusgut, wollen diese Berichte sagen. Sie wollen sagen:
Unsere Armen kann sich nicht jedes Land leisten.
Wir haben die reichsten Armen auf der Welt!

Weil wir in sie investiert haben:
Hartz IV, Arbeitslosengeld II, Wohngeld, Heizgeld, Kinder-

geld. Wir lassen uns Armut etwas kosten, sagen die Herrschaften Sarrazin und Co. KG.

Deswegen sind wir ja auch immer so entsetzt, wenn wir diese Lehmhütten sehen in China oder Bangladesch. Das können wir einfach nicht nachvollziehen, dass die Menschen dort so wenig Geschmack haben und sich so mickrig einrichten in ihrer Armut. Bei uns hat Armut Stil: Wenn man eine neue Kühltruhe braucht, geht man nicht los und wühlt auf dem Schrottplatz. Man holt den Gutachter vom Sozialamt. In Indien verbuddeln sie stattdessen Lebensmittel in der kalten Erde.

Wie stillos.

Richtige existentielle Armut ist eine Sache, die sich hierzulande nur wenige leisten können. In Mexiko sind alle so arm, dass sie gar nicht wissen, wie Geld aussieht. Aber sie lachen den ganzen Tag. Bei uns sind Arme durch den ganzen Staatstransfer schon so sehr mit Geld in Berührung gekommen, dass alle missmutig sind.

Geld macht eben doch nicht glücklich.

Das Problem bei uns ist, dass stets alle alle gleichmachen wollen. Weil wir nicht akzeptieren, dass der Mensch unterschiedlich ist. Der Pförtner kann eben nicht der Bankdirektor sein. Aber wir gaukeln ihm dauernd vor, die Gesellschaft und die Reichen hätten ihm vermasselt, dass er einer wird.

Dabei hätte er vielleicht nie die Qualifikation dafür.

Genauso wie die meisten Bankdirektoren keine Qualifikation hätten für das Armsein. Das muss man können – arm sein. Viele haben keine Ausbildung für das Leben an der Grenze. Sie stehen nur auf Empfängen herum und fressen Kaviar, die armen Schweine.

Wir aber akzeptieren die Ungleichheit nicht.

Wir haben das menschliche Leiden nicht angenommen.

Die einen Viecher kommen blind auf die Welt, die andern lahm. Der Mensch wird ungleich geboren. Aber wir tun, als ob wir sehen und laufen können, und rennen dauernd gegen alles an.

und stoßen uns, statt dass wir einfach andere Organe wie jene zum Hören und Fühlen ausbilden oder das Organ, arm zu sein. Das liegt natürlich daran, dass wir die Klassengesellschaft abgeschafft haben.

Und sie trotzdem noch leben!

Wir haben den ganzen Krempel menschlicher Unzulänglichkeit. Aber wir haben keine Schubladen mehr dafür.

Es liegt alles wild herum, und keiner fühlt sich mehr aufgehoben. Statt dass sich jeder in seine Schublade zurückziehen könnte. Wenn wir uns wieder katalogisieren ließen, kämen Arme gar nicht mehr in die Verlegenheit, sich an Reichen zu messen.

Denn Armut ist bei uns nur eine Definitionssache.

Armut hat eigentlich – und je länger die Politik darüber redet, umso gewisser wird man sich dessen – mit Geld überhaupt nichts zu tun.

Denn arm ist bei uns in Europa, wer weniger hat als 60 Prozent vom Durchschnittseinkommen. Das ist gesetzlich so festgelegt. Es ist also verbindlich. Und dieses Durchschnittseinkommen ist ebenso verbindlich festgelegt. Es beträgt etwa 1100 Euro. 60 Prozent von 1100 Euro sind also 660 Euro. Bis zu diesem Betrag ist man arm.

Natürlich ist das abhängig von den Reichen.

Denn wenn es diese Reichen nicht gäbe, hätten Arme zwar nicht mehr Geld.

Aber sie wären schneller reich.

Denn gäbe es in Deutschland mit einem Mal 10 000 Reiche weniger mit einem Jahreseinkommen von jeweils 20 Millionen, dann sänke logischerweise auch das Durchschnittseinkommen von allen drastisch. Und zwar auf, sagen wir, 900 Euro im Monat. 60 Prozent davon wären nur noch 540 Euro. Und nicht mehr 660 Euro. Mit diesen 540 Euro wäre man dann arm. Mit den bisherigen 660 Euro wäre man aber dann schon fast reich.

Ohne einen einzigen Cent mehr würde man also mit weniger Reichen einfach langsamer arm!

Das ist faszinierend und beweist, dass Armut eben wirklich nicht abhängt vom Geld. Armut scheint nur eine Frage der Statistik zu sein. Es ist eine angenommene Größe.
Weil wir Armut stets in Vergleich setzen in Deutschland.
Nicht wer wenig hat, ist arm.
Arm ist, wer weniger hat als irgendein anderer.
In Kalkutta ist man arm, und das bedarf keiner weiteren Definition. Wer in Deutschland arm ist, bestimmt der, der mehr hat. Hat der, der mehr hat, weniger Geld, fühlt sich der Arme reich. Hat der, der mehr hat, mehr, erhöht er das Durchschnittseinkommen, und der Arme hat keine Chance mehr, das zu erreichen, was der, der mehr hat, hat. Also braucht man in Deutschland nur weniger Geld, um weniger Arme zu haben.

Außerdem ist Armut zum wichtigsten Wirtschaftsfaktor geworden:
für Spendenorganisationen, für Politiker und für die Armen selbst. Deswegen ist Armut auch längerfristig angelegt.
Auch das Gesundheitswesen lebt von ihr, weil Armut ungesund macht: In Russland sind arme Kinder Tag und Nacht an der frischen Luft auf der Straße. Hier bei uns hocken sie bleich mit einem Dach über dem Kopf vor dem Fernseher und vor der Playstation.

Armut wirkt auch deswegen schlimmer bei uns, weil sie ständig umgeben ist von Reichtum, der Arme also den Reichtum um sich herum permanent wahrnehmen muss. In Indien fühlen sich Arme unter lauter Armen natürlich wohler.
Und das bedeutet weitergehend, dass Armut vor allem eine Empfindungssache ist. Ist sie aber dementsprechend auch vielleicht sogar eine Milchmädchenrechnung?

Wenn man frech behauptet, die Zahl der armen Kinder, der Kinder aus armem Hause, würde steigen? Es seien ja nur die Armen, die die Kinder kriegen? Da gehöre erst einmal eine Umverteilung her:

Kinderverbot für Arme.

Meint das jemand, den wir vielleicht Mißfelder nennen könnten?

Gegen alles impft man sich. Man impft sich gegen Cholera, gegen Malaria. Die Pest ist ausgestorben. Gegen Aids nimmt man Kondome. Nur die Armut soll sich ungehindert verbreiten dürfen, weil Arme nicht verhüten?

Meint das auch jemand, den wir Mißfelder nennen könnten?

Und der Staat fördert es ja auch noch:

Arme kriegen zusätzliche Hilfen zum Kindergeld. Es lohnt sich demnach, arme Kinder zu gebären. Die sind wohl ein richtiges Produkt. Sie werden hergestellt, weil sie einen höheren Marktwert haben und größere Zinsabwürfe erreichen als reiche Kinder. Und deswegen haben arme Kinder natürlich auch keine Chance auf Bildung. Weil sie das Geld als Kind schon verfressen haben. Es bleibt ihnen zur Geldgewinnung und Arbeitsausübung nur das, was sie gelernt haben:

arme Kinder zu kriegen.

Aber wenn Deutschland nicht aussterben will, müssen wir mit viel Geld arme Kinder züchten, die genug daran verdienen, arm zu sein. Reich stirbt gern aus.

Da kann die Lösung nur sein, alles Kindergeld für Arme zu streichen und den Reichen das Kindergeld aufzustocken, damit die mehr Kinder zur Welt bringen. Denn wer Geld hat, kann erfahrungsgemäß davon nicht genug kriegen.

Und schon ist die Kinderarmut weg.

Politik könnte so einfach sein.

Aber auch die Reichen bräuchten nicht so arm zu sein:

Die Steuerbelastung von fast 50 Prozent gibt es zum Beispiel in der Schweiz nicht. Natürlich muss man zugestehen, dass die Schweizer quasi blind an Geld kommen, weil dort schon das ganze Schwarzgeld aus allen Diktaturen der Welt herumliegt. Die Frage ist, warum Deutschland dieses Geld nicht auch in Anspruch nehmen will.

Drogengelder, Mafiagelder, hinterzogene Gelder?

Wenn diese Summen alle erst mal in Deutschland wären, könnte man wenigstens damit arbeiten. Wer selbst den Leuten das Geld aus der Tasche klaut mit Mehrwertsteuer und Einkommensteuer und Sozialabgaben und Solidaritätszuschlag und Sparpaket, sollte sich nicht zu fein sein, mit Gangstern aus anderen Fachbereichen zusammenzuarbeiten.

Wir schimpfen auf die Börse.

Wir schimpfen auf die Aktien.

Auf Wirtschaft und auf Armut schimpfen wir.

Und das tun wir, weil es überall das Gleiche ist:

Überall verliert man Geld.

Die oberen zehn Prozent der Bevölkerung kommen auf für über 50 Prozent der eingetriebenen Einkommensteuer. Die unteren 50 Prozent der Bevölkerung kommen auf für sechs Prozent dieser Einkommensteuer. Also ist die Reichensteuer schon lange da. Gebracht hat sie nichts, weil die Reichen das Geld eben bei den Armen miserabel angelegt haben.

Da ist die Rendite Monat um Monat stark im Minus.

Das kommt daher:

Je mehr man den Menschen gibt, umso mehr wollen sie.

Dabei ist Hartz IV und Arbeitslosengeld II erfunden worden, damit es von der Verfassung her keine Armut mehr gibt. Und ohne Sozialgeld wäre vielen eventuell gar nicht bewusst, dass sie arm sind.

Heißt das, dass Armut also bezahlbar geworden ist?

Und dass Arme immer mehr Geld brauchen, um arm zu sein?

Es mag sein, dass wir viel mehr Geld für Arme übrig hätten, wenn die wenigstens eine Spendenquittung ausstellen könnten.

Ein weiteres Problem ist ein unglaublicher Sozialneid, der zusätzlich zur Armut ständig neu aufgebaut wird.

Aber auch das hängt mit dem hiesigen Sozialsystem zusammen. Ein gewisser Bismarck hat irgendwann einmal Punkt für Punkt die Verantwortung für Vermögen aus privaten Händen in staatliche Obhut gelegt. Seither kassiert der Staat den Reichtum ein wenig ab und gibt ihn an Bedürftige weiter. Und seither geben natürlich die Reichen in Deutschland weniger Almosen, weil sie Steuern ohnedies als Almosen betrachten. Und wer mehr Almosen will von den Reichen, von dem verlangen diese Reichen, dass man ihnen von Staats wegen zur Ermöglichung dieser Almosen mehr Geld übrig lässt, durch weniger Steuern etwa. Oder durch noch mehr Vergünstigungen, damit sie wieder freiwilliger geben können.

Das freiwillig Gegebene wäre selbstverständlich weniger als das, was gegeben werden muss über die Steuern, sonst würde sich der Handel ja nicht lohnen.

Aber es würde die Armen mehr erfreuen.

Wir haben es ja mit der Einheit schon erlebt:

Es fließen bis heute Milliarden an Solidaritätszuschlag in den Osten – und die Unzufriedenheit dort ist riesengroß.

Vor der Einheit gab es an Weihnachten ein Ostpaket und eine Kerze in jedes mauernahe Fenster – und alle Armen drüben waren es zufrieden.

Vielleicht wären ja die Reichen auch dankbarer, wenn sie weniger hätten. Das wäre möglich. Aber sie wären auch mehr dem Sozialneid ausgesetzt. Denn dann wären sie in derselben niederen Vermögensschicht. Man ist nicht neidisch auf die reiche Queen. Aber wenn der Nachbar ein größeres Auto fährt, platzt einem doch der Kragen.

Mit zunehmender Überlegung kommt man nicht umhin, zuzugestehen, dass eine immer wieder anvisierte Reichensteuer sich eigentlich destruktiv auswirken würde.

Reiche denken doch, sie geben das ganze Geld aus, das Arme gar nicht besitzen, und finanzieren so erst die Verkäuferin und die Klofrau im Gourmet-Restaurant.

Und es geht ja auch gar nicht um Reichtum.

Es geht nur darum, was Reiche an Möglichkeiten haben, etwas von der Steuer abzusetzen. Dort entstehen der Neid und die Chance zur Ausweichaktion gegenüber der Steuer.

Wenn man diese Möglichkeiten einschränken würde und die Steuer der Reichen senkte und auf die Steuerformulare ähnliche Fotos druckte wie auf Zigarettenschachteln oder Tabakplakate, nämlich verdorrte Kinder, zerlumpte Arme, verrottete Alte – dann würde auch die Almosenbereitschaft wachsen.

Der Reiche muss endlich die Chance bekommen, die Armen von der Steuer abzusetzen. Dann wäre beiden geholfen.

Wir wollen nicht ungerecht sein.

Jede deutsche Bundesregierung hat immer noch eine Menge getan für die Armut. Bei jeder Gelegenheit nehmen sie den vor einigen Jahren entwickelten Armutsatlas in Empfang. In diesem kann man sehr bürgernah die Gegenden mit reizvoller Armut entdecken. Und welche Bevölkerungsschicht hat schon eine eigene Landkarte? Was noch fehlt, sind Informationen, die man auch in die Navigationssysteme einspeisen kann. Damit wäre dann endgültig der touristische Effekt der flächendeckenden Armut gewährleistet. Und wenn man dann noch Wettbewerbe auslobt wie »Unsere Armen sollen schöner werden«, dann fährt der normale Konsument eben nicht mehr zu den Sehenswürdigkeiten nach Paris oder nach London, sondern genießt mal die Kargheiten des täglichen Lebens, so wie sich unsere Eltern nach dem Krieg im Nichts wohl gefühlt haben.

Was die Regierungen darüber hinaus für die Armut leisten, ist die Diskussion von Vorschlägen, die den Sozialstaat umgestalten mittels der Vergabe von Gutscheinen!

Es braucht ja jeder gemäß seiner Lebensbedürfnisse das Geld

für ganz andere Dinge. Dafür kann aber der Staat natürlich nicht da sein. Der Staat muss nur dafür sorgen, dass seine Bürger nicht verhungern. Aus diesem Grund könne man sich, so die Konklusion, die sich von selbst ergibt, statt Gutscheinen auch Volkshallen und Wärmeküchen vorstellen. Oder eine allgemeine Zusammenkunft von Bedürftigen im Zoo?

Tiere dürfen nicht gefüttert werden.

Aber das Füttern ist der Traum eines jeden Besuchers.

Dann sollte man ihm den Traum erfüllen!

Und ihn sozial Schwache füttern lassen.

Denn wenn in einer Gesellschaft alle für einen einstehen, kann der eine nicht mehr bestimmen, was er der Gesamtheit wegfrisst.

Planungsfehler Alter

Zurück zur »körperlichen« Armut.
Und da gibt es viele Möglichkeiten, arm zu werden.
Das Alter ist eine der sehr sicheren.
Wer Glück hat, erlebt die Rente zwar nicht so lange.
Aber wir leben schon heute auf Alter komm raus.
Wenn früher der Opa mit 65 in Rente gegangen ist, war er schon seit zwei Jahren nicht mehr am Leben.
Heute bringen die Langlebigen den Staat um.
Alles ist heute auf diese Rente fixiert. Das fängt im Kindergarten schon an. Früher haben sich künftige Rentner im Babyalter mit Märklin oder Matchbox begnügt. Heute muss es gleich ein Rentenmodell sein.
Dabei ist gerade das das Schöne an der Demokratie:
Man muss nicht alt werden.
Denn die Perspektive ist:
jung und schön – oder alt und arm.

Wegen der Alterspyramide hat man ja schon versucht, das Alter den Gebäudeversicherungen zuzuschieben. Aber diese Institutionen winkten ab. Das Alter sei ein Planungsfehler. Das entzöge sich ihrer Verantwortung. Sie würden nicht bezahlen.
Das Alter sei höhere Gewalt.

Wahlforscher haben dann herausgefunden, dass Rente und Alter offenbar zusammengehören. Aber das Alter hat zunehmend ein anderes Verfallsdatum als die Rente. Und deswegen versucht man auch, dieses Verfallsdatum nach hinten zu verschieben.

Allein schon mit der Rente mit 67.
Die natürlich nachvollziehbar ist. Denn früher lag die Lebenserwartung bei 59 Jahren. Heute liegt sie bei fast 80 Jahren. Wer das Rentenalter erreichte, zog den Hauptgewinn. Der Rest hatte die Niete. Heute hat der Staat die Nieten und den Hauptgewinn nur, wenn einer mal nicht die statistische Lebenserwartung erfüllt.
Deswegen gab als Erster ein Herr Müntefering zu erkennen:
So viel Rente ist nicht da. Kloppt euch drum. Auf dem Jahrmarkt kann auch nicht jeder ein Auto gewinnen. Das muss man sich vorher überlegen: Spiele ich um ein Auto? Oder setze ich auf das Altwerden und teile mir den Rentengewinn?

Die Rente wird einfach falsch verstanden.
Alles um uns herum wird optimiert:
Das Handy kann Musik spielen, soll Foto- und Videoaufnahmen machen und darf Computer sein. Nur telefonieren kann man vermutlich irgendwann nicht mehr damit.
Die Autos werden immer aufwendiger in der Innenausstattung und den technischen Möglichkeiten. Nur Rückrufaktionen wegen des Motors oder des Gaspedals oder des Fahrgestells gibt es immer häufiger. Was macht das schon?
Aber in diesem Sinne muss auch die Rente optimiert werden:
Das Fahrgestell wird vernachlässigt. Also kann man die Rente nicht mehr fahren. Es läuft nichts mehr bei ihr, und zusteigen darf auch keiner. Aber wenn man auf der Stelle stehen will, ist die Rente eine wunderbare Sache.

Wir haben eine Wegwerfgesellschaft, damit die Wirtschaft boomt. Also muss der Rentner auch kurzlebig sein. Wir brauchen den Wegwerfrentner. Die Batterie am Herzschrittmacher wird nicht mehr ausgetauscht.

Weil ein neuer Rentner einfach billiger kommt.

Wichtig ist, dass die Jungen halten, was ihnen die Alten versprochen haben.

Wir müssen die Alterspyramide umdrehen.

Bisher wurde immer behauptet, man arbeitet 45 Jahre und kann dann ein paar Jahre Rente verzehren. Da sich aber diese Zeit durch veränderte Lebenserwartung immer weiter ausdehnt, müsste der Staat eigentlich zu der Schlussfolgerung kommen, die Rente zehn Jahre lang auszuzahlen, und der Rest des Lebens wird gearbeitet.

Wir bekommen nicht nur immer mehr Hochwasser, sondern auch immer mehr Rentner. Muss man da nicht die Rentner als Naturkatastrophe begreifen? Als Rentnerschwemme?

Die Rentenkasse hat einfach keinen Boden mehr.

Man muss sich das vorstellen wie in einer Badewanne, in der der Stöpsel seit Jahrzehnten fehlt. Der Zeitaufwand, einen neuen zu besorgen, ist zu groß. Also drehen wir den Wasserhahn seit Jahren voll auf, damit oben das reinkommt, was unten rausfließt. Wir dürfen einfach nicht abdrehen, solange wir noch im Alter baden wollen.

Vielleicht sollte man besser die Möglichkeit schaffen, für das Alter erst im Alter vorzusorgen. Und die Rente mit der Rente zu finanzieren. Die Rente muss ein Kettenbrief werden. Wer länger lebt, ist eher arm.

Und wenn wir schon nicht verhindern können, dass beispielsweise Firmen wie vor einigen Jahren Nokia nach Rumänien abwandern wegen gering bezahlter Arbeitnehmer dort, dann sollten wir aber wenigstens im Austausch auch unsere Rentner nach Rumänien entsenden können, damit sie von den dortigen Sozialabgaben versorgt werden.

War das nicht ohnedies die ursprüngliche Bedeutung dessen,

was man einstmals als »Entsendegesetz« durch die Presse paukte? Und die billigen Rentner aus Rumänien kann man dann gerne hier in Deutschland ansiedeln und sie versorgen mit unseren geringeren Beiträgen.
Unsere Rentner können wir uns hier nicht mehr leisten.

Was die Parteien betrifft, so wirkt die Rentnerschaft in ihrer Sicht allmählich wie ein stillzulegender Betrieb.
Wie der Kohle- oder der Stahlbergbau.
Man will sie nur noch bis vielleicht zum Jahr 2020 subventionieren. Und dann sieht man sich danach um, wo man billigere Mehrheiten für die Wahlen herbekommt. Nach Plänen der SPD jedenfalls scheinen nach der Bahn auch die Rentner verprivatisiert zu werden. Jedenfalls will man sie nicht mehr allein im Besitz des Bundes haben. Sonst droht eben, wie Altbundespräsident Roman Herzog schon gewarnt hat, eine »Rentnerdemokratie«.
Das heißt, die Alten werden bald nicht bestimmen, wie viel Rente sie bekommen, sondern ob die Jungen ihren Lohn überhaupt noch behalten dürfen.

Da hilft es auch nicht, wie Herr Brüderle es als Bundeswirtschaftsminister einmal erwogen hat, einfach das Wort »Rentengarantie« in das Plenum zu werfen. Damit hat er natürlich eine Totenruhestörung schon zu Lebzeiten losgetreten.
Und das ausgerechnet, wo die Rente bekanntlich der Traumberuf der Deutschen ist. Aber in Grönland schmilzt schon der Petermann-Gletscher um ein Viertel. Warum sollten bei uns nicht wenigstens die Renten schmelzen? Denn man muss auch bemerken, dass sich alle daranmachten, die Rente mit 67 zurückzudrehen, kaum war die Rentengarantie ausgesprochen. Denn mit der Rentengarantie wollten natürlich alle so schnell wie möglich alt werden.
Will sagen: Die Rentner waren drauf und dran, die Sozialstaatsgelder zu versaufen, und trampelten dann noch weiter auf den

Jungen herum, die das alles nicht mehr erwirtschaften können. Aber wenn man die Sau sattelt, wird kein Rennpferd daraus. Und das soll im Übertragenen heißen: Wir können die Rentner satteln, wie wir wollen, sie bringen uns nichts ein.
Wir können investieren, rentieren tut es sich nie.

Also verlegte man sich sodann wieder darauf, dass die Rentengarantie nicht passe zum Generationenvertrag. So wie der Rentner ja im Grunde auch nicht passt zur sozialen Marktwirtschaft. Denn die Rente ist ja der Unterhalt für eine Anschaffung, die man eben »Rentner« nennt. Und wenn man sich den Unterhalt nicht leisten kann, den eine Anschaffung erfordert, kann man sich nichts anschaffen. Das ist in den ältesten Gewerben der Welt so.
Und das ist im Altersgewerbe nicht anders.
Wir haben jetzt 20 Millionen Rentner.
Und das ist ein Luxus, der nicht zum Sozialstaat passt.
Was macht man mit 32 Limousinen in der Garage?
Man kann nur einen fahren.

Was machen wir mit fünf Großvätern?
Wenn man laut Statistik nur einen halben Enkel hat?
Es kann nur einer Märchen vorlesen.
Und ein berühmtes Märchen –
ist eben das von der Rentengarantie.

Nur: Wohin mit den Rentnern?
Eine Abwrackprämie für Rentner wurde von vielen als unwürdig empfunden. Obwohl die Eskimos mit ihren Eisschollen für überflüssige Alte traumhafte Erfolge erzielt haben.
Aber solange sich Rentner als Teil der hiesigen Gesellschaft empfinden, sind sie eben auch Teil der hiesigen Marktwirtschaft. Und da gibt es eine Garantie nur, wenn man sie nicht in Anspruch nimmt.
»Haftpflichtversicherung« ist das Stichwort.

Hat man einmal einen Schaden, wird man schon rausgeschmissen.

Jetzt sind die Rentner aber bereits selber der Schaden.

Das mag sarkastisch klingen, aber der Schaden ist ja eben, dass so lange weitergelebt und kassiert wird. Und da bemühen sich die Institutionen zusehends, nachzuforschen, ob sie nicht wie bei jeder Diebstahlversicherung auch hier etwas Kleingedrucktes finden, damit man nicht mehr zahlen muss.

Und man kann durchaus fündig werden.

Denn die Rentengarantie wurde beinahe gleichzeitig ins Leben gerufen mit dieser Rente mit 67! Mit 67!

Das heißt aber, die Rente muss gar nicht mehr ausbezahlt werden mit 68. Oder mit 70. Oder noch später.

Diese Kulanz muss aufhören.

Zugesichert war nur die Rente mit 67.

Und nicht ab 67!

Wie man es dreht und wendet, die Rentner erscheinen zunehmend als Totgeburt. Wir kommen auch bei diesem Thema nicht weg vom kapitalistischen System. Die Aldi-Chefs Albrecht haben es vorgemacht. Sie haben es mit kleinen Preisen für ihre Artikel zu Milliardären gebracht. Und so können wir nur mit kleiner Rente eine Millionenauflage an Rentnern erhalten.

Es kann für Rentner keine Bundesbürgschaften geben.

Es versteht sich nicht unbedingt von selbst, dass damals die CDU gegen die Vorschläge der FDP zur Rentengarantie eingestellt war.

Denn die CDU ist ja die Rentnerpartei schlechthin.

Ohne Rentengarantie gibt es für die CDU keine Prozentegarantie bei den Wahlen. Und deswegen hatte die CDU auch die Rentengarantie dem Wähler erst einmal quasi als Baldrian verabreicht. Damit er ruhiggestellt wird und das Kreuz da macht, wo er es immer macht.

Das war jedenfalls so bei der Bundestagswahl im Jahr 2009.

Aber diese Wahl war irgendwann vorbei. Und da machte die Rentengarantie natürlich in der Folge keinen Sinn mehr. Wozu den Leuten das Geld in die Tasche stecken, wenn sie gerade nichts zu wählen haben? Vor der nächsten Bundestagswahl könnte man dieses Zugeständnis ja wieder einführen.

Es ging im Grunde um die Förderung einer Gruppe von 20 Millionen Rentnern. Der mitregierenden FDP stand das nicht gut an, nachdem sie schon Hotels begünstigt hatte. Wenn sie jetzt noch Rentner begünstigte, geriete sie vollends in den Ruch einer Klientelpartei.

Bei Opel war diese FDP auch gegen Staatshilfen, und umgehend hatten die Amerikaner eingelenkt und gesagt: Sie zahlen. Allein schon, weil Opel den Amerikanern gehört.

Gut, die Rentner gehören als Inventar mehreren Ländern und Konzernen. Sie gehören an die Strände von Mallorca, in die Ferienwohnungen von Teneriffa oder der Türkei. Wenn man jetzt die Staatshilfen für das Produkt Rentner gestrichen hätte, würden Touristikbranchen aus Spanien und Italien gewiss genauso wie General Motors in unsere Rentner investieren, weil ihnen der Konsum sonst wegbräche.

Darauf wollte man setzen. Rentner sollten auf einmal nichts anderes sein als Opel. Sie sollten auf dem Weltmarkt noch was einbringen, obwohl sie zu Hause im Grunde keiner mehr haben wollte.

Alte Autos oder Maschinen landen auf dem Schrott.

In Russland bekommt man dafür jedoch noch ganz ordentliche Preise angeboten. Nur, wie in aller Welt könnten wir unsere Rentner nach Russland kriegen?

Sterbehilfe als Lebenslösung

Wenn sich ansonsten in der Rentenfrage keine Lösung findet, bliebe nur die Entscheidung übrig zwischen zwei Alternativen:
entweder langes Leben oder Rente.
Beides zusammen geht nicht.
Am Ende des Alters ist einfach zu viel Leben übrig.

Denn gerade das Alter ist immer mehr zu einer Frage des Geldes geworden. Wer kein Geld hat, kann sich kein großes Auto leisten. Wer nichts besitzt, kann eben nicht alt werden in Deutschland.
Da würde sich manch einer vielleicht auch gerne bald umbringen. Nur wird der sich nicht trauen. Denn das Gemeine an diesen deutschen Regierungen ist:
Das Sterbegeld wurde vor Jahren auch noch gestrichen.
Damit lohnt sich nicht einmal mehr der Tod!
Als kranker Alter fühlt man sich beinahe wie an der Nordsee.
Das Alter ist nur noch gestrandete Jugend, von irgendwoher angeschwemmt. Und meistens lässt man es liegen.
Wer da noch alt geworden ist –
sollte es möglichst nicht lange bleiben.
Denn alle Jahre wieder kommt die Urlaubszeit. Früher hat man nur Hunde und Katzen ausgesetzt. Aber mit den neuen Sozialreformen landen immer mehr Alte hinter der Leitplanke oder werden an Autobahnraststätten vorsätzlich vergessen.
Früher haben die Leute im Alter irgendwann ins Gras gebissen.
Das war vegetarisch leichte Kost.

Wer heute stirbt, beißt sich am Staat erst einmal die Zähne aus.
Und die Frage ist für den Staat nur noch:
Wer kann den Alten mit Rat und Tod zur Seite stehen?

Wer den Schaden hat, braucht für den Staat nicht zu sorgen.
Wenn das so weitergeht, kann man sich diesen Staat nicht mehr
leisten. Da würden die meisten gerne austreten aus der Einkommensteuer. Und auch aus der Kirche sind viele bereits aus-
getreten. Vor allem wegen der schändlichen Umstände. Aber
wohl auch, weil man glauben nicht mehr kann –
bei den Preisen.

Also wird Sterbehilfe immer mehr zum Lebensthema.
In Deutschland ist Sterbehilfe bekanntlich verboten.
Dabei wäre der Tod bei der Sache gar nicht das Problem.
Wenn nur das ganze Leben vorher nicht wäre.
Das Leben ist immer die Frage, in die es gestellt wird, wenn
man so drinliegt wie damals beispielsweise eine Frau namens
Terri Schiavo in den USA. Die Außenwelt war nicht mehr an
sie herangekommen. Und deswegen hatte ihr Mann gewollt,
dass sie stirbt.
Aber man wusste eben nicht, ob Terri Schiavo das wirklich auch
selbst wollte.
Selbst wenn sie sich vorher unter Umständen in dieser Richtung
geäußert haben mochte, konnte man nicht wissen, ob sie ihren
Willen nicht vielleicht geändert hatte. Jetzt, wo sie ihn nicht
mehr zu äußern in der Lage war.
Und den Willen kann man nicht gesetzlich regeln. Gerade weil
er beim Thema Tod so zurückhaltend ausgesprochen wird.
Tod ist wie Sex:
Man sagt nicht, man will. Man macht ein Blinzeln, ein Weg-
gucken, einen Augenaufschlag, und schon ist man Feuer und
Flamme und liegt in einem fremden Bett.
Wille ist eine diffuse Sache.
Man stelle sich vor, es liegt jemand quer im Sterben und wird

gefragt, ob er tot sein wolle. Man stelle sich diese Situation auch für sich selbst einmal vor. Man wüsste doch in diesem Moment noch nicht einmal, was man anziehen soll.

Wie soll man da die Frage nach Tod oder Leben beantworten?

Die einfachsten Dinge sind oft am schwersten zu beantworten.

Was esse ich?

Was mache ich am Sonntagnachmittag?

Wie gehe ich um mit dem Tod?

Natürlich ist beim Thema Sterbehilfe die Antwort leicht.

Aber die Frage ist so schwierig.

Außerdem ist das Problem in Deutschland noch dazu ein besonderes. Weil wir Deutschen mehr Vergangenheit haben als andere Länder.

Hätten wir im Dritten Reich nicht die Euthanasie gehabt, könnten viele Deutsche heute leichter sterben in diesem Land. Das ist die wahre Buße.

Und diese Buße ist nicht das Holocaust-Mahnmal oder der Gedenktag des 8. Mai. Unsere Strafe ist, dass wir leben bleiben müssen. Dieser Hitler kostet heute noch viele das Sterben.

Der Deutsche muss leben.

Das empfinden viele damalige Opfer als die größere Strafe. Denn gerade durch Themen wie Armut, Terror, Klima, Neid und Hass gehen viele Wissenschaftler und Religionen immer mehr davon aus, dass dieses Leben das Jenseits ist.

Die Hölle.

Der Tod ist in dieser Gesellschaft nicht lebensfähig.

Es sind andere Zeiten als im alten Ägypten.

Damals ist man noch gestorben für den Tod.

Wir leben nicht für den Tod.

Wir leben ja nicht mal für das Leben.

Die Gefahr bei der Verwirklichung von Sterbehilfe ist andererseits, dass immer behauptet wird, es habe jemand einen schönen Tod, wenn einer denn mit fremder Hilfe sanft verschieden sei, nachdem er lange an der Apparatemedizin gehangen habe.

Das aber ist in Wahrheit ausgesprochen grausam.

Langes Sterben scheint den Menschen unangenehm.

Vor allem denen, die leben bleiben.

Diese Lebenden und am Leben Hängenden wollen nicht lange »ade« sagen müssen. Es steht keiner mehr gerne am Lebensbahnhof und winkt ausdauernd einem anderen hinterher.

Der Mensch will abhaken und vergessen.

Zumal die meisten auch nicht mehr zu Hause leben. Das Ideal ist schon lange nicht mehr der bewusste Tod, sondern ein schnelles, unwirkliches, anonymes Leben.

Und da ist es natürlich erst recht besonders unmenschlich, wenn jene Terri Schiavo aus Amerika nichts mehr mitbekommen hat von ihrer Umgebung und ihr Mann daraus folgerte, sie solle nicht mehr leben wollen. Wenn sie aber nichts mehr mitkriegt, unwirklich ist und anonym, dann kriegte sie doch auch von den Qualen nichts mehr mit.

Und wenn man nichts mehr merkt von nichts, wenn man die Schmerzen nicht spürt, die Qualen, aber auch nicht die Ärzte, die Familie, den Staat nicht, die Regierung nicht, die Steuern, die Nachbarn – wenn man das alles gar nicht mehr spürt, wer würde da nicht gerne leben?

Vielleicht ist Koma die erträglichste Form von Leben überhaupt?

Kann einem da die Apparatemedizin nicht als Erbauung vorkommen? Es wird für einen geatmet. Das Herz wird für einen geschlagen. Die Blähungen werden einem abgenommen. Etwas geht für einen aufs Klo. Es lebt sich für einen.

Wer würde da nicht leben wollen?

Wenn er tot ist?

Das Problem an dem ganzen Problem ist nur die Tatsache, dass die Gedanken an Alter und Sterbehilfe und Tod den Menschen auch gleich so erschüttern und berühren in Bezug auf die eigene Unendlichkeit.

Die Gedanken daran machen jedem so deutlich, dass er ja auch selbst einmal sterben könnte.

Jeder fragt sich doch, sobald er mit diesem Thema in Berührung kommt, warum ausgerechnet er sterblich ist?

Warum trifft es gerade jeden Menschen?

Für alles im Leben zahlt man mit Kreditkarte.

Nur für den Tod bezahlt man mit dem baren Leben!

Obwohl man es nicht gelernt hat.

Für jede Zeit im Leben üben wir:

In der Schule üben wir fürs Leben. Im Beruf üben wir für das Leben. In der Beziehung und im täglichen Leben üben wir auch für das Leben. Nur den Tod übt kein Mensch. Wir gehen ungeprobt am Ende des Theaterstückes »Leben« von der Bühne. Und wir haben dann nicht mal das Verbeugen gelernt. Wir können den Tod als Applaus für das Stückchen Leben gar nicht entgegennehmen.

Der Tod bringt uns noch um!

Systemische Gesundheit

Ja, der Tod bringt um.
Wenn das Gesundheitssystem vorher nicht ganze Arbeit dazu geleistet hat.
Die Gesundheitsminister, ob sie in den letzten Jahren Ulla, Daniel oder Philipp hießen, schienen immer im Kopf zu haben, das Gesundheitswesen im weitesten Sinn privatisieren zu wollen. Dafür reichte das Geld jedoch nie aus. Also setzen sie zunehmend alles daran, wenigstens die Gesundheit selbst zu privatisieren.

Symbolisch dafür war zum Beispiel, dass man bei den Beitragssätzen der Krankenversicherung die Arbeitgeberanteile eingefroren hat. Die Arbeitgeber sollten sich auf die für sie entstehenden Kosten verlassen können. Die Masse der Arbeitnehmer jedoch sollte bei den Kosten der Versicherung flexibel sein. Denn sie würden auch eher krank werden.
Man wollte damit eine Grenze schließen.
Die Grenze zwischen Arm und Reich.
Oder meinte man die Schere zwischen Arm und Reich?
Wie auch immer, wenn eine Schere geschlossen wird, wird auch eine Menge weggeschnitten. Dann bleibt das Unnötige nicht mehr übrig. Aber auch manchmal nicht das Nötige. Damit hat der Mensch die Chance, sich auf sich alleine zu besinnen, und die Menschen wissen wieder, wohin sie gehören.
In einer Zeit der Erinnerung an Darwin sagen wir:
»Zurück zur Natur.«
Denn Natur ist Überlebenskampf.

Natur kennt keinen Sozialausgleich und kein Arbeitslosengeld.
Wer schwach ist, wird zurückgelassen.

Das ist wohl der Fehler in unserem System:
Entgegen der Theorie von einem Darwin überlebt bei uns vor
allem der Schwache. Der Starke findet sich zunehmend in
dem Eindruck stark, dass er den Schwachen so lange durch-
füttert, bis er selbst keine Kraft mehr hat und der Schwache
sich einen neuen Wirt sucht. Immer mehr wird uns vorgerechnet, dass der Schwache in diesem Land nicht mehr kämpfen müsse.
Und zwar deswegen, weil er den Starken und Reichen hat, der
für sie beide kämpft.

Und gerade da ist Gesundheit ein besonders hervorgehobenes
Thema.
Alle Regierungen der letzten Jahrzehnte vermittelten den Ein-
druck, es sei ihnen lieb, wenn den Menschen die Gesundheit,
die von der Kasse bezahlt wird, zu billig wäre. Es sei ihnen lieb,
wenn das Kranksein teurer, aber nicht von der Kasse bezahlt
würde.
Als wollten sie Gesundheit mit Mode gleichsetzen.
Das Ziel scheint, Krankheit als Konsumartikel zu betrachten,
mit dem man gesellschaftliche Anerkennung findet, wenn man
für eigenes Geld überteuert Medikamente kauft.
Der Hustensaft als Prada-Täschchen.
Früher war jeder stolz auf seine Rolex.
In Zukunft sollte jeder stolz sein auf seinen NoroVirus.
Gesundheit wäre wohl sinnvoller ein Billigprodukt.
Und Krankheit ein Designerlabel.
Dann könnten sich zwar weniger Betuchte Krankheit nicht
mehr leisten. Aber die könnten ja am Strand von Mallorca
Raubkopien entsprechender Medikamente aus China erwer-
ben. So wie es andere tun mit Louis-Vuitton-Taschen-Kopien
aus Korea.

Die sind zwar nichts wert.

Sie wirken aber als Placebo.

Sie wirken durch den Glauben an das Produkt, wo das Produkt selbst nichts wirkt.

Der Glaube ist im Gesundheitswesen ohnehin wesentlich wesentlicher als das real wirkende Medikament. Zumal Medizin auch so komplex ist, dass die Menschen einfach nicht wissen können, dass zum Beispiel hoher Blutdruck nicht gut ist für keinen Schlaganfall und gut für Demenz. Und damit wieder für die Gefahr, NPD zu wählen. NPD zu wählen beweist auch, dass die Vorbeugemedizin im zerebralen Bereich unterentwickelt ist in Deutschland. Und Vorbeugung fängt bei der Politik an ...

Aber wir schweifen ab.

Für die Gesundheitspolitik gilt, dass die Probleme für jeden Minister sich daraus ergeben, dass er zuständig ist für nicht genau definierte Einzelbereiche.

So sind Gesundheit und Krankheit ja nicht das Gleiche.

Ärzte sind für die Krankheit da.

Der Gesundheitsminister für die Gesundheit.

Er hat im Grunde mit den Ärzten gar nichts zu tun.

Das wird aber vom Patienten nicht anerkannt.

Im Gegenteil wird aufgrund dieses Missverständnisses der Minister stets belegt mit Vorwürfen, die die Tragweite seiner Entscheidungen gar nicht berücksichtigen. Statt zum Beispiel einmal durchzurechnen, dass die Praxisgebühr nur eingeführt wurde, damit der Patient in Wahrheit sparen kann. Ja, sparen!

Wenn er nämlich Arztbesuche zusammenlegt.

Wenn er mit seiner Lungenentzündung so lange wartet, bis er sich den Fuß auch noch gebrochen hat, kann er mit einer einzigen Praxisgebühr den ganzen Körper ausheilen.

Da kommen wir zurück auf den Placebo-Effekt.

Auf die Einbildungskraft des Kranken.

Da bilden sich Leute nach dem Wintersport ein, mit dem gebrochenen Fuß könnten sie nicht mehr gehen. Aber alte ägyptische Ausgrabungen belegen, dass Knochen auch ohne Arzt zusammenheilen. Oder auch nicht. Vielleicht ist man sogar daran gestorben. Aber es ging auch ohne Arzt.

Der Sturm auf die Arztpraxen ist inzwischen zur regelrechten Hysterie geworden. Dabei muss man nicht immer gesund sein. Krankheit ist auch eine Auszeit für Körper und Seele. Man lasse sich einfach mal gehen und sehe zu, wie der eigene Körper mit den Bakterien kämpft.

Das ist Dschungel-Fernsehen im eigenen Bett.

Und zwar für alle gleich.

Und da die Menschen ja bekanntlich nicht gleich sind, ist die regierungsamtliche Versuchung immer groß, sie gleich zu machen.

So ist der Traum seit langem, dass alle das Gleiche in die Krankenkasse einzahlen. Und dann auch alle das Gleiche aus der Krankenkasse zurückbekommen.

Ob privat oder in die gesetzliche Krankenkasse, ob Reich oder Arm, ob Jung oder Alt – alle zahlen gleich viel. Und dann bekommen alle das Gleiche? An Behandlung?

Politik ist manchmal wirklich sehr vereinfacht.

Wenn also der Arbeitslose Kopfschmerzen hat, wird er dann genauso lange behandelt wie der Millionär, der eine neue Hüfte bekommt? Es könne doch nicht sein, heißt es dann, dass der Reiche einen Infarkt bekommt und bestens behandelt wird. Und der Arbeitslose bekommt diese Vorzugsbehandlung nicht? Nur weil er gar keinen Infarkt hat?

Wenn Arme und Reiche alle das Gleiche in die Kasse einbezahlen, haben sie auch Anspruch auf alles. Das Ideal ist für Kran-

kenkassen und Regierung natürlich dann, dass wir die dazuge-
hörenden Krankheiten im Einzelfall gar nicht mehr brauchen
und nur bezahlen.

Man sieht, es läuft alles hinaus auf mehr Eigenkreativität und
auf mehr Privatanteile. Und wenn den Verbrauchern respektive
den Nutzern von Krankheit die Kassenbeiträge zu hoch sind,
können sie sich ja künftig beispielsweise Weihnachtsgeschenke
selbst kaufen und ihren Freunden die Belege als absetzbare Ausgabe geben.
Oder man schenkt im Zuge einer Gesundheitsreform zum Geburtstag einen Blutsturz. Oder eine Diarrhoe.
Freude machen auch Klumpfüße.
Denn Kaschmirpullover oder silberne Zahnstocher kann sich
jeder selbst kaufen. Aber Hämorrhoiden wird sich mit zuneh-
menden staatlichen Reglementierungen keiner mehr leisten
können. Und man kann persönlich auf diese Weise mit den
unangenehmen Dingen des Lebens einen Riesenspaß bereiten,
wenn Kinder unterm Christbaum ihre Windpocken auspacken.

Die Randgruppe der dicken Mehrheit

Im Zuge der Einmischung in den finanziellen Gesundheitsstatus der Deutschen von Seiten der Regierungsseite fällt auf, dass man den Deutschen nicht mehr nur für zu blöd hält. Man hält ihn seit einiger Zeit explizit amtlich zusätzlich noch für zu dick. Und dann gibt es zur Lösung des Problems massenblätterweise nur eine Vokabel:
Diät, Diät, Diät.

Für den Deutschen ist das natürlich lästig.
Fast Food, Softeis, Cola sollen plötzlich ungesund sein?
Auf einmal kommt es uns dann vor, als ob das, was uns von Al Kaida bisher erspart geblieben ist, ausgerechnet von der eigenen Regierung auf den Weg gebracht wird: Ausspionierende Computer und Demonstrationsverbot reichen nicht. Wir dürfen auch nicht mehr rauchen und nicht mehr saufen. Jedenfalls nicht in der Flat-Version. Und essen sollen wir auch nicht mehr. Der Terror der Tugend ergreift dann mit einem Mal von der Regierung Besitz. Wir haben keine Wahl mehr, wir werden gewaltsam zu Menschen gemacht, die nur noch aus sich heraus leben sollen.
Sie sollen offenbar von Luft leben.
Dabei ist Stadtluft einzuatmen mittlerweile auch nur noch mit Umweltplakette möglich. Die Regierung ist im Rausch des Verbietens.

Das Leben soll unmenschlicher werden:
keine Fernreisen, kein Fast Food, kein Flatrate-Saufen – alles,

womit man Merkel, Niebel, Pofalla und Nahles noch einigermaßen ertragen konnte, soll weg.

Jede Abwechslung, jede Flucht aus dem grauen Alltag der Koalitionen soll gestrichen sein. Früher hießen die Krieger für Disziplinierung und Einschränkung und Askese Ayatollah Khomeini und katholische Kirche des Mittelalters. Heute spielen sich Innenminister oder Gesundheitsminister auf als Maßstäbe für eine eigene Religion.

Wenn diese Ministerialen gerade bei diesem Thema etwa Dinge eruieren und für viele Millionen Aufträge in Auftrag geben, die eindeutig vor allem ergeben, dass Essen zu Fettleibigkeit führen kann.

Dazu wird die Kritik gesellt, dass Essen keine Krankheit sei.
Essen sei verantwortungslos.
Und Essen ist ja nicht Schicksal.
Wenn wir weniger essen, haben wir auch weniger Verantwortung in der Weltgemeinschaft auf uns zu nehmen. Wem es mangelt, um den kümmert sich die Welt. Wer hungert, erregt Aufmerksamkeit, und er provoziert Hilfe.

Und so sind die Dicken zum Ballaststoff der Gesellschaft geworden. Zumal sie sich ja auch nicht bewegen. Und die Aufregung über die Regierung allein reicht als Bewegung nicht.
Diese Menschen schlingen in sich hinein.
Andererseits erwarten die Regierungen von den Menschen dieses Hineinschlingen auch bei dem, was die Regierung selbst angeht. Was beschlossen wird, das sollen die Menschen gefälligst auch fressen. Dabei sind die Ergebnisse bei Themen wie Gesundheit, Rente oder Klima immer äußerst mager. Die Menschen denken zwar stets, das sei Unfähigkeit. Aber es ist in Wahrheit das Wissen der Verantwortlichen, dass zu viel Veränderung vom Bürger nicht verkraftet wird. Deswegen speckt man die Leistungen ab und serviert dem Volk kleine Häppchen.

Der wahre Grund jedoch für die Aktion, den übereifrig essenden Bürger anzuprangern, ist die alte Taktik, von eigener Unfähigkeit abzulenken, indem man dem Bürger nachweist, dass er selbst viel fehlbarer ist als jedes Regierungsmitglied.

Zumal Fehler ganz allgemein oft auch eine Frage der Definition sind.

Steuern hinterziehen zum Beispiel ist in der Schweiz kein Verbrechen, sondern nur eine Ordnungswidrigkeit. Bei uns hat es gute Dienste geleistet, dass man dafür ins Gefängnis kommt. Durch eine geringfügige Änderung der Definition hat man den Bürger kriminalisiert.

Nun wurden aber gleichzeitig die Kontrollmöglichkeiten der Finanzverwaltung verstärkt. Was zur Folge hat, dass der Bürger immer ehrlicher wird. Und das hat zur Folge, dass die Einnahmen über Bußgelder und Strafmaßnahmen drastisch zu sinken drohen. Also ist man besser beraten, diesen Bürger breitflächig so zu definieren, dass er gar keine Wahl hat, nicht kriminell zu werden.

Und deswegen nimmt die Regierung gerne den Zeigefinger in die rechte Hand und sagt:

»Fette sind Verbrecher.

Am Volkseigentum Gesundheit.«

Wir brauchen Randgruppen.

Und wenn die gesamte Gesellschaft die Randgruppe ist.

Diese Klassifizierung war auch bei den Rauchern kurzzeitig gelungen. Man hat die Raucher als Randgruppe nun in die Ecke gestellt, nachdem jahrzehntelang die Nichtraucher die Schuldigen gewesen waren.

Und diese Nichtraucher wiederum konnte man Jahrzehnte als militant einstufen, weil sie sich ums Verrecken nicht vergiften lassen wollten durch das Passivrauchen.

Dann ist man also auf die Raucher übergegangen.

Man hatte sich durchaus auch einmal bemüht um eine Kriminalisierung der Schnellfahrer und eine Durchsetzung des Tempolimits. Aber da hat sich auf Dauer der Deutsche nicht einschüchtern lassen. Es geht dem deutschen Bürger einfach das Bewusstsein des permanent Schuldigen ab.

Er empfindet sich stattdessen ohne Unterlass in der Rolle des Anklägers. Denn die Kritik an den Bundesregierungen wegen Kleinigkeiten wie verschleuderter Milliarden aus dem Etat, wie gekürzter Renten oder Selbstzahlungen beim Zahnersatz – diese Kritik reißt niemals ab.

Aber – um darauf zurückzukommen – jetzt hat man eben etwas gefunden, was 75 Prozent der Männer und 60 Prozent der Frauen betrifft, beziehungsweise was viele Deutsche gleich mehrfach betrifft und was jeden in Fett und Asche gehen lässt. Und was ihn dazu bringen wird, mit Kritik an anderen – und wenn es an der Regierung ist – in Zukunft vorsichtiger umzugehen:

Wer selbst die Schuld auf sich lädt, dick zu sein, der braucht sich schließlich nicht darüber zu echauffieren, dass das Benzin zu teuer ist oder dass Computer durchsucht werden oder dass die Bundeswehr im Ausland eingesetzt wird.

Wer selbst an etwas schuld ist -

darf über andere nicht richten.

Und der Bürger ist schuld, wenn er sich bei jedem Mittagessen regelrecht verletzt. Weil die Deutschen einfach nicht in der Lage sind, an sich herunterzuschauen und ihren Body-Mass-Index mit einem Blick zu bestimmen. Viele erinnern sich vage, dass dieser BMI errechnet wird mittels Gewicht durch Größe hoch zwei malgenommen mit Kilometern pro Broteinheit. Grob überschlagen jedenfalls. Viele sind also vielleicht nur deshalb zu dick, weil sie in Mathematik schlecht waren.

Aus diesen Gründen schlagen die Regierungsbeamten wieder mal zu und fordern stetig mehr Vorschriften über Inhaltsstoffe. Wir brauchen Richtlinien auf Bonbontüten und Regelungen auf Schokoriegeln. Nicht um aufzuklären, sondern um abzulenken: Wer liest, isst nicht.

Wir brauchen Aufschriften wie auf Zigaretten:

»Essen schadet Ihrer Gesundheit.«

»Essen kann tödlich sein.«

»Passiv-Essen ist gefährlich.«

Man kennt das vom eigenen Hund:

Bereitet man ihm das Fresschen vor, läuft ihm das Wasser im Munde zusammen. Je länger man bereitet, umso mehr Wasser läuft. Beim Mensch ist das aber genauso. Nur läuft das Wasser uns nicht aus dem Mund. Wir schlucken es. Und essen wir dann nicht sofort hinterher, haben wir nur Wasser im Bauch. Wir ernähren uns dann regelrecht vom eigenen Saft.

Man isst also nicht, man trinkt sich selbst auf.

Es müsste demnach verboten werden, zu essen, wenn andere zusehen. Dieses Passiv-Essen ist eine noch größere Bedrohung als das In-sich-Hineinschlingen.

Und wenn man die Deutschen schon dergestalt regeln will beim Essen, wundert man sich, dass noch niemand auf die Idee gekommen ist, ihn auch zu reglementieren beim Gegenteil.

Es kann den Menschen doch nicht mehr überlassen bleiben, wie oft sie aufs Klo gehen. Wenn man das noch in den Griff bekäme, reduzierte man zusätzlich Kläranlagen und würde der Umwelt helfen. Wer sich weniger entleert, isst auch weniger.

Es ist ein Teufelskreis.

Schon Kaiser Vespasian hat im ersten Jahrhundert nach Christus die Urinsteuer erhoben, weil er die Exkremente brauchte für das Gerben und das Desinfizieren. Das ist durchaus ein Anreiz, denn entleert wird immer.

Nach den erfolgreichen Schutzmaßnahmen für Nichtraucher muss man endlich die Nichtesser schützen.

Wir geben im Jahr 530 Millionen Euro aus für die Behandlung von Dicken. Die Einnahmen der Steuer aus Lebensmitteln betragen inzwischen nur noch etwa 500 Millionen Euro. Das rechnet sich nicht mehr. Wenn man folglich ohne Eingriff des Staates abnehmen will, sollte man künftig einfach nicht mehr essen, damit die Steuereinnahmen wieder über den Ausgaben liegen.

Diese Denkinterpretationen wiesen darauf hin, dass man begonnen hat, Dicke als Schadstoff zu begreifen. Und vielleicht arbeitet man schon daran, bis zum Jahr 2020 nicht nur 20 Prozent weniger Kohlenstoffdioxid auszustoßen, sondern sogar 20 Prozent weniger Dicke zu erreichen. Dann könnte man sogar wieder mehr CO_2 ausstoßen. Denn dann gleicht die Reduzierung durch die Fettleibigen das Ozonloch wieder aus.

Essen ist menschliches Versagen.

Raucher zu Asche

Wie Rauchen – um darauf zurückzukommen – übrigens gleichfalls.

Denn wenn wir sagen, Rauchen sei eine Krankheit, dann müssen wir uns auch entscheiden, ob sie heilbar ist oder nicht.

In jedem Fall aber zahlen Raucher für ihre Krankheit über die Tabaksteuer sehr viel Geld an die Gemeinschaft. Wenn also Rauchen eine Krankheit ist, dann ist nicht einzusehen, warum andere Kranke nicht auch Steuern zahlen für den Genuss ihrer Krankheit:

für Pflege, Umsorgung und Betreuung.

Man sollte nicht wieder eine Mauer aufbauen in den Lungen der Menschen. Dennoch steht hier die Solidarität des Miteinander im wahrsten Wortsinn auf der Kippe. Denn betroffen sind doch alle:

27 Prozent der Deutschen sind Raucher, und 73 Prozent der Deutschen sind Nichtraucher. Zusammengenommen sind also 100 Prozent der Deutschen Raucher oder Nichtraucher.

Darüber hinaus ist die Raucher-Nichtraucher-Debatte aus politischer Sicht auch und vor allem ein gesellschaftliches Problem. Weil es geschichtlich ist.

Und weil es in Deutschland stattfindet.

Wie wir wissen, tun wir uns in Deutschland zum Beispiel schwer, die Sterbehilfe durchzusetzen. Und zwar verständlicherweise, weil es im Dritten Reich den Missbrauch der Euthanasie gegeben hat.

Wie wir wissen, können wir beim Nahostkrieg, auch wenn es berechtigt wäre, nur schwerlich Kritik an Israel üben. Und zwar verständlicherweise, weil es im Dritten Reich die schreckliche Judenverfolgung gegeben hat.

Und deswegen tun wir uns offenbar schwer mit sogenannten Nichtrauchergesetzen:

Adolf Hitler war Nichtraucher!

Für Hitler waren Zigaretten eine Gefährdung des Volkskörpers und der arischen Reinheit. Ab 1938 war Rauchen verboten in Behörden, Post und Luftwaffe. Wenn man also heute Zigaretten verbietet, ist man in den Augen vieler fast schon wieder Antisemit. Und man will schließlich nicht als Rassenhygieniker gelten, nur weil man reine Luft atmen möchte.

Es ist vermutlich so, dass die Mehrzahl der Deutschen dann doch lieber ersticken würde unter dieser Last der Geschichte.

Nichtrauchen scheint für manche fast schon einfach etwas Nationalsozialistisches zu haben. Man spürt förmlich, dass jeder Nichtraucher für die deutschen Raucher im Land im Nachhinein beteiligt ist an Rassenwahn und Deportation.

Hitler träumte als Erster von einem Nichtrauchervolk.

Führt man diese Tatsache gedanklich in die Gegenwart zu Ende, empfindet sich gewiss der eine oder andere Raucher von heute als in seinem eigenen Kopf geschichtlich gewachsener Antifaschist.

Das war ja gerade die Vergangenheitsbewältigung:

Um gegen das Altnazitum der Väter zu protestieren, hatten gerade die Achtundsechziger besonders viel geraucht. Mit dem Dritten Reich war auch der Nichtraucher untergegangen.

Obwohl paradoxerweise Raucher mit der Ideologie der damaligen Zeit viel mehr gemein haben:

Damals ist man überzeugt für sein Reich in den Kriegstod gegangen. Heute ist der Genuss einer Zigarette ein frühes Ende wert.

Muss der Sozialstaat sozial sein?

Wie man es auch immer betrachten mag, der Staat wird nicht mehr verstanden als das, was er sein soll.
Vor allem der Sozialstaat.

Denn was ist davon zu halten, wenn wir vorgerechnet bekommen, dass das Kanzleramt Deutschland stabil gehalten habe? Wir wissen aber, dass Stabilität hier nur bedeutet, dass die Bruttolöhne heute etwa genauso hoch sind wie die vor fünf Jahren. Man darf zugeben, dass das natürlich den Arbeitnehmern eine gewisse Planungssicherheit gibt. Sie können klarer kalkulieren, denn was sie sich heute nicht leisten können, können sie sich morgen auch nicht leisten.

Es sollte fairerweise noch einmal bedacht werden, dass das Geld, das die Regierung dem Bürger zuwendet in Form von Steuervergünstigungen oder Sozialleistungen, das Geld ist, das dieser Bürger dieser Regierung vorher zugesteckt hat. Und wie so oft sitzt man diesem Prinzip der Milchmädchenrechnung auf:
Es ist vergleichbar mit dem normalen Verbraucherverhalten im Sommerschlussverkauf. Kostet der Lieblingspullover 100 Euro, so kauft man sich einen. Ist er heruntergesetzt auf 60 Euro, nimmt man zehn Stück, für insgesamt 600 Euro statt für 1000 Euro, und hat 400 Euro gespart. Für diese Ersparnis von 400 Euro musste man aber 500 Euro mehr ausgeben!

Genau das war auch das Prinzip bei der Abwrackprämie im Jahr 2010. Normalerweise hätte man sich ein Auto gebraucht gekauft, für vielleicht 1000 Euro. Die Regierung bot uns nun für unseren alten Wagen 2500 Euro an.

Allerdings unter der Bedingung, dass man sich ein nagelneues Auto kaufen solle, für vielleicht 10 000 Euro. Für eine Prämie von 2500 Euro musste man also zusätzliche 9000 Euro hinblättern. Und hatte dann immer noch eine Mehrausgabe von 6500 Euro.

Anders funktionieren Spielhöllen auch nicht.

Und der Deutsche hat sich damals wahnsinnig gefreut.

Und war mit einem größeren Verlust als geplant unglaublich zufrieden.

Das Schöne am Kasino Bundesregierung ist außerdem, dass man sich über die Einsätze dort keinen Kopf zu machen braucht. Die Höhe der Einsätze bestimmt der Staat. Und »Nichts geht mehr« heißt nichts anderes, als dass, wenn noch etwas geht, es das Nichts ist.

Vom Nichts geht bei uns eine ganze Menge.

Und da der Mensch dazu neigt, alles in der Negation aufzufassen, führt das in der Umkehrung dazu, das Negative manchmal unterbewusst ins Positive zu verwandeln. Zumindest setzt die Regierung gerne auf diese menschliche Fehlleistung:

Lässt das Bundesverfassungsgericht etwa die Regelsätze für Hartz IV korrigieren, ist die Regierung begeistert, dass das Hohe Gericht anerkennt, dass die Regelsätze zu 100 Prozent richtig seien. Um das zu erreichen, wird dann behauptet, müssten sie nur noch abgeändert werden.

Und damit einhergehend sind die Erwartungen an den Bürger ganz neue. Bekanntlich wurde einstmals der Mehrwertsteuersatz für Hotels abgesenkt. Der Bürger bekam schnell heraus, dass dies nach einer Spende von einer Million Euro an die FDP geschah. Wenn nun Hartz-IV-Empfänger mehr Geld wollten –

so erwartete man schon die Frage an den Wähler –, warum wurde dann der komplizierte und teure Weg einer Klage eingeschlagen?

Arbeitslose wollen mehr Geld?

Wo bleibt dann deren Millionenspende?

Vielleicht wieder an die FDP?

Es war deutlich, dass man vor allem nicht noch ein weiteres Mal in Verdacht kommen mochte, eine Gruppe, nämlich die der Arbeitslosen, zu bevorzugen. Man wollte endlich von dem Ruch weg, Klientelpolitik zu machen. Jedenfalls nicht, wenn die Klientel so groß ist wie die Gruppe der Hartz-IV-Empfänger.

Zumal auch Versprechen wie »Mehr Netto vom Brutto« eingehalten wurden. Gut, man hatte Brutto gesenkt. So konnte Netto von weniger Brutto nicht mehr sein als weniger Netto von mehr Brutto. Es ist eine einfache Leere, dass man mit mehr in der Tasche oft weniger hat, als wenn man weniger hat und mehr übrig bleibt.

Wenn Sie als Leser das verstanden haben, wäre es gut, wenn Sie es der einen oder andern Bundesregierung bei der nächsten Wahl erklären.

Denn ohne weitere Erklärung muss dann eine Regierungschefin völlig zusammenhanglos und unnachvollziehbar zur Kenntnis nehmen, dass der Wähler ihrer Koalition innerhalb von nur einem Jahr bis zu zehn Prozent weniger Anerkennung zugesteht.

Steht das so im Raum, droht leicht die Gefahr, dass sich der Wähler auf einmal ganz direkt fragen lassen muss:

»Wie erklären Sie sich das?«

»Woran liegt es?«

»Was hätten Sie als Wähler anders machen müssen, damit Sie mit der Arbeit der Regierung zufriedener sind?«

Denn bei zehn Prozent weniger Zustimmung ist schnell der

Wähler in Erklärungsnot. Dann muss er sich plötzlich vorhalten lassen:

»Der Wähler hat keine klare Linie.«

Die Regierung ist die direkte Vertretung des Bürgers. Wenn der sich von ihr abwendet, ist er auf der Flucht vor sich selbst. Wird deswegen auch immer gesagt, man mache eine Koalition mit einer anderen Partei und eben nicht mit dem Wähler? Denn die Unzufriedenheit der Wähler mit der Regierung wird gewiss in den meisten Fällen aufgewogen durch die Unzufriedenheit der Regierung mit dem Wähler selbst. In vielen Erklärungen oder Statements oder Talkshow-Beiträgen schwingt die Drohung mit:

Wenn der Wähler so weitermacht, muss er damit rechnen, dass er schon bei den kommenden Wahlen gar nicht mehr zu wählen braucht.

Über die wirklichen Leistungen der Regierungen wird meistens Gebrauch gemacht von einem Aussageverweigerungsrecht.

Ansonsten gilt für jedes Kabinett die Unschuldsvermutung.

Kapitale Hoffnungen

Deswegen kann man eben nicht einfach vorwerfen oder herummäkeln oder ankreiden, die Regierung habe in der Finanzkrise zum Beispiel sich schwer treiben lassen und die Milliarden nur so herausgeschmissen.

Bei der Bewältigung ebendieser Finanzkrise wurden anfangs einmal 500 Milliarden aktiviert, dann waren es 50 Milliarden, aber auch mal nur 1,5 Milliarden. Also musste man zugeben, dass die Regierung nicht wahllos, sondern ganz gezielt herausschmiss.

Die entscheidende Frage im Rahmen dieser Krise war nur sehr konkret, ob der Kapitalismus mit diesem Um-sich-Schmeißen nicht endlich am Ende sei.

Nun wirkte diese Fragestellung sehr einseitig und ideologisch gefärbt. Denn wie gerade die fortdauernde Krise zeigt, kann der Kapitalismus insofern nicht am Ende sein, als er gar kein Geld braucht.

Jedenfalls braucht der Kapitalismus das Geld nicht in bar.

Der Kapitalismus braucht das Geld nur als Vorstellung.

Es hat sich gezeigt:

Wenn schon nicht alle gleich viel Geld haben können, so können doch immerhin alle gleich viel Geld verlieren.

Entsprechend ihren Möglichkeiten natürlich.

Kapitalismus als Krise macht endlich die Gleichheit, die sich der Sozialismus immer gewünscht hat.

Und wenn sie ehrlich ist, muss die Linke zugeben, dass sie in

Wahrheit auch gerade deswegen vermutlich festhalten will an diesem Kapitalismus. Sie hat nämlich erkannt:

Mit dem Kapitalismus können Reiche sehr viel mehr Geld verlieren als mit dem Sozialismus.

Denn ist es nicht so, dass man als Linker gar nicht will, dass es einem selber besser geht? Will man nicht vielmehr, dass es erst einmal den anderen schlechter geht?

Genau das garantiert der Kapitalismus!

Der Kapitalismus ist nicht das Geld und nicht der Besitz. Und er ist auch nicht der Gewinn. Sondern er ist nur die Hoffnung darauf. Kapitalismus ist eine Spielerzentrale. Millionen Menschen zahlen ein, hoffen, bangen und beten, und ein paar wenige gewinnen. Und je weniger gewinnen, umso höher ist das, was für sie übrig bleibt.

Das ist das Problem der Finanzkrise:

Nicht dass Reiche was verloren haben, hat die weniger Reichen verarmen lassen. Sondern dass untere Schichten zu viel Geld hatten, um sich an Aktien zu beteiligen.

Das war nach Ansicht besitzender Kapitalisten eine inhumane Möglichkeit mit unabschätzbaren Folgen, die dringend eingeschränkt werden musste. Man schlug schon vor, wenn man sich an das Komasaufen machte, müsse man auch unbedingt dem Komakaufen von Aktien den Garaus machen. Die seien für untere Schichten gar nicht gedacht. Und auch nicht für sie geeignet.

Zu viel Einkommen verführe da zu mehr Teilnahme am Glücksspiel.

Und die CDU etwa empfindet sich von jeher als Glücksspiel genug. Denn nach ihrer Meinung haben doch Reiche statistisch und prozentual nur halb so viel Geld, wie Arme hätten, wenn sie dieselben Ausgaben haben würden, die Reiche haben müssen.

Was sie damit sagen will?

Vermutlich, dass Arm und Reich zwei ganz unterschiedliche Dinge sind.

Wenn man meint, dass diese Diskussion die SPD auf den Plan rufen sollte, wird man spätestens jetzt feststellen, dass nicht nur formal, sondern auch inhaltlich wenig von ihr übrig ist.

Die SPD als breite Mitte

Was die älteste Partei Deutschlands in den Jahren seit ihrer endgültigen Abwahl aus der Regierungsverantwortung im Jahr 2009 verstärkt und was sie seit der Wahl in die Regierungsverantwortung 1998 verschwommen zu aktuellen Problemen von sich gegeben hat, nannte man früher Kalenderweisheiten. Aber die hat man jeden Tag weggeschmissen.

Deswegen haben erstmals Kurt Beck als Parteichef und in einer ergänzenden Neuauflage jetzt auch Sigmar Gabriel ihre Weisheiten als Buch herausgegeben:
Gewusst wie. Tipps und Kniffe für Hausstand und Flecken
Denn ob ihre Worte zur Bahnprivatisierung oder zum Arbeitslosengeld II, ob zu Volksaktien oder zum Lottomonopol – mit all dem kann man auch Schimmel, Schweiß und Pudding entfernen und feuchte Wände behandeln.
Die Worte der SPD-Chefs sind Blumenpflege, Lederbehandlung und Ratschläge zur Vorratshaltung in einem.
Das Parteiprogramm ist weit hergeholt und quasi ein Medley aus allen Politik- und SPD-Richtungen. Das kann man live gar nicht am Stück vortragen. Deswegen wurde dieser kurzfristige Vorsitzende am Schluss auch nur noch Kurt Playbeck genannt.

Und so schwand die Mitgliederzahl der SPD mit den Jahren beträchtlich, und die Zahl der Wähler wurde immer überschaubarer. Viele Abertausende Gruppierungen wie der Schützenverein Kleinkleckersdorf, Kaninchenzüchter, Anglerfreunde,

Hinterzimmergesellschaften und Kegelbrüder verloren ihre Bestimmung und fühlten sich nicht mehr heimisch.

Bereits früh zeigte die SPD Begabungen zum Beispiel im Schießsport und errang damit hohe Auszeichnungen, wie zwei Kanzlerschaften, Ministerposten und Sekretärinnenstellen. Wie viele Vorsitzende wurden allein in den letzten 25 Jahren abgeschossen?

Schon bald hat das Leiden angefangen.

Im Grunde, solange diese Bundesrepublik denken kann, war die Sozialdemokratische Partei Deutschlands auf das Jenseits bezogen. Ob Beck, Platzeck, Vogel, Rau, Engholm oder Scharping, sie wurden alle beerdigt zu Lebzeiten. Und wer schon zu Lebzeiten Denkmal war wie Willy Brandt oder Helmut Schmidt, dem haben sie, weil bei dieser SPD zwar noch draußen in der freien Welt, aber nicht im Innern Friedenstauben landen dürfen, selbst aufs Haupt gemacht.

Seither gilt für viele:

SPD sehen und sterben.

Es ist ein langsames Sterben.

Nun erlebt die SPD wegen des Siechens einer anderen, einer sogenannten »liberalen« Partei im Augenblick ein euphorisches Moment. Aber das täuscht nur darüber hinweg, dass die SPD Jahrzehnte schon am Tropf hängt.

Dass man sie trotzdem immer noch mal wieder zur Wahl getragen hat, ist mitnichten Leichenfledderei. Auch wenn sie schon oft dahingeschieden schien, so hängt sie noch an Schläuchen, und die Organe tun noch so, als ob sie es täten.

Die SPD funktioniert – motorisch, leblos, stur, aber in Stil und Ambition unverändert wie vor rund 150 Jahren.

Es ist schließlich auch schwer, von Dingen Abschied zu nehmen, die einem vor über 100 Jahren einmal etwas bedeutet haben: Arbeiter, Sozialgesetze, die kleinen Leute.

Die SPD war immer die Philosophie jener kleinen Leute.
Die aber natürlich nur klein sind, wenn sie klein bleiben.
Die liebe SPD ist irgendwann groß geworden. Und damit begann die Überwindung der Unterschiede zwischen Partei und Parteivolk schwieriger zu werden.
Die Sozialdemokraten hatten sich formiert in der Zeit der industriellen Revolution, in der Zeit des Weberaufstands, in den Umsturzjahren wie 1844 oder 1870. Und für die Leute von damals wollen sie heute noch da sein. Dass diese Leute nicht mehr da sind, ist nicht ihr Fehler.

Der Fehler der SPD ist nur, dass man mit den Jahren mehr und mehr den Eindruck gewann, sie wolle die Menschen zurückführen ins 19. Jahrhundert. Sie wolle mit Hartz IV und Agenda 2010 den Lebensstandard herunterfahren. Damit sie wieder kleine Leute anspricht, die sich bei ihr aufgehoben fühlen können. Denn sie meinte wohl, wer weniger habe, komme auch besser zurecht in der Krise.
Wer nichts hat, kann nichts verlieren.

Man darf bei all dem nicht vergessen, dass die SPD es war, die sich den Arbeiter hat patentieren lassen.
Nur läuft seine Produktion aus.
Und das scheint sie gern zurückdrehen zu wollen.
Mit Stahlsubvention oder Kohlesubvention oder so weiter.
Denn sie braucht den Menschen, der greifbar ist.
Der die Kohle bricht und nicht den Knopf für Fernwärme drückt. Sie braucht die Mängel, an denen die Gesellschaft zerbrechen kann. Computerlos, roboterlos. Im tiefsten Innern will sie eigentlich die Wählscheibe am Handy haben.

Die SPD war also immer mehr Vergangenheitskult.
Sie wollte immer das erreichen, was sie schon vor 100 Jahren erreicht hatte. Der Hoffnungsschimmer für die SPD dabei ist:
Die Vergangenheit wird wiederkommen.

Und wenn die aktuelle Krise weitergeht, dann wird wieder jeder seine Socken und Pullover selber weben müssen, und dann brauchen wir wieder die Rechte von 1844.

Natürlich hängen diese Probleme zusammen mit der Demokratie. Denn es waren ja nicht nur industriell-revolutionäre Jahre, in denen sich die SPD gegründet hat, sondern gleichzeitig waren es monarchische Jahre. Wenn wir wieder einen König hätten, könnte sich die SPD auch wieder besser definieren. Denn sie hat sich immer aufgestellt gegen ein Feindbild. Der Feind König ist weg. Der Klassenfeind ist nicht mehr da. Obama will sogar die atomwaffenfreie Welt.
Da droht die SPD, selbst abgerüstet zu werden. Aufgesplittert.

Das ist aber auch ihre Chance.

Im Grunde war die SPD nie eine einzige Partei.
Sie war immer Dutzende Parteien.
Deswegen konnten sich auch so starke Abspaltungen aus der SPD ergeben wie die Grünen oder die Linke. Oder möglicherweise zum Teil auch die Piraten. Jetzt, wo die SPD beinahe pulverisiert ist im Vergleich zu ihrem ursprünglichen Mitglieder- und Wählerstamm, haben vielleicht ein paar Krümel von ihr die Chance, zu überleben und aus fremdem Boden in fremden Formationen zu wachsen.

Denn der sozialdemokratische Gedanke lässt sich ohne SPD einfach besser durchführen.
Die SPD war immer mehr eine geistige Angelegenheit.
Eine kopflastige sozusagen.
Jetzt, wo sie von Wahl zu Wahl hinübergleitet in eine höhere Bewusstseinsebene, finden die Menschen wieder mehr Lob für sie.
Man kennt das aus jeder Todesanzeige:

110

Nur den Toten sagt man so viel Gutes nach, und nur den Verblichenen gesteht man zu, dass man sie oft missverstanden hat. Und was ist diese Partei missverstanden worden.

Als zum Beispiel Franz Müntefering das Rentenalter auf 67 erhöht hatte. Dabei hat man gerade in diesem Fall gern übersehen, dass er ja für Ausgleich gesorgt hatte. Er hatte gleichzeitig als Ersatz die Mehrwertsteuer erhöht, von 16 auf 19 Prozent. Diesen Zusammenhang wollte niemand nachvollziehen …

Oder ist es gar keiner?

Wie auch immer:

Die SPD weiß trotz allem, wo immer sie auch ist – ganz oder in Teilen, bei den Linken, bei der CDU, bei den Grünen, im Nichts der Wählerschaft. Sie wird vielleicht vergessen in der Wahlkabine, aber man wird immer an sie denken.

Deswegen ist sie unsterblich.

Sie wird weiterleben. Als Idee. In einer andern Welt.

Die jetzigen Verwalter regeln noch den Nachlass.

Und die haben schon alles, was diese SPD ausgemacht hat, obduziert, seziert, und sie werden es mumifizieren:

Vermögenssteuer, Reichenhass, Klassenbewusstsein, Umverteilung. Das werden sie alles öffentlich aufbahren.

Die Chinesen haben ihren toten Mao ausgestellt.

Hier in Deutschland wird die SPD ausgestellt werden.

Damit alle sie anschauen können.

Im Tod wird sie mehr Zulauf haben als bisher.

Sie werden sie scheibchenweise zerlegen.

Sie praktizieren an ihr das System des Gunther von Hagens.

Sie plastizieren sie.

Statt »Körperwelten« heißt es »Welten der SPD«.

Dass es so weit gekommen ist, mag daran liegen, dass sich die Sozialdemokraten vornehmlich an anderen definieren. Sie betonen schon lange nicht mehr das, was sie besser machen. Inzwischen benennen sie nur noch die Fehler der anderen.

Sie wollen nicht besser sein.

Sie wollen, dass die anderen schlechter sind.

Und aus diesem Grund war wahrscheinlich eines der letzten vielsagenden Mottos eines Parteitages auch: »S.P.D.«

Sie sind ihr Motto.

Außer ihnen fällt ihnen zu sich nichts mehr ein.

»Ruhe sanft« möchte man leise sagen.

Denn das sanfte Ruhen hat man beim Geschrei der Arbeitslosen und der Sozialfälle in den letzten Jahren schon kräftig geübt. Und daraus resultierend kann man getrost attestieren, dass die Sozialdemokratische Partei viele Feinde hatte. Über ihren größten Gegner aber hat sie am Ende eben doch den Sieg davongetragen –

über die SPD!

Und das hat sie eben geschafft mit der so neu formulierten »Wahrheit der falschen Versprechungen«. Ein Begriff, mit dem sich zu einer bestimmten Zeit die hessische SPD mit einer zu merkenden Vorsitzenden ins Abseits manövriert hatte.

Man hatte bekanntlich vor der Wahl 2007 geschworen, keine Koalition mit der Partei der Linken einzugehen. Und man hatte genau dieses Versprechen prompt nach der Wahl mit Mühe und Zeit zu brechen versucht.

Man war zwar der Ansicht, dass man halten solle, was man dem Wähler angedroht oder angeboten oder in Aussicht gestellt hatte. Aber damit war nach Ansicht der SPD der Inhalt gemeint.

Bei der Diskussion über die Linke wurde aber nur um die Form gestritten.

Um es besser zu verdeutlichen:

Wenn man seinem Kind eine Playstation verspricht und verspricht gleichzeitig, sie zu kaufen, dann ist die Playstation der Inhalt und das Kaufen die Form. Wenn man aber jetzt in eine soziale Schieflage gerät und das Geld nicht mehr hat, dann

kann man unschwer erahnen, welches Versprechen dem Kind wichtiger ist, dass es nicht gebrochen wird:
Die Playstation oder dass sie gekauft wird?
Die Playstation natürlich.
Selbst wenn man sie geklaut hat.

Die SPD war durch die Wahl in eine soziale Schieflage geraten. Der Wähler hatte ihr nicht genügend Prozente bezahlt, damit sie sich die Grünen oder vielleicht sogar eine CDU leisten konnte. Also musste sie sich ihre eigenen Versprechen aus dem eigenen Mund rauben.

Das Problem war nur der Umgang mit dem Wähler und mit sich.
Wer plötzlich zu diesen Vorgängen in der SPD eine eigene Meinung hatte, war automatisch gegen die SPD selbst.
Und wer gegen die SPD war, war gegen ihr Programm.
Und wer gegen ihr Programm war, war gegen Gleichheit.
Wer gegen Gleichheit ist, nimmt andern was weg.
Wer andern was wegnimmt, ist ein Dieb.
Wer stiehlt, nimmt in Kauf, dass er dabei auch jemanden verletzt.
Und wer jemanden verletzt, kann nicht abschätzen, wie tödlich diese Verletzung unter Umständen ist.
Und jetzt wollte die SPD-Spitze von niemandem hören, dass man Leute nicht aus der SPD ausschließen kann, die sich des potentiellen Totschlags schuldig gemacht haben.
Die Anerkennung dieser Parteienwahrheit wurde zum Mindestlohn für eine Mitgliedschaft. Wer für die SPD im hessischen Landtag saß, musste mit einer Gleichschaltung seiner Meinung rechnen.

Denn es ist bei weitem nicht so, dass Politik den Charakter verdirbt. An den vier sozialdemokratischen Abgeordneten Metzger, Everts, Tesch und Walter, die mit einem gebrochenen

Versprechen ihre eigene Chefin nicht zur Ministerpräsidentin wählen wollten, meinte man von Seiten der SPD erkennen zu können, dass zu viele Charaktere die Politik verderben.
Sie argumentierten mit der Moral.
Die in diesem Fall fragliche Ministerpräsidentin sein wollende Frau Ypsilanti selig meinte – oder besser: die in Frage gestellte Ministerpräsidentin meinte selig, hier argumentieren zu müssen mit der Geschichte:
Es zähle am Ende das Ergebnis.

Denn die Wahrheit diene nicht immer der guten Sache.
Man sehe es ja an der katholischen Kirche. Über 90 Prozent ihres Grundbesitzes gehe zurück auf kaiserliche und andere Schenkungen, die die Kirche selbst gefälscht habe. Ohne diese Lügen würde die Kirche heute nicht mehr existieren. Und genauso sei es mit der SPD. Wenn sie nicht endlich die oben erwähnte Wahrheit der falschen Versprechen beim Wähler etablieren könne, würde die SPD nie die 2000 Jahre überleben, die die Kirche so problemlos hinter sich gebracht habe.

Wobei die Lügen der Kirche den Menschen nur spirituell Verbesserungen gebracht haben. Das heißt, die Menschen mussten weiter daran glauben, dass ihnen eine übergeordnete Macht helfen würde. Die Lügen der SPD wollten den Menschen ganz praktische Verbesserungen bringen wie mehr Hartz IV, mehr Kindergeld, mehr Bildungsgeld, so dass ihnen bewusst werden sollte, dass ihnen die SPD als übergeordnete Macht hilft.
Offenbar hat aber diese Sicherheit nicht dazu geführt, dass die SPD in Hessen mit ihren Lügen heute glaubwürdiger dasteht als die katholische Kirche.

Vielleicht empfindet sich die SPD mit ihrer Tradition sogar in Anklängen als Nachfolger der Kirche.
Nie hat die Kirche mehr Mitglieder gehabt – als zu Zeiten der Inquisition.

Was darauf hinweist, dass der Mensch, insbesondere der deutsche Mensch, schon das Bedürfnis hat, dass ihm auch einmal etwas ausgetrieben wird. Und in dem Zusammenhang ist ja folgender Satz von Franz Müntefering endlich erklärlich geworden:

Der Parteivorsitz ist das schönste Amt neben Papst.

Die Diskussion um die Linke hat diesem Satz endlich den wahren, verlogenen Inhalt gegeben.

Links – geschnitten oder am Stück?

Die Linke selbst hatte natürlich bis dato die Methode mit den Versprechungen besser praktiziert und besser praktizieren können. Aus der Chance der Opposition heraus. In dieser Wartestellung bewährt sich stets, nichts erfüllen zu können aus Mangel an Machtfülle.

Denn prinzipiell leben die Menschen von Versprechen.

Sie leben von der Hoffnung.

Sie leben von dem, was nicht eintritt.

Man muss sich nur nochmals ein Beispiel nehmen an der katholischen Kirche. Papst und Gott haben sich eigentlich doch nur deswegen so lange gehalten, weil sie Dinge versprochen haben, die bis heute nicht eingetreten sind.

Die Menschen müssen auf später fixiert werden.

Wenn Versprechungen erfüllt werden, ist meistens Schluss mit der Anhänglichkeit.

Gott darf sich nicht erfüllen.

Das wäre die größte Enttäuschung der christlichen Menschheit.

Denn der Glaube verfällt, wenn man ihn auf seinen Wahrheitsgehalt überprüft.

Die Linke darf sich nicht erfüllen.

Und sie zeigt gute Ansätze dazu.

Allein die nie abgeschlossene, immer wieder aufflammende Suche nach Vorsitzenden lässt zu vielen unerfüllten Versprechungen Hoffnung geben.

An einer dieser Schnittstellen hatte die Linke einmal so relativ

berühmten Figuren wie Bisky, Gysi und Lafontaine zwei Vorsitzende nachgeschoben. Sie hießen Ernst und Lötzsch.
Und das war eine gute Wahl. Eine bürgernahe Wahl.

Gerade in den letzten Zeiten gab es so viele Wechsel in Führungspositionen auf allen politischen Ebenen, so viele neue Minister, neue Staatssekretäre, neue Verantwortliche. Da war man froh, dass die Linke zwei neue Namen hatte, die man sich wenigstens nicht merken musste. Ernst und Lötzsch also.
Beide waren ein praktisches Beispiel dafür, dass man den Regelsatz, den man gemeinhin zur Errechnung von Hartz IV heranzieht, auch personell einsetzen kann. Wirtschaftliche Armut wird bekanntlich per Gesetz festgeschrieben. Aber personelle Armut wurde da auch für eine Partei festgelegt.

Dazu kam, dass sich durch jene Personalentscheidung das Solidaritätsgefühl für diese Partei verstärkt hatte:
Hartz-IV-Empfänger leben von einem Euro am Tag.
Die Linke kam aus mit Ernst und Lötzsch.
Arbeitslose sammeln sich aus den gerade abgelaufenen Abfällen der Supermärkte Lebensmittel zusammen.
Die Linke kramte sich aus ihrem eigenen ideologischen Müll abgelaufenes Führungspersonal.
Die sparsame Hausfrau weiß, dass man mit Unterdruck und ohne Sauerstoff verderbliche Waren haltbarer macht.
Da wollte die Linke das mit einem Führungsvakuum auch probieren.
Also ist die Führung der Linken neuerdings der neue Zen-Buddhismus im Parteienwesen. Das Eingehen ins Nirwana. Laut vielen Religionen ist der Mensch vor dem Tod nichts und danach auch nichts. Bei den Linken ist er dazwischen auf das Leben vor und nach dem Tod gut vorbereitet.

Zumal sie sich längst losgelöst zu fühlen scheinen von der banalen Tagespolitik. Und zwar, seit – unabhängig von irgendeiner

Wahl – das Bundesverfassungsgericht ihnen Recht gegeben hat mit dem Urteil, Hartz IV müsse angepasst werden.

Nun versteht sich die Linke natürlich als Vertreter von Hartz-IV-Betroffenen und war von Stund an der Ansicht, dass, wenn Hartz IV angepasst werde, auch die Linke selbst angepasst werden müsse. Zwölf Prozent für die Linke im Bundestag als Ergebnis der Bundestagswahl 2009 empfand sie offensichtlich als sozial ungerecht. Das menschenwürdige Existenzminimum für die linke Partei im Bundestag müsse doch wohl bei 30 oder 40 Prozent liegen.

Und wer meinte, dass man nicht eine stärkere Fraktion fordern könne, nur weil Hartz IV angepasst wurde, dem wurde vermittelt: Wer es sich leisten kann, kauft sich diese Republik. Wie die Hotelketten sich bekanntlich quasi die FDP 2009 gekauft haben. Aber wer sich das nicht leisten kann, der muss eben sozial so unterstützt werden, dass er nicht ausgegrenzt wird, wenn er sich diesen Staat leisten möchte.

Da spürt man den Neid aufkommen, wenn eine FDP offenbar eine ganze Million bekommt, nur damit sie die Steuern senkt und dadurch mehr Wähler rekrutiert. Dann will die Linke es wohl dahin bringen, über genügend Mandate so attraktiv zu werden – dass Hotelketten die Millionen auch ihr geben. Damit sie die Mehrwertsteuer für eine Klientelgruppe eben nicht senkt. Um zu beweisen, dass sie im Gegensatz zur FDP nicht käuflich ist. Aber dazu bräuchte sie als Beweis erst einmal die Spende von Hotels zum Beispiel. Wie will man Unbestechlichkeit nachweisen, wenn gar niemand versucht, einen zu bestechen?

Die Führungsriege der Linken hat ein klares Phantombild von ihrer Partei. Nur finden sich immer weniger Augenzeugen, die diese Partei auch wiedererkennen und zu ihrer Ergreifung beitragen können. Mit der neuen Linken kommt endlich unter einen Deckel, was dauernd auseinanderläuft: Linke und Linke und Linke und Linke in Deutschland. Also Zugehörige ganz unterschiedlicher Betrachtungsweisen und völlig gegensätzlicher Ideale.

Da sind natürlich Diskussionen um Demokratie oder das Verhältnis der Linken zu den Juden nebensächlich, wenn es doch immer um das Verhängnis des Kommunismus insgesamt geht.

Eine Gesine Lötzsch hatte sich da mehrfach verplappert, wenn sie anmerkte, dass wir eine Gesellschaft bräuchten, in der nicht ausgegrenzt werde, in der Minderheiten groß gemacht würden und in der auch gescheiterte Ideen eine neue Chance bekämen.

Erst meinte man, sie spräche von Arbeitslosen und Ausländern und und und ... Nein, sie sprach von den Linken selbst.

Deutschland, oder besser der deutsche Wähler, habe jetzt 20 Jahre Zeit gehabt, betonte sie gerne, sich an die Linke zu gewöhnen, sich auf sie einzustellen, auf sie zuzugehen und die Bedürfnisse der Linken umzusetzen, und trotzdem stagniere sie immer noch bei acht bis zehn Prozent. Da müsse eine neue Gesellschaftsordnung zuerst dafür sorgen, dass sich das ändere und dass die Linke die Mehrheit bekomme.

Mit solchen Äußerungen werde der Wähler zwar verschreckt, aber deswegen brauche man ja wohl diese andere Gesellschaft.

Mit dem Kommunismus hatte die Linke diese Sorge jedenfalls nicht. Da konnte sie als Partei ihr Ergebnis immer selbst bestimmen.

Und wenn die Linke momentan im Westen Deutschlands in Umfragen unter fünf Prozent rutscht, so erinnert das fatal an jene fünf Prozent, die zu Zeiten der DDR der Rest waren, dem die Kommunisten gestattet hatten, sie nicht zu wählen.

Frau Lötzsch konnte immer auf erbauliche Weise schlussfolgern, dass genau das dem Wähler absolut geschadet habe, was er sich in demokratischen Strukturen in über 60 Jahren im Westen Deutschlands zusammengewählt hatte. Und wenn man einwenden mochte, dass der Kommunismus, so wie wir ihn kennen, den Menschen auch geschadet habe, so musste man zugeben, dass der Wähler daran aber nicht schuld war.

Kurz gesagt: Die Linke drängt es, den Wähler wieder befreien zu wollen von der Schuld, die Regierungen auf sich laden müssen. Der Wähler soll für sie keine Verantwortung haben, weil er sie gar nicht wählen kann.

Wer in dieser Diskussion den Vorwurf macht, dass gerade Frau Lötzsch oder Herr Ernst oder neuerdings Frau Kipping oder Herr Riexinger oder Ähnliche in ihren Reden den Kommunismus zwar als Ziel ausrufen, aber niemals würdig und angemessen der bis zu 100 Millionen Opfer durch den Kommunismus gedacht haben, kann vorgeworfen bekommen, dass Zahlenspiele Kinderei seien. Und dass darüber hinaus eine zweite Chance damit nicht vertan sei. Vielleicht bekäme man ja einen zweiten Kommunismus mit allen Begleiterscheinungen hin.
Mit nur halb so viel Opfern.

Da spätestens möchte man zugeben, dass sich die Linke zu großen Teilen vielleicht zu einem System bekennt, das so vielen Menschen Unglück gebracht hat. Aber natürlich, wer eine Lungenembolie überlebt, kann trotzdem wieder atmen.
Der Kommunismus soll die Luft sein, die der Arbeitnehmer zum Leben braucht. Der Kommunismus hatte einen Kollaps, aber im Grunde sind daran nur die schuld, die sich nicht dankbar dafür verhalten haben, dass sie den Kommunismus überlebt hatten.

Und wer Frau Lötzsch oder Herrn Ernst oder so weiter fragt, ob sie mit diesen Erkenntnissen einen Umsturz wollen und ob sie dieses Deutschland abschaffen wollen, bekommt als Antwort gewiss mit schlafwandlerischer Sicherheit zu hören:

»Niemand hat die Absicht, einen Kommunismus zu errichten!«

Denn die Linke will ja nur endlich weg vom Kapitalismus.
Wer will das inzwischen nicht?
Einem Kapitalismus, in dem Menschen dauernd nur von Menschen ausgebeutet und geknechtet werden.
Sie wollen hin zum Kommunismus. Wo es ja bekanntlich –
genau umgekehrt gemacht wird.
Das ist die Zukunft.

Deswegen sind alle Fragen zur Vergangenheit degoutant und fortschrittslähmend. Und deswegen reagiert ein Gregor Gysi auch immer noch allergisch, wenn er auf seine ganz persönliche und doch so unindividuelle Geschichte angesprochen wird.
Wer ihn nur anredet mit seinem Namen, bekommt sofort zu spüren, dass in diesem Wort »Gysi« ja alles drinsteckt:
Lüge und Stasi und Vergangenheit und Verrat und Bespitzelung. Und das ist natürlich alles gelogen. Für dieses eine »Gysi« wird man schon zur Rechenschaft gezogen. Irgendwann wird gewiss gerichtlich untersagt werden, den Namen Gysi in Verbindung zu bringen – mit Gysi!

Und wer das Thema »IM der Stasi« in Verbindung mit ihm nur anklingen lässt, dem droht bereits eine Sammelklage. Weil es nachweislich eine Verleumdung und üble Nachrede ist. Herr Gysi hatte Kontakt zu den höchsten Staatskreisen der SED! Herr Gysi brauchte die Stasi nicht! Die war für ihn, der er in höchsten Ämtern ein und aus ging, eine Art örtliche Polizeidienststelle. Damit sich abzugeben wäre unter der Würde gewesen.
Es wird von Pressebericht zu Pressebericht deutlicher:
Gregor Gysi war nie IM der Stasi.
Die Stasi war IM bei Gregor Gysi!
Er musste dem Regime nichts verraten, weil er es war!

Und wer ganz oben steht, weiß nie recht, was ganz unten am Boden des Regimes passiert! Honecker und Gysi wussten vermutlich gar nicht, was Stasi war. Wahrscheinlich wussten sie nicht einmal, was DDR war.

Außerdem muss natürlich eingestanden werden:
Ein Land wie die BRD, das bei den Praktiken der Online-Durchsuchung, bei dem Einsetzen von Trojanern durch den Verfassungsschutz und bei einem staatsbeteiligten Unternehmen wie der Telekom mit ihren Bespitzelungsaktionen ohne die Instruktionen und Fachkenntnisse alter Stasimitarbeiter nie solche Erfolge hätte verzeichnen können, kann Gregor Gysi doch im Ernst keinen Vorwurf machen, dass die DDR diese Leute praktisch für sie ausgebildet und quasi für die Telekom Kärrnerarbeit geleistet hat.

Und dass Gysi mit den dauernden Unterstellungen nichts zu tun hat, beweist gerade ein Verhalten wie das der Telekom. Sie hatte ihn für ihre Spitzeldienste nicht mal zur Beratung angefragt. Das spricht von Undankbarkeit und keinem guten Stil.

Aber das alles betrifft natürlich eine persönliche Biographie.
Viel entscheidender sind Begebnisse, die die Lebenseinstellung vieler betreffen, die für diese Partei auf die Barrikaden gehen.
Um nicht zu sagen, auf die Mauer.
Und da muss man konstatieren:
Die Linke will stehen für Sozialismus und gesellschaftliche Gerechtigkeit. So weit, so gut.
Aber dann hörte man sich zum 50. Jahrestag des Mauerbaus im August 2011 von jener Gesine Lötzsch an, dass die Mauer das logische Ergebnis des Zweiten Weltkrieges gewesen sei.
Diese Mauer hatte also eine Berechtigung?
Woher kommt das?
Woher kommt der Widerspruch von vorgegebenem Selbstverständnis und historischer Beurteilung?

Man weiß, dass die Mauer fast 40 Jahre lang ungefähr 17 Millionen Menschen eingesperrt hat, mit wenig Freigang und gravierend eingeschränkten Persönlichkeitsrechten. Von diesen circa 17 Millionen damals inhaftierten Ostdeutschen leben, wenn wir die Sterbequote berücksichtigen, statistisch heute noch etwa 13,5 Millionen Menschen.

Da der letzte Ostdeutsche am 3. Oktober 1990, also dem Tag des Anschlusses an die BRD, geboren sein muss, also über 18 Jahre alt ist, sind also alle circa 13,5 Millionen Ostdeutsche heute voll wahlberechtigt. Sie sind, wie Wissenschaftler sagen, wahltechnisch geschlechtsreif.

Das ist ein riesiges Potential.

Denn 13,5 Millionen Wähler sind in etwa so viele, wie zum Beispiel eine CDU bei der Bundestagswahl 2009 auf sich vereinigen konnte. Und das waren dann etwa 34 Prozent der Wahlberechtigten.

Und damit wird auch klar, warum die Mauer von der Linken auf einmal gelobt wird:

Diese 34 Prozent aus dem Osten fühlen sich heute ausgegrenzt, verloren, ungerecht behandelt in einer freien Welt. Entlässt man einen Menschen nach 40 Jahren aus einem Gefängnis, dann wird er sich draußen nicht zurechtfinden. Er wird vielleicht sogar alles anstellen, um wieder in den beschützenden Knast zu kommen. Wo er sich aufgehoben fühlt.

Und das Entscheidende ist etwas, was wir auch von Entführungen kennen: Das Opfer beginnt, zu seinem Entführer eine innere Beziehung aufzubauen. Damit es die brutale Realität ertragen kann. Es blendet die Wirklichkeit aus. Weil es ihr nicht entrinnen kann, akzeptiert es die Situation vollkommen.

Man nennt es das Stockholm-Syndrom.

Darauf setzt die Linke:

Sie lockt 34 Prozent der Wähler mit dem Geborgenheitsgefühl, das sie als Entführer, als Verbrecher einstmals bei 13,5 Millionen noch lebenden Opfern hervorgerufen hat, und sagt:

»Macht es doch einmal umgekehrt! Verliebt euch alle wieder in uns, und wir kerkern euch wieder ein. Dann seid ihr nicht mehr verloren. Dann bekommt ihr wieder eine Mauer als Schutzwall vor sozialer Ungerechtigkeit.«

In diesem Sinne ist es natürlich hilfreich, wenn auf vielen Parteitagen der Linken immer wieder und ganz klar darauf hingewiesen wurde und wird, dass es zwar Unrecht gab in der Vorgängerpartei der Linken, in der alten SED, und in der DDR. Aber es habe eben auch Positives gegeben.

So hatte die SED in der DDR zum Beispiel nie gegen Menschenrechte verstoßen.
Das konnte sie nämlich gar nicht.
Weil es in der DDR gar keine Menschenrechte gab!?
Und totgeschlagen haben sie auch niemanden. Dafür hatten sie ja diese Selbstschussanlagen installiert. Damit sie gerade da gar nicht schuldig werden mussten.

Das ist eine Sicht der Dinge, die gerade durch das Studium der Stasiakten erleichtert wird. Und die Margot Honecker – um nicht zu sagen: Hohnecker – in einem langen Fernsehinterview im April 2012 ausgiebig bestätigt hat. Und die wenn schon nicht als Schulden-Bremse, so doch als Schuld-Bremse für Aktive wie Gregor Gysi verstanden werden kann.

Die rechte Geschichte der Linken

Westdeutschland stand in den sechziger Jahren des 20. Jahrhunderts da als reaktionär. Es gab die linken Studentenunruhen. Und am 2. Juni 1967 wurde der Student Benno Ohnesorg erschossen, von einem rechten Polizisten namens Karl-Heinz Kurras. Einem Polizisten als einem Vertreter der als rechter Rechtsstaat gescholtenen Bundesrepublik Deutschland.
Und ein paar Jahrzehnte später fand man im Frühjahr 2009 eine Stasiakte von diesem Polizisten Kurras, die deutlich belegte, dass dieser angenommene rechte Täter in Wahrheit ein purer Linker war!
In Brot und Tod der Stasi!
Er war von der Stasi bezahlt.
Und die Frage war nicht mehr zu umgehen, ob auch der Schuss, der Ohnesorg getötet hatte, im weitesten Sinne zumindest in Auftrag gegeben worden war vom Osten Deutschlands.
Auf jeden Fall wurde sofort gefordert, die deutsche Geschichte umzuschreiben. Ein Schuss auf Ohnesorg traf mit einiger Verspätung als Querschläger die gesamte deutsche Historie.
Nur, wer ersetzt uns das, was wir bisher schon allein materiell in Form von Büchern, Enzyklopädien, Lexika und Zeitschriften über die deutsche Geschichte angehäuft haben?
Wer ersetzt uns jetzt die deutsche Geschichte?

Und was zu dieser Geschichte dazugehört!
Man hatte übrigens kurz zuvor zum sechzigjährigen Bestehen das Grundgesetz geehrt in einem Staatsakt. Dieses Grundgesetz erschien auf einmal, genauso wie die bundesdeutsche Geschich-

te, regelrecht als Makulatur. Wer konnte schon wissen, welcher Ostspion den Grundgesetzvätern das alles eingeflüstert hatte?

Freiwillig wären doch die Deutschen nie auf ein Grundgesetz gekommen. Eine demokratische Verfassung war nach Kaiser und Hitler und Militarismus und Kriegslust völlig gegen unsere Natur. Für die Deutschen erschien eine demokratische Verfassung zuerst einmal widernatürlich. War sie vielleicht auch nur uns eingeimpft von der Stasi? Und wollte man nun aufgrund der Geschichte mit Ohnesorg und Kurras die ganze Geschichte neu schreiben?
Wo sollte man da anfangen?
Bei Cäsar schon?
Musste Cäsar auch neu geschrieben werden?

Der 2. Juni 1967 war ja die Geburtsstunde der linken Studentenbewegung. Aber auf einmal wissen wir durch eine Stasi-Akte, dass es bei dieser Geburt einen Geburtsfehler gegeben hat in der Sauerstoffzufuhr. Die gesamte Republik hatte auf einmal einen Getriebeschaden.
Alles wegen eines Schusses aus der falschen Richtung?
Und nur, weil der Mörder von einem Linken kein Rechter war, sondern ein Linker. Hat die Linke sich selbst gekillt?
Hat es 1968 gar nicht gegeben?
Haben die sich sich nur eingebildet?

Damit müssen wir uns jetzt herumschlagen.
Nach über 40 Jahren.
Weil nicht nur Mord nicht verjährt.
Nein, Deutschland verjährt offenbar auch nicht.
Das Verfahren »Deutschland« kann nicht eingestellt werden.

Für den eigenen Voyeurismus ist es natürlich prima.
Es gibt noch so viel ungelösten Unrat in der Historie:
Ein einzelner Holländer hat den Reichstag angezündet. Ein

einzelner Lee Harvey Oswald hat Kennedy erschossen. Ein einzelner Attentäter hat in Sarajewo den Weltkrieg ausgelöst. Und jetzt kriegen wir endlich einmal einen großen Zusammenhang präsentiert: Ein linker Student wird durch einen Rechten von den ganzen Linken umgebracht. Und wir ahnen:
Die Nazis haben sich vielleicht auch selbst angezündet. Die Amerikaner haben ihren Kennedy vielleicht ebenso selbst erschossen. Und der Wiener Geheimdienst hat vielleicht den ungeliebten Kronprinz nach Sarajewo geschickt, weil er wusste, dass ein Attentat geplant war.

Es ist immer der Wunsch:
Warum bringt uns keiner um?
Damit wir uns gegen ihn wehren können.

Denn das ist der Hintergrund:
Der Westen stand damals da als postfaschistisches und autoritäres System. Aber in Wirklichkeit kam der Westen damit gar nicht recht in die Gänge. Da war kein Völkermord, keine SS, kein KZ. Der Westen war praktisch mehr soft-faschistisch.
Das wiederum reichte natürlich nicht zum Feindbild für die Kommunisten. Nur die Vergangenheit zu verbergen und nichts Neues dazuzutun – das war zu wenig.

Dagegen konnte sich die Linke im Osten nur radikalisieren, indem sie sich ihren Feind nicht nur selbst geschaffen hat, so wie sie ihn brauchte. Sie hat ihn auch noch selbst gespielt. In Gestalt von diesem Polizisten Kurras. Sie hat praktisch den Neofaschisten im Westen vorgespielt:
Seht nur her – so geht Faschismus.
So müsst ihr Faschismus machen.
Damit wir gegen euch sein können.
Im Grunde waren sie nur gegen sich selbst.
Sie haben sich vor allem immer selbst gehasst.
Und jeder Psychologe lernt in seinem ersten Semester:

Man bekämpft am andern immer vor allem das, was man an sich selbst nicht leiden kann!

Und so ist die Linke manchmal rechter, als die Rechte meint, sein zu müssen. Lesen Sie doch oben noch einmal nach über Lafontaine oder Gysi ...

Der Generationenkonflikt in den sechziger Jahren war vielleicht keine Erfindung der Stasi. Aber sie hat das Beste daraus gemacht. Er war ein Glücksfall für das Unglück DDR.
Bleibt die Frage: Wie viel weniger faschistisch wäre der Westen ohne die Stasi geworden?
Denn der Polizist Kurras hatte ja nach seiner Tat von der West-Polizei und vielen aus dem Bürgertum große Solidarität bezeugt bekommen. Das bedeutet, der Westen war es vielleicht nicht, aber er wäre gerne so faschistisch gewesen, wie ihn der Osten versucht hat zu machen.
Immerhin hat der sogenannte Westen respektive seine Vertreter den Kurras dreimal freigesprochen.
Wollte man, dass die Linke sich zum Terror aufbaut?
Damit man endlich als Gegenmaßnahme das Grundgesetz mit Notstandsgesetzen einschränken konnte?
Denn wo immer der Deutsche ist –
er wäre gerne immer auf der andern Seite.

Weil der Deutsche immer glaubt, das Leben der anderen sei besser als das eigene.
Kein Wunder, dass Deutschland auf einmal keine Biographie mehr hat. Weil man sich immer die der andern klaut.
Und so stellt der Deutsche sich pausenlos die Frage:
Was wäre, wenn?
Was wäre, wenn die Justiz damals den Kurras als Stasi-Gehilfen gekannt hätte? Wäre er dann verurteilt worden? Denn Recht und Wahrheit stehen bei uns immer unter dem Vorbehalt der Weltanschauung.

Was wäre, wenn der Ohnesorg gar nicht studiert hätte?
Ohne Bildung könnte er heute noch leben. Was auf die aktuelle Diskussion der Bildung für Unterschichten ein ganz neues Licht wirft. Deren Jugend hat vielleicht weniger, aber sie lebt dafür auch länger. Unter der Voraussetzung, dass es Gebildete gibt, die in Straßenkämpfe gehen, um die Gesellschaft zu ändern.

Was wäre, wenn der Osten uns keinen Kapitalismus unterstellt hätte? Dann hätten wir vielleicht heute keinen.
War in Wahrheit dann Honecker der wahre Führer der Westdeutschen? War Günter Guillaume der Bundeskanzler, und Willy Brandt war in Wahrheit der Spion?

Das Problem ist, dass Ost oder West stets auf sich fixiert waren und darüber keiner merkte, wie sehr der andere einen fixierte.
Ob Studenten hier oder Stasi dort –
es waren alles Einwegsympathisanten.
Der ganze Kalte Krieg kam nur daher, dass die einen gemeint haben, die anderen seien schlimmer als man selbst. Dabei ist man selbst immer das größere Übel. Ob die Studenten für Ostzwecke benutzt wurden oder der Kurras für Westzwecke –
Ost und West haben jeweils die eigenen Gegner für sich gebraucht.

Und das heißt, dass 1990 endlich auseinanderwuchs, was zusammengehört hat: Die Einheit war lange vorher da.
Beide Deutschlands waren reaktionär oder autoritär strukturiert. Und diese Einheit hat lange gehalten. So lange, bis sie 1990 mit der sogenannten Wiedervereinigung zerbrochen ist.
Die Einheit war der Genickschuss für die Demokratie.
Hier muss nicht die Geschichte umgeschrieben werden.
Sondern umgeschrieben werden muss ausschließlich die Zukunft!

Denn wer will für die Geschichte wem was vorwerfen?

Ist ein Stasi nicht in jedem von uns?

Im fränkischen, unostdeutschen Rehau dürfen seit einiger Zeit Nachbarn Nachbarn anzeigen, wenn deren Köter auf die Straße notdurftet. Und sie sollen dafür 20 Euro bekommen. Da darf mit einem Mal ein jeder Spitzel des Staates sein. Und jeder freut sich über die Möglichkeit, jeden Beliebigen oder Unliebsamen verraten zu können. Und alle Beschuldigten werden denken, sie hätten Schuld.

Dabei werden etliche Angezeigte dabei sein –

die gar keinen Hund haben.

Und zu allem kommt dann noch dazu, dass die DDR die RAF unterstützt hat. Die gegen die BRD kämpfte. Und zwar gegen eine BRD, die die DDR erst geschaffen hat oder befestigt hat mit diesem Schuss von Kurras.

Allmählich hat man wirklich das Gefühl:

Es gibt uns eigentlich gar nicht.

Das Leben bei uns kann nicht echt sein.

Wir waren im Westen jahrzehntelang im Second Life der DDR.

Grün, Rot-Grün, Grün-Rot, Grün-Grün? Passe!

Ebenso hat man sich späterhin oft gefragt, ob es denn die Linke überhaupt gibt in den Nachzeiten der DDR.

In das gesellschaftlich schick gewordene Linke, vertreten in der Zeit nach dem Regierungswechsel 1998 durch SPD und Grüne, hatte man lange vorher große Erwartungen gesetzt. Aber je höher der Wähler in seinem Hochmut der Erwartungen steigt, umso tiefer fällt er dann auch.

So war es gewiss bereits kurz nach dem Amtsantritt von Schröder und Fischer. Und es fing an mit ganz banalen Dingen:

Die Grünen hatten jahrelang gedroht, den Liter Benzin zu verteuern, von etwa damals 1,10 Mark auf ganze fünf Mark. Für die, die sich nicht mehr erinnern: Ein Euro sind etwa zwei Deutsche Mark.

Nach Regierungsantritt blieb von den fünf Mark eine Erhöhung des Benzins um sechs Pfennig übrig. Also drei Euro-Cent. Diese minimalistische Umsetzung langer propagierter Ziele wurde als symbolisch gewertet.

Zumal darüber hinaus diese sechs Pfennige auch nicht erhoben wurden, um sie beim Umweltschutz oder beim Straßenbau einzusetzen, sondern um die Rentenkasse aufzufrischen. Wer wenig mit dem Auto fuhr, musste jetzt auch noch mit dem Vorwurf leben, die Rentner verhungern zu lassen.

Außerdem hatte man ein uraltes Prinzip konservativer oder konservativ gewordener Regierungen übernommen, nämlich genau definierte Steuern sachfremd einzusetzen.

Des Weiteren hatte man versprochen bekommen, den Atom-ausstieg sofort mit Regierungsübernahme in die Wege zu leiten. Das Ergebnis der Koalitionsverhandlungen war, dass Deutsch-land noch volle 32 Jahre darauf warten müssen sollte. Aus heu-tiger Sicht nicht so schlecht. Aber damals war man geprägt von der Enzyklopädie der Versprechungen.

Gewalt sei kein Mittel der Politik, hieß es im grünen Partei-programm. Wahrscheinlich eine idealistische Forderung. Aber es hatte für viele Friedensbewegte die Partei wählbar gemacht. Einmal in Regierungsämtern festsitzend, wurde der Passus ge-strichen.

Und so gab es unzählige Punkte, von denen die Grünen nach Machtübernahme nicht mehr viel wissen wollten. Und als sie zunehmend öffentlich vermarktet wurden in Nachrichten- und Gesellschaftsmagazinen, fragte man sich, was sich die vielen FDP-Mitglieder denn noch immer in den Vordergrund dräng-ten.
Aber es waren eben nur die grünen Galionsfiguren, die von den FDP-Politikern bloß die Anzüge auftrugen.
Ein äußeres Symbol für die innere Angepasstheit.

Mit dem Koalitionspartner SPD erging es dem Wähler nicht anders. Ob Hartz-IV-Gesetz, Rente mit 67 oder Agenda 2010 – sicher haushaltstechnische Notwendigkeiten, um die Ausgaben wenigstens über die nächsten Jahre zu retten.
Aber der Wähler bekam es nicht erklärt. Er hatte es nicht ver-standen und sich seinen eigenen Reim darauf gemacht. Und fortan war klar, dass auch diese neue rot-grüne Regierung nach kurzer Zeit schon wieder sehr endlich geworden war.
Auch weil Gerhard Schröder nach Monaten noch nicht wusste, ob er als Parteichef eine andere CDU wollte als die bisherige SPD.

Denn was war diese SPD geworden?

Für die Antwort auf diese Frage hatte sie zwar extra ein eigenes Programm zusammengestellt. Und dieses Programm enthielt in der breiten öffentlichen Erinnerung Dinge wie »gerecht«, »modern«, »Kräfte des Marktes«, »Leistungsbereitschaft des Menschen«, »saubere Bügelfalten«, »Drei-Wetter-Haarfarbe«. Es mutete an wie ein Programm, das jede bessere Waschmaschine bietet. Vollbeschäftigung, ewige Gesundheit, langes Leben, viele Kinder, harmonische Familien, freundliche Nachbarn. Vermutlich enthielt das Programm der SPD sogar die Aussicht, dass jeder Deutsche einmal im Leben im Lotto gewinnt.

Um es mit anderen Worten auszudrücken, dieses Programm war eher ein modernes Nachtgebet. Und Gerhard Schröder war in diesem Gebet das Kleingedruckte. Und gerade das muss der Wähler bekanntlich immer bezahlen.

Zu allem Überfluss war Schröder eher bekannt als Werbeträger für Kaschmirmäntel, Designeranzüge und übergroße Zigarren. Andere jobben nebenbei im Pizzazustellservice oder als Zeitungsausträger. Schröder jobbte nebenbei als Bundeskanzler.

Und als Bundeskanzler erreichte er in kurzer Zeit relativ große Kunstfertigkeiten. Er war bald schon in der Lage, politische Entscheidungen viel besser auszusitzen als der vorherige Kanzler Kohl. Und das sogar im Stehen.

Und je mehr er auf den Themen Rente, Steuer oder Arbeitslosigkeit herumstand, umso mehr hatte man das Gefühl, er könne das Blatt doch jederzeit noch wenden. Das Problem war nur, dass bei ihm auf diesem Blatt eben hinten auch nichts draufstand.

Die Hauptfrage blieb für den Wähler:

Kann Herr Schröder alleine regieren?

Oder benötigt er dazu die Stimmen der SPD?

Diese SPD hatte man schließlich gewählt – ähnlich wie man es später im Jahr 2005 mit der CDU machte –, damit sich etwas ändert. Aber schnell ahnte man: Wenn man zwar nicht die Jugendlichen und Arbeitslosen von der Straße heruntergeholt hatte, so aber doch wenigstens die SPD.

Die Bewertung der Regierung war im Handumdrehen miserabel.
Auch die Grünen bekamen ein zunehmend großes Nichtwählerpotential. Das sie bei jeder weiteren Wahl aktivierten. Sie schienen wie besessen gegen jede Stimme zu kämpfen. Die Grünen wurden in dieser Zeit zum regelrechten »Premiere«-Sender. Man konnte sie nur noch verschlüsselt verstehen. Man wollte sie nicht mehr wählen. Man suchte für sie nach einem Decoder.
Man hatte die Grünen so in Erinnerung, dass sie jahrelang ein fetziges Geschrei gemacht hatten und ein dröhnendes Getöse und ihre eigene Musik, und kaum bekamen sie im Bundestag die Fernbedienung zu fassen, sahen sie sich nur noch Komödienstadel an und volkstümliche Hitparade.
Wer hätte da gedacht, dass die Grünen sich ihr eigenes Programm nur noch angucken, wenn sie sich auf der Regierungsbank fläzen, Erdnüsse und Cracker knabbern?

Was hatten die Grünen diesen Staat anrebellt.
Aber rebellende Hunde beißen eben nicht.
Revolution ist in der Geschichte immer eine Umgehungsstraße. Und wer die Gesellschaft verrät, wird am Ende ihr Vorstandsvorsitzender. Wie es dann schließlich Herr Schröder bei Gazprom wurde. Oder er wird der Berater derer, die er früher der verbrecherischen Teufelei bezichtigt hatte. Wie Herr Fischer es dann schließlich bei Atom- oder Autokonzernen geworden ist.

Die Revolution der rot-grünen Koalition war im Ruhestand angekommen. Was bei der Regierung Kohl immer Werteverfall hieß, nannte die Regierung Schröder/Fischer auf einmal Lernprozess.

Bis es dann nach einer vielsagenden Landtagswahl in Nordrhein-Westfalen im Mai 2005 zu einer vorgezogenen Bundestagswahl kam und dem Ende von Rot-Grün.

Da entstand auf einmal Leere.

Eine Leere, die die Deutschen sieben Jahre ausgefüllt hatte.

Und diese Leere sollte auf einmal weg sein?

Das war, wie wenn man plötzlich erfährt, dass Adenauer seit fast 40 Jahren tot ist.

Was sollte jetzt werden?

Es war plötzlich das Ende von Jugendträumen, die nie in Erfüllung gegangen waren. Und ein Traum ist ja immer wirr, chaotisch und zusammenhanglos.

Rot-Grün war praktisch der Dalí der Politik:

surreal und irrational.

Sie haben diesen Staat immer abgelehnt.

Der war ihnen zu bürgerlich, zu spießig, zu veraltet. Und als sie ihn hatten, diesen Staat, haben sie eine Menge dafür getan, dass es diesen Staat nicht mehr gab:

Sie haben die BRD und das Grundgesetz bekämpft mit ihren eigenen Mitteln. Aber haben sich sofort an ihm infiziert.

Den Staat, den sie nicht wollten, haben sie abgeschafft:

Der Einspruch vom Parlament war nichts mehr wert.

Parteien bildeten keine Willen mehr im Volk.

Und sie selbst sind krank daran geworden.

Was war denn übrig vom neuen Deutschland? Was war übrig von der Mitsprache, der Demokratie, den Demonstrationen, von Volksbefragungen?

Die Wahlbeteiligung ging zurück. Der Bürger wählte nicht. Er sprach nicht mehr. Er ging nicht mehr auf die Straße. Deutschland war plötzlich Apathie, Fatalismus und Lähmung. Rot-Grün hatte den Staat des Volkes ausgesegnet.

Der Zeitgeist war ein Gespenst geworden.

Die Achtundsechziger hatten nur ihre Duftmarken in die Regierungsbank gesetzt. Die Regierungszeit war nur Joschka Fischers langer Abschied zu sich selbst. Grün wurde ein anderer Ausdruck für an die Wand genagelte Ideale.

Dabei waren Joschka Fischer und Otto Schily beispielsweise einmal Revolutionäre gewesen. Und sogar Staatsfeinde.
Schily hat die RAF verteidigt und den Staat beleidigt. Fischer hat einmal Polizisten verkloppt und mit Steinen beschmissen.
Der normale deutsche Bürger wird ein Jahr eingelocht, wenn er nur laut ausruft: »Bullenschweine«.
Fischer wurde Außenminister.
Natürlich als Resozialisierungsmaßnahme.
Fischer sollte lernen, dass der Staat über den Bürger genauso denkt, wie der Bürger Fischer damals über den Staat gedacht hatte! Im Amt dachte Fischer dann so über das Volk, wie er selbst damals über den Staat gemunkelt hat.

Psychologen sagen, es sei bei Opponierenden wie den Grünen oder bei Querulanten ganz wichtig, dass man ihnen die Gelegenheit gibt, zu beweisen, dass sie es auch nicht können.
Nur: Warum konnten sie es nicht?
Warum muteten sieben Jahre Rot-Grün an wie die Erzählung von Dornröschen, das nach einem langen Schlaf am 27. September 1998, dem Tag der Bundestagswahl, von einem Prinzen geweckt wurde, nur um ihm sofort ein starkes Schlafmittel zu verabreichen?

Sieben Jahre Rot-Grün waren wie ein Traum, der nie Wirklichkeit geworden ist.
Warum?

Fischer und Schröder waren demokratisch nach oben gekommen, mit Bürgerinitiativen und Massendemonstrationen und zivilem Ungehorsam und mit Diskussionen.

136

Wieso haben sie dann ihre Wege zum Erfolg zugeschüttet, nachdem sie oben angekommen waren?
Damit keiner hinterherkommt?
Wollten sie allein sein und haben deswegen ihre Parteien stillgelegt und mit Versorgungsansprüchen gefüttert?
Wollten sie nur einmalig sein?

Es war das Erschütternde, erkennen zu müssen:
Ob mit Diktatur oder Demokratie, ob mit Gewalt oder mit Menschenliebe – wer auch immer hochgespült wird und regiert, ist am Ende nur noch Mensch:
auf sich bezogen, herrisch, undemokratisch und überheblich.
Wer einmal ganz oben ist, wird eingeholt von den Untiefen des Menschlichen. Menschlichkeit kommt nur zum Zuge, wenn man ganz unten ist. Weil man sie dann selbst braucht.

Man war stets der Ansicht, dass das, was man gemeinhin als »rechts« bezeichnet in der Politik, auch bequem in Verbindung gebracht werden konnte mit dem Unsozialen, mit Waffenexporten, mit dem Handel mit Diktatoren, mit wenig Persönlichkeitsrecht und illegalen Spenden.
Aber jetzt musste man erkennen, dass das alles gar nicht an eine Partei gebunden war.
Das Rechte ist immer da, wo regiert wird.
Die Macht macht jeden konservativ.
Man hatte es bisher nur nicht gemerkt. Weil die konservative CDU meistens regiert hatte. Da dachte man, es läge an ihr.

Das heißt aber im Umkehrschluss:
Links, sozial und frei und menschlich wird man nur in der Opposition. Weil da keine Gefahr besteht, dass man es durchsetzen muss.

Das war die eigentliche Tragödie von Rot-Grün:
Nicht, dass es auch links keine soziale Gerechtigkeit gegeben

hat. Sondern dass man jetzt nicht mal mehr davon träumen konnte. Moral ist immer eine Sache von denen, die sie nicht verwirklichen müssen. Und man wünschte sich sehnlichst, dass doch Rot-Grün Opposition geblieben wäre –
was könnten wir heute noch für Hoffnungen haben.
Jetzt hatten wir nur verbrannte Wunschzettel.
Weil wir erkennen mussten, dass Veränderung nie durch Revolte entsteht. Die Revolte hier hatte nur der Staat hinbekommen.

Der deutsche Staat war der eigentliche Revolutionär.
Der Staat hat die Grünen zu Bürgern umgepolt.
Die meisten Achtundsechziger sind heute saubere, langweilige Beamte in diesem Staat. Die grüne Revolte war nur eine Umgehungsstraße in der Geschichte.
Wer die Gesellschaft verrät, kommt eben in ihr um.

Grün war immer soziale Gerechtigkeit und Frieden und Umwelt und Datenschutz. Wäre die Agenda 2010 oder die Rente mit 67 von Merkel und Stoiber initiiert worden, wären Grüne und SPD auf der Straße gewesen. Wären der Kosovo-Krieg und der Afghanistaneinsatz von Kohl und Schäuble auf den Weg gebracht worden, hätten die Grünen Barrikaden um den Bundestag errichtet. Und hätten Gauweiler und Beckstein die Sicherheitsgesetze durchgeboxt, hätten die Grünen die Regierungsbank zertrümmert.
Moral kam immer von den Linken.
Solange sie nicht regiert haben.
Seit sie regieren, gab es gar keine Moral mehr:
Die Grünen hatten Bonusmeilen und Freiflüge, die Roten hatten Korruption und Geldwäsche. Das kannten wir alles früher nur aus dem rechten Lager.

Vielleicht ist das Rechte doch ansteckender als das Linke.
An Lüge und Beschiss infiziert sich jeder.
An Wahrheit und Moral steckt sich keiner an.

138

Deswegen war für die Grünen die Regierungszeit nur ein »Sesam-öffne-dich« in die Vorzüge der Macht. Die Revolution war ein Schleichweg zu dem Staat, gegen den die Grünen immer rebelliert haben. Aber mit zunehmendem Alter haben sie bemerkt, dass die Nachteile des Staates doch ganz angenehm sind, wenn man sie selber in Anspruch nehmen darf.

Rot-Grün hat uns einfach nach 16 Jahren Kohl in die Realität zurückgeführt und uns von Anfang an klargemacht:
Zu Merkel, Glos, Stoiber, Beckstein, zu Geldwäsche, Piefigkeit und Verbohrtheit in der Politik gibt es wirklich keine Alternative in Deutschland.
Von niemandem.
Grüne und Rote waren unter dem Vorwand einer menschlichen Politik nie was anderes als verzogene Gören, die irgendwann ohne harte Arbeit den Staat geerbt hatten.

Deswegen haben sie nie erwachsen werden müssen.
Und deswegen denke man immer daran, wenn die eigenen Kinder mal wieder herumschreien, den Spinat über den Tisch spucken und die Cornflakes an die Wand pfeffern: In 30 Jahren sitzen dieselben Kinder in einem dicken Sessel, drohen ihren eigenen Kindern mit dem Rohrstock, lassen keine Kritik zu und sind verbockt und versteinert.
Wenn man sich das sehr plastisch vorstellt, genießt man jetzt gerne jeden ausgespuckten Spinat.

Fischer und Schröder waren sieben Jahre Feldherren, die die Grünen und die Roten in die Schlacht geführt haben – gegen die eigenen Ideale. Die Partei sollte abstimmen über Kosovo im Juni 1999, und Fischer sagte: Egal, wie ihr entscheidet, ich mache es, wie ich es will. Die Partei wollte keine Waffen nach China entsenden, und Schröder meinte: Das ist mein Land hier. Da bleibt nur eine Frage:
Warum verliert der Mensch seine Ideale?

Aber vielleicht haben Grüne und Rote ihre Ideale seinerzeit ja gar nicht verloren. Es waren vielleicht nur ganz andere:

Schily hatte, wie gesagt, die Terror-RAF verteidigt und gegen unmenschliche Isolierhaft gewettert. Fischer hat, wie gesagt, Steine geworfen und Soziales gefordert. Schröder hat den Zaun am Bundeskanzleramt in Bonn schier eingerissen und die Arroganz der Macht beklagt.

Das Ideal war aber vielleicht gar nicht Soziales, Menschliches und Ehrlichkeit. Humanität war vielleicht nur der Prügel für ein Ziel, weil nichts anderes da war. Sie war vielleicht die Waffe, mit der man leichter siegen konnte, weil die andere Seite diese Waffe nicht gehabt hat.

Das Ideal war vielleicht die Gewalt!?!

Man bekommt auch nach Jahren den Eindruck nicht aus den Gedanken, dass sie wohl im tiefsten Herzen Bürger sein wollten. Dann wären sie nur dagegen auf der Straße gewesen, weil sie es sich nicht leisten konnten.

Wer hätte das gedacht – dass auch die Grünen mal mit sich zufrieden sind als Sonntagsbeilage der Tagespresse?

War grüne Revolte den Grünen einfach zu umstürzlerisch?

Weil die Grünen selbst zu deutsch sind …?

Und so endete wieder einmal eine Revolte im Wohnzimmer.

Denn Revolution ist der Mangel an Mut, zuzugeben, dass man genauso ist wie alle anderen.

Also bleiben von Rot-Grün – ein paar Bürger mehr!

Rot-Grün konnte am Anfang nur schiefgehen, weil es den Deutschen zu gut ging. Und später konnte Rot-Grün auch nicht gutgehen, weil es ihnen selber nicht mehr schlecht genug ging.

Denn nur wer alles hat, will weniger vom Leben – der andern.

So haben sie die demokratischen Zwänge erfüllt:

Die Basis ist weg.

Sie haben gelernt:
Demokratie ist Stimme abgeben und Mund halten.
Und sie haben gelernt:
Mit der Gleichheit ist es auch nichts. Denn, wie gesagt, wenn ein Manager nicht putzen kann, kann er eben nicht aufsteigen zum Raumpfleger.

Das ist eben das Doppelbödige an uns Deutschen:
Wir lieben unsere Dichter und Denker und berufen uns auch auf sie. Aber wehe, wenn sie wiederauferstehen. Dann bringen wir sie lieber um, weil sie sich auf uns berufen könnten, dass wir uns auf sie berufen haben.
Der Deutsche will nicht berufen sein.
Die Verantwortung ist ihm zu groß.

Und so blieb in Deutschland von Rot-Grün nur genau der Staat übrig, den sie bekämpfen wollten. Und von 1998, dem Jahr des Umbruchs, blieb eine Jahreszahl.
Man hätte Deutschland zerstören müssen, um es als Ideal zu retten. Man konnte aber auch – wie Rot-Grün es getan hat – die Ideale zerstören, um Deutschland zu retten.
Und so sind heute die Ideale unserer Jugend die Dekorationen des Alters geworden.

Grün trägt sich zu allem

Vielleicht kommt es bei derartiger Vermengung der Ideale und der politischen Zielsetzungen nicht von ungefähr, dass der erste grüne Regierungschef weltweit nur deswegen gewählt werden konnte in Baden-Württemberg im Jahr 2011, weil sich ihm viele nahe fühlen, die sich Jahrzehnte an die CDU gekettet hatten.

Vielleicht erinnerte sich der Wähler plötzlich, dass die Ur-Grünen ausgesprochen konservativ gewesen waren. Und dass den Neu-Grünen die Linken nicht konservativ genug sind.

Denn fragte man Spitzen-Grüne, was denn nun spräche für eine Koalition mit der SPD wie in Nordrhein-Westfalen, so bekam man als Antwort, dass man mit denen eine Politik der Energiewende und der neuen Bildung am besten umsetzen könne.

Fragte man dann, was denn nun spräche für eine Koalition mit der CDU wie seinerzeit in Hamburg oder im Saarland, so bekam man als Antwort, dass man mit denen eine Politik der Energiewende und der neuen Bildung am besten umsetzen könne.

Hatte man sich verhört?

Hatten sich die Grünen verhört?

CDU oder SPD?

Ja, hörte man, das ließe sich im Moment nicht so leicht auseinanderhalten. Beide dieser potentiellen Koalitionspartner führten zwar Lagerwahlkämpfe. Aber nur innerhalb der Parteien auf Landesebene und auf Führungsebene.

Mit anderen Worten, in Hamburg und im Saarland sei die CDU mehr SPD. Während die SPD in Berlin mehr CDU sei. In Berlin gehe man aber deswegen nicht mit der CDU, weil die CDU in Berlin nicht so SPD sei, wie man es in Hamburg von ihr erwarte, dass sie es auch in Berlin wäre, wenn sie einfach nur CDU bliebe. Während in Hamburg die SPD zwar als CDU erkennbar sei, aber nicht die Beweglichkeit habe, SPD zu bleiben. Also sei die SPD in Hamburg zu sehr SPD und die CDU in Berlin aber zu sehr CDU, die CDU in Hamburg jedoch auf einem guten Weg weg von sich gewesen. Während die SPD in Berlin auf einem katastrophalen Weg hin zu sich selbst sei.

Tatsache bleibt, dass die Grünen sich zunehmend den Koalitionspartner suchen, der ihnen gestattet, ihre Ideale und ihre Wertvorstellungen im Sinne einer gedeihlichen Zusammenarbeit über Bord zu werfen.

Offensichtlich gehen die Grünen daran nicht zugrunde.

Im Gegenteil. Es scheint sie zu beleben.

Das haben sie ja eben auch bewiesen in diesen sieben Jahren Bundesregierungsbeteiligung. Eine Wendigkeit, die oben schon angedeutet wurde.

Sie haben freiwillig verzichtet auf die Ausschließlichkeit von Verteidigungskriegen und haben gleich 1999 dem Kosovo-Einsatz zugestimmt. Und anderen Auslandseinsätzen.

Sie haben entgegen ihren Grundsätzen der Einschränkung von Asylrecht und der Einschränkung des Bankgeheimnisses und der Religionsfreiheit zugestimmt.

Sie haben in vielen Fragen des Staates das eigene Gewissen der Abgeordneten abgeschafft und unter Parteivorstandszwang gestellt.

Und ihre Aushängeschilder »Basis und Mitsprache« haben sie der SPD angepasst.

Damit erst waren sie regierungsfähig.

Sie haben in der Anpassung die SPD immer überholt.

Und es gab in der Folge bald nichts mehr, um es der CDU anzupassen. Im Gegenteil wurde erwartet, dass sich die CDU anpassen möge an die Anpassungsfähigkeit der Grünen. Und wenn die SPD die Linke regierungsfähig machen wollte, um zu zeigen, dass die Pläne der Linken Unsinn sind, dann wollten die Grünen das tun mit der CDU.

Sie hatten erkannt, dass es nichts bringt, andere auszugrenzen. Sie wollten irgendwann auch einmal zum Test die Randgruppe CDU einbinden und zusehen, ob sie den Praxistest besteht.

Die CDU wollte in Hamburg eine Elbvertiefung und das größte Steinkohlekraftwerk bauen. Wer die Grünen aus Bundesregierungsjahren kannte, ahnte, dass sie am Ende die CDU ad absurdum führen würden, indem sie die Elbe um das Doppelte vertiefen und zwei größte Kraftwerke bauen!

Die CDU wurde für die Grünen Neuland. Das hatte nichts mehr mit Parteipolitik zu tun. Sondern mit internationaler Verantwortung. Eine Verantwortung, in der Deutschland nicht nur am Hindukusch verteidigt wird, sondern auch im deutschen Bundestag.

Die CDU wurde bald zum neuen Auslandseinsatz der Grünen. Die CDU ist ihr Afghanistan geworden.

Das mag weit hergeholt sein.

Aber wie will man dem deutschen Wähler sonst vermitteln, dass Deutschland im Kostüm der Bundeswehr nach Kabul gegangen ist wegen des Aufbaus von Selbstbestimmung der Menschen und für soziale Gerechtigkeit, für Linderung von Armut dort. Aber bei der heimischen CDU hätte man tatenlos zugesehen?

Natürlich sind die Grünen inzwischen auf jedem Jahrmarkt zu haben: auf dem der SPD, der FDP im Saarland und der CDU sowieso. Und die Koalition in Hamburg ging auch wieder kaputt. Aber nur, weil sich CDU und Grüne da zu ähnlich geworden sind.

Trotzdem bleiben natürlich eklatante Unterschiede zwischen den Grünen und den übrigen Parteien bestehen:

144

Die Grünen sind am besten von allen angezogen.
Ihre Wähler haben den höchsten Bildungsstandard.
Sie verdienen das meiste Geld.
Und sie buchen die teuersten Urlaube.
Also ist Gesellschaftskritik an Deutschland Gesellschaftskritik
an den Grünen selbst. In ihrem Programm kommen kaum mehr
Arbeiter und Arbeitslose vor. Wenn sie sich früher an Atom-
transporte angekettet haben, so lassen sie das heute von opposi-
tionellen Vorstadtgruppen erledigen.
Sie haben einfach ihre Lernziele erreicht.
Ihre Wähler und ihre Parteimitglieder sind gesettelt und saniert!
Die Grünen sind in der Gesellschaft angekommen!
Sie legen Wert auf Abgrenzung in Lebensstil, Sprache und
Wortwahl und gesellschaftlichen Zeichen.
Und wenn die CDU ihre Mitte sucht, dann sagen sie:
Das sind wir Grünen.
Und man erwartet auch nicht mehr, dass sich die CDU so an
sie anpasst, dass sie gleich bürgerlich werden muss. Der CDU
lässt man gerne den Vortritt, kleinbürgerlich zu sein. Denn das
Großbürgertum vertreten die Grünen schon ausreichend.

Also sind CDU und Grüne sich in Wahrheit inzwischen näher
als SPD und SPD. Die Frage ist nur, ob die CDU das auch so
sehen kann.

Kaperei in schwerer See

Wie nah sich Grüne und CDU und CSU geworden sind, mag man auch erkennen an ihrer Reaktion auf die neue politische Formierung der Piratenpartei.
Keine der etablierten Parteien weiß ohnehin noch, wo bei ihr steuerbord und wo backbord ist.
Für nichthanseatische Leser:
wo ihre Ausrichtung rechts und wo sie links ist.
Und in diesem Zustand entern die »Piraten« einen Landtag nach dem anderen und werden von altgestandenen Politikern gesehen als eine Beate Klarsfeld der Gegenwart. Die fühlen sich permanent geohrfeigt und meinen dennoch, sie seien im Recht. Das Entscheidende aber ist, dass der Bürger plötzlich bei den Piraten spürt, dass er selbst keine Splittergruppe mehr ist in dieser Demokratie.
Die etablierten Parteien behaupten zwar immer, sie wollten nah an den Menschen sein. Aber sie schrecken immer wieder zurück, weil sie genau wissen, dass diese Menschen am Ende die Politik selbst bestimmen, wenn die Partei zu nah am Menschen ist.

Wenn der Wähler sich formuliert hat mittels Stimmabgabe, geschieht es nicht selten, dass Koalitionen ganz anders realisiert werden, als es vorauszusehen oder sogar gewünscht war.
Wenn die SPD etwa die Linke für eine Koalition zu brauchen meint, dann sind ihr auch deren Ideen gut. Solange die SPD sie aber nicht zum Koalieren benötigt, sind dieselben Ideen eben nicht gut. Das soll jedoch der Wähler nicht bestimmen.

Bei der Piratenpartei ist das anders.

Da findet die Koalition bereits im Wähler statt.

Weil diese Piraten alles in sich aufsaugen:

das Linke, das Liberale, das Konservative, das Soziale, das Umweltfreundliche. Und neuerdings auch das Rechtsradikale. Da war mitten im beginnenden Erstarken der Piraten im Frühjahr 2012 der Vergleich von Martin Delius, sie hätten den gleichen Erfolg wie zuletzt nur die NSDAP, natürlich fatal. Er war regelrecht geschichtlich behindert. Wenn solche Vergleiche Vorbild werden, behauptet demnächst Frau Merkel, durch das Wegbeißen innerparteilicher Gegner und das Kleinhalten außerparteilicher Gruppen hätte sie einen Erfolg wie zuletzt nur Josef Stalin oder Idi Amin.

Kein Wunder, dass die Piraten von etlichen Politikerkollegen als regelrechte Gangster angesehen werden, die sich an der Demokratie vergreifen, die die Etablierten bisher so mühsam dem Bürger vorzuenthalten versuchen.

Deswegen sagte Westerwelle, die Piraten seien für den Gully. Ein Seehofer meinte, sie gefährdeten den Staat. Und Renate Künast will die Piraten bereits resozialisieren.

Wohlgemerkt, resozialisieren.

Nicht einmal nur sozialisieren.

Hofft sie, dass man diesen Piraten zuvor erst einmal Gefängnisstrafen aufbrummen kann? Nur weil die Piraten für sie eine Verherrlichung von Gewalt am Parteiensystem sind?

Kein anderer Politiktreibender oder Getriebener hat sich derart drastisch zu den Piraten geäußert. Ist das nur eine Formalie oder drückt sich darin wirklich aus, wie widerwillig, aber schnell Grüne alt geworden sind und sich dagegen wehren?

Was hat man sich über die Grünen aufgeregt und über ihr revolutionäres Jugendgebaren. Und wie sind die die Alten angegangen mit Vorwürfen aus dem Spießer- und Reaktionären-Repertoire. Jetzt scheinen die Grünen auf einmal bräsiger als ihre Großväter.

Die Kritik fokussiert sich auf ein paar Reizworte, die den Rest vergessen machen sollen. Und so heißt es knapp, wer keine eigenen Ideen habe, wolle natürlich auch das Urheberrecht abschaffen, damit er sich wenigstens Ideen von anderen klauen könne. Und wer nichts gelernt habe, wolle natürlich auch Studiengebühren abschaffen, damit er die Zeit an der Universität umsonst vergammeln könne.

Nachdem die Piraten jetzt so massiv auf die Wähler zugehen mittels Facebook und Twitter und Google und dem restlichen Internet, wollen Grüne, SPD und CDU sich nun zumindest verstärkt den Bürgern zuwenden und mehr Postkarten schreiben und Kugelschreiber und Luftballons verteilen.

Geld als Feind des Kapitalismus

Damit kommen wir zurück auf das, was eingangs beschrieben wurde als Austauschbarkeit der politischen Ziele.
Natürlich hat das ursächlich zu tun etwa mit dem Wegfall der Begleiterscheinungen des Kalten Krieges. Es hat zu tun mit dem Wegfall des einen Feindes Kommunismus und dem vorläufigen Überleben des anderen Feindes Kapitalismus. Zu tun hat es mit dem Wegfall der Feindbilder, an die man sich gewöhnt hatte.
Mit dem Wegfall von Hassobjekten.
Heute hasst man sich selbst.

Und man merkt, dass der Kapitalismus sich selbst aussaugt. Oder jedenfalls die, die ihn tragen.
Zum Beispiel den Steuerzahler, der von den Banken meistens übervorteilt wurde, sie jetzt aber retten muss.
Allerdings hat auch diese Belastung zwei Seiten.
Denn die Sicherheit für die Banken unterstützt natürlich auch ein Gemeinschaftsgefühl, dass alle unteren Einkommen für etwas zu blechen haben, was sie gar nicht verschuldet hatten.
Das spricht das Helfersyndrom im Deutschen an.
Wir fühlen uns gut, wenn es andere besser haben als wir.
Das war früher immer so, von Generation zu Generation.
Jetzt haben wir aber immer weniger Kinder. Das Elterngeld hat kaum jemand zum Zeugen veranlasst. Also fehlt die nächste Generation. Die nächste Generation, für die man früher alles getan hat. Heute sagen wir:
Wir müssen sparen, hungern, frieren!

Aber unsere Banken!
Denen soll es einmal bessergehen als uns!

Und es geht ihnen ja schon wieder viel besser.
Wer trotzdem noch jammert, weil seine Ersparnisse fortgespült wurden, wer jammert, weil seine Lebenshaltung auf dem Spiel steht oder weil die Rentenrücklagen in Gefahr sind, der bekommt geduldig erzählt, dass es ganz natürlich sei, wenn man betroffen ist, weil man betroffen ist.
Man bekommt erzählt, die Krux sei, dass alle immer nur Gewinn wollen. Aber verlieren möge keiner. Das gehöre aber zum Leben dazu. Wenn man gut essen würde, müsse man es ja auch wieder mal ausscheiden. Gut essen täten zwar meistens die, die Geld haben. Aber dann müsse man sich eben als ausgeschieden betrachten.

Damit sei man schließlich auch Teil des natürlichen Prozesses. Des natürlichen Prozesses von Leben und Tod. Und den dürfe man schon zu Lebzeiten erfahren. Das nennt man grenznah.
Da würde einem das Leben noch mal richtig bewusst.
Denn Menschen, die nichts haben, neigen einfach dazu, das nicht zu verstehen. Dass sie nichts haben.
Und wer dann noch einseitig meint, das Geld für die Rettung der Banken, für die Bürgschaften zur Rettung der Banken, sei Bürgergeld, sei Geld vom Bürger, der muss sich anhören, dass der deutsche Bürger dann doch endlich mal bürgen solle für sich selber.

Dabei waren die Banken nur der Anfang.
Denn gerettet werden nicht nur die eigenen Banken.
Gerettet werden jetzt auch noch die fremden Griechen.
Wieso, fragt man sich, muss Politik sich innerhalb kurzer Zeit immer ins Gegenteil wenden?
Und dann stets zu Ungunsten des Bürgers?
Vor Jahren war alles ganz aufgeregt darüber, dass Finanzinves-

toren sich in deutsche Unternehmen einkauften. Und damit sie Gewinne machten, haben sie Leute entlassen und Löhne gekürzt und sich dann mit der Firma ins Ausland abgesetzt.

Da hat ein Franz Müntefering groß trompetet: »Heuschrecken!«

Jetzt zahlt der deutsche Steuerzahler Unsummen an Griechenland. Und hätte Franz Müntefering damals nicht in diesem Maße herumgezetert, könnten wir Deutschen jetzt dort nach dem angeprangerten System die Griechen entlassen. Wir könnten ihnen die Löhne kürzen. Wir könnten den Betrieb Hellas nach China verfrachten, damit sie dort für unser Geld produzieren. Wir könnten uns frei in unserem teuer erkauften Griechenland bewegen und könnten Heuschrecke spielen und Hedgefonds sein.

Müntefering hätte doch seine Klappe gehalten, wenn er geahnt hätte, dass der kleine Mann in Deutschland endlich mal groß rauskommen kann als Industrieller.

Wir zahlen für Griechenland. Wir bürgen dafür.

Aber warum händigt man uns dann Griechenland nicht gefälligst auch aus? Das hat uns die Politik gründlich vermasselt.

2008 haben wir erkannt, dass die Bankberater nichts Besseres sind als Teppichverkäufer an der Haustür. Sie verkaufen billigen Ramsch als teure Perser-Ware.

Aber jetzt erkennen wir:

Sogar das verramschte Griechenland dreht man uns an und lügt nicht mal mehr, dass es wertvolle antike Ware sei.

Und das bedeutet, dass auch Politiker nichts anderes sind als Bankberater. Sie sind nichts als Teppichverkäufer. Und weil die vagabundierenden Händler nichts mehr loswerden, sind sie offenbar alle in die Politik gegangen.

Wobei man allerdings realistisch zugeben muss:

In Griechenland geht es um etwa 340 Milliarden Euro Schulden.

Die Hypo Real Estate war teurer!

Wenn wir 340 Milliarden Euro teilen durch 80 Millionen Bundesbürger, sind das pro Mann 4250 Euro. Das ist im Grunde billiger als ein Drei-Wochen-Urlaub in der Ägäis.

Kaufen wir uns Griechenland!

So billig bekommen wir nie wieder ein ganzes Land als Ferienhaus auf Lebenszeit.

Dann könnte man sehr einfach abwenden, was auch dem normalen Verbraucher immer deutlicher wird: dass wir auf den Kosten sitzenbleiben. Man hätte sich eben nicht beteiligen dürfen.

Das ginge nicht?

Nun, man hätte auswandern können!

Man hätte die Steuerzahlungen einstellen können, indem man arbeitslos wird.

Unwissenheit schützt nicht vor Strafe.

Wenn man sein Kind schlägt, kann man sich nicht darauf herausreden, dass Großmutter das ja auch so gemacht habe. Man habe es nicht anders gewusst. Heute ist es verboten.

Und man wird bestraft.

Und wenn man Regierungen wählt und ihnen Geld gibt, dann kann man nicht behaupten, man habe von nichts gewusst.

Man wird bestraft.

Und die Höhe der Strafe, die Höhe des Geldes, das man zu zahlen hat als Buße, genannt Steuer oder Abgabe, weist aus, wie groß das Vergehen war, die entsprechende Regierung zu wählen.

Und beim nächsten Mal sollte man daran denken:

Wir haben nicht mal Bewährung bekommen.

Unser Geld ist weg!

Griechenland – Wiege und Bahre
der Demokratie

Griechenland droht uns weiter mitzureißen.
Und das nicht nur finanziell.
Auch in Hinsicht auf unsere Werte:
Griechenland hat bekanntlich einen Wirtschaftszweig, der exzellent floriert und bei dem alles gut verflochten ist und alles nach bestem Willen und Gefallen auch gerecht verteilt wird.
Das ist die Korruption!
Das ist sicher in unseren Ohren ein hartes Wort.
Aber sie funktioniert!
Korruption, wie man hier abwertend sagt, ist praktisch das Einzige, was die Griechen gut können.
Wenn man ihnen da hineinpfuscht, indem man irgendwo als deutscher Staat selbst investiert bei den Griechen, statt zuzulassen, dass diese Griechen unser Geld anderen zuschachern, nehmen wir ihnen auch noch den letzten Glauben an sich selbst.
Damit mögen wir unterstützen, was in Deutschland eine Straftat ist. Aber eben nicht in Griechenland. Jedenfalls nicht im Volksmund.

Denn die deutsche Forderung an die Griechen, zum Beispiel Staatsunternehmen zu privatisieren, läuft insofern ins Leere, als genau das dort schon lange praktiziert wird.
Der ganze Staat funktioniert auf privater Basis:
Ärzte versteuern einen Patienten im Jahr. Taxifahrer versteuern einen Fahrgast im Monat. Den Rest behalten sie. Was will man da noch privatisieren? Privater geht es doch nun wirklich nicht!

Griechische Wirtschaft findet praktisch direkt statt zwischen den Menschen und ohne den Zwischenhändler Staat. Der Staat schmarotzt dort nicht am Bürger wie bei uns. Jeder Preis entspricht da dem wirklichen Warenwert.

Ohne Steuer, ohne Abzüge, ohne Gebühren.

Hat man in Athen beispielsweise einen Magendurchbruch und möchte sofort operiert werden, gibt man dem Chefarzt etwa 5000 Euro und ist morgen gesund. Hat man etwas Zeit und möchte etwas zocken und ist einem Bungee-Springen ohne Seil zu abgedroschen, zahlt man dem Arzt nur 1000 Euro und wird im nächsten Monat operiert, und wenn man Glück hat, spart man 4000 Euro.

Und wenn man noch mehr Glück hat, überlebt man sogar.

Menschen, denen diese griechische Mentalität fremd ist, ob es nun Deutsche sind oder andere Neunmalkluge, sagen jetzt, dass der Arzt das Geld ja schwarz entgegennehme und er keine Steuern bezahle und damit dem Staat geschadet werde.

Wenn man jedoch genau hinsieht, kann man das bei diesem System nicht mit gutem Gewissen behaupten. Denn der Staat weiß, dass der Arzt das Geld schwarz bekommt und keine Steuern bezahlt. Als logische Folge zahlt der Staat seinem angestellten Arzt als Honorar nur 1000 Euro statt vielleicht angemessene 5000 Euro.

Mit anderen Worten:

Wenn der Staat durch hinterzogene Steuern schon keine Einnahmen hat, so hat er aber durch einen real ausbezahlten Minimallohn auch kaum eine Ausgabe.

Und er muss sich auf diese Weise auch kaum mit viel Bürokratie herumschlagen.

Damit könnte Griechenland sogar Musterland für Europa sein.

Und zwar ein preiswertes Musterland.

Denn dort gibt man dem Arzt bei einem entzündeten Blinddarm einmalig 2000 Euro. In Deutschland gibt man der Kran-kenkasse jeden Monat 500 Euro, sogar wenn man seit Kind-heitstagen gar keinen Blinddarm mehr hat.

Wir erleben es sogar hier, bei den deutschen Regierungen. Wenn sehr viele Steuern zusammenkommen, wenn die Steuer-einnahmen sprudeln, dann will der Staat auch viel ausgeben. Und der Bürger kann nie regulieren, ob seine Steuern auch in den Bau der Straße investiert werden, die er auch tatsächlich selbst befährt. In Griechenland zahlt jeder nur, was er will und was er braucht.
Es ist eine bestechende Lebensweise.

Griechenland ist nun einmal eine andere Welt.
Diese Bürger leben von der Hand in die Hand.
Man muss sich nur die Praxis von Wahlkämpfen anschauen.
In Deutschland bekommt jede Partei pro Wähler etwa zwei Euro, und sie schmeißt dafür Millionen hinaus für die Wer-bung. Einer Werbung, von der sich im Übrigen kein Wähler etwas kaufen kann. In Griechenland gibt es in kleinen Städten und Gemeinden keine Plakate und keine Fernseh-Werbespots. Dort gehen die Kandidaten von Haustür zu Haustür und geben aus eigener Tasche dem Wähler Geld, der sich davon sehr wohl ganz konkret etwas kaufen kann.
Das ist billiger als ein Fernsehspot.
Und der Bürger hat etwas davon auf der Hand.
Genau genommen kann man dieses Vorgehen nicht mal be-zeichnen als Korruption. Denn jeder Kandidat gibt jedem Wähler etwas. Und der Wähler muss ja nur einen wählen. Und keiner zwingt den Wähler, den zu wählen, der am meisten ge-geben hat.

Hier in Deutschland muss nach der Wahl wieder die All-gemeinheit aufkommen für die Hartz-IV-Empfänger, die von den deutschen Kandidaten nichts an Bargeld bekommen haben.

In Griechenland sind europäische Gepflogenheiten noch nicht angekommen. Obwohl griechische Gepflogenheiten – wie Korruption – in Europa durchaus vorkommen. Nur sind die restlichen Europäer darin nicht so gut wie die Griechen.

Wenn man diesen Tatbestand jetzt durch viel Geld dort lokalisiert und stabilisiert, dann kann man – ähnlich dem Vorbild der Banken – aus Griechenland ein »Bad Land« machen, in dem man irgendwann alles moralisch Schlechte ansammelt.

Und dann frei davon ist in Europa.

Auf diese Weise kriegt Deutschland das Geld vielleicht nie wieder. Aber es geht um etwas Höheres:

Die Griechen schachern sich Gelder zu in der Regierung. Es werden Parlamentarier umgangen, das heißt, Parlamentarier werden nicht über Gebühr in Anspruch genommen. Es werden sinnlose, sinnfreie Projekte durchgezogen. Und da empfindet der Deutsche für die Griechen eine Grundsympathie.

Denn auch der Landtag in Baden-Württemberg wurde beispielsweise umgangen, beim Rückkauf von EnBW im Jahr 2010. Und auch Stuttgart 21 etwa manifestiert sich als ausuferndes und sinnloses Projekt.

In all solchen Dingen sind die Deutschen sehr griechisch.

Und wenn wir diesen Griechen jetzt helfen, lenken wir tiefenpsychologisch leicht ergründbar vor allem von uns ab.

Man kennt es aus dem Krieg:

Wer ein Bein verloren hatte, hat dem geholfen, der zwei Beine verloren hatte. Und schon hatte man sein eines verlorenes vergessen.

Es geht natürlich mehr als um amputierte Beine.

Griechenland hat also ein Minus von 340 Milliarden Euro. Seit wir Deutschen den Griechen Geld in Aussicht gestellt haben, spricht keiner mehr davon, dass wir Deutschen mit viel mehr Geld im Minus stehen. Im Jahr 2011 nämlich mit über 2000 Milliarden Euro!

Das ist zwar keine Perspektive für Griechenland.

Wohl aber für uns Deutsche.

Wenn wir den Griechen nichts zahlen würden, hieße es sofort, wir könnten nicht zahlen. Dann erst fiele auf, dass wir Deutschen am pleitesten sind. Wir Deutschen müssen den Griechen Geld geben, damit wir nicht auch im Rating eingestuft werden als das, was wir sind:

Ramsch!

Darüber hinaus ist die Angst vor Griechenland beziehungsweise seinem Kollaps und die Angst um das eigene deutsche Geld psychologisch eine unglaubliche Gnade.

Weil sie uns gerettet hat vor der Angst vor Überfremdung.

Zum Beispiel vor der Überfremdung durch Flüchtlinge aus Libyen. Sie hat uns gerettet vor der Angst, dass uns die Revolte in Ägypten und Tunesien hier nach Deutschland doch noch die Demokratie bringen könnte.

Hunderttausende von aufsässigen Arabern sahen wir schon nach Deutschland hereinstolzieren und wie sie statt des Islam die Bürgerrechte in Deutschland installieren. Nach Hartz IV und Datenkontrolle und verlorenem Selbstbestimmungsrecht über eigene Informationen und dem Abbau von vielen anderen im Grundgesetz verbrieften Rechten in der Terrorangst.

Mühselig hatten wir die ostdeutsche Revolte von 1989 umgemünzt in unsere Wünsche, da drohten die selbstbewusst gewordenen Araber wieder alles kaputtzumachen.

Und gerade hatten wir uns noch zerfressen vor diesen Sorgen, schon war glücklicherweise die Angst vor Griechenland da.

Und dabei hatte uns die Angst vor Demokratie ja vormals auch wieder gerettet vor der Angst vor dem Atom. Nach Fukushima. Durch diese vielen wunderbaren neuen Ängste ist Japan als Unglücksort in unserer täglichen, akuten Gedankenwelt wie weggeblasen.

Das beste Mittel gegen die Angst ist immer noch die Angst.
Weil sie uns klarmacht, dass wir uns nur selbst helfen können.
Und dass man im Notfall aber auch nicht alleine ist.
Dass man Zuspruch bekommt.
Wir Deutschen haben da dann wieder zum Glück unsere Regierungen. Die sprechen uns in solchen Fällen zu. Um uns zu beruhigen. Die machen Gesetze, und diese Gesetze beruhigen, weil diese Gesetze sicher sind.
Die Atomkraft bricht auseinander in Japan.
Der Euro bricht auseinander in Griechenland.
Aber die Gesetze in Deutschland halten auf jeden Fall.
Jedenfalls, solange die Regierung sie nicht umschreibt.
Und umschreiben tut sie sie nur, wenn Beteuerungen nicht mehr geglaubt werden und damit Wahlen verlorengehen können:
Kaum bricht Fukushima aus, sieht sich Frau Merkel um, wie sie mit neuen Energiegesetzen attraktiv bleibt. Kaum bricht Griechenland aus, schaut Herr Schäuble danach, wie er mit neuen Gesetzen die Leute, gerade auch den kleinen Mann, glauben macht, sie behielten ihr Geld.
Jeder weiß, dass Griechenland sich den Weg in den Euro mit Lügen und Bilanzfälschungen ergaunert und erschlichen hat. Statt Anklagebank und Arrest kriegt es aber jetzt noch mal eine dreistellige Milliardensumme zugesagt.
Statt den Eintritt nach Europa damit als unsittlich hinfällig werden zu lassen, heißt es, ein Ausschluss sei in den europäischen Verträgen nicht vorgesehen.
Damit weiß jeder Scheckbetrüger und Urkundenfälscher:
Je größer der Schaden, den er verursacht, umso geringer ist künftig die Strafe. Weil jeder Angst hat, er kriegt sein Geld sonst gar nicht wieder. Der Täter muss nur noch mehr Taten in Aussicht stellen.
Statt also die Griechen zu verdammen und auszuschließen, geben wir ihnen lieber das Geld, das sie uns schulden, noch einmal.

Damit sie es an uns zurückzahlen.
Sonst kriegen wir ja gar nichts wieder.

Und das heißt weiterführend: Wenn man je von einem Dieb bestohlen würde, sollte man ihm am besten denselben Wert per postalischer Anweisung noch zusätzlich hinterherschicken, damit er einem auch sicher den gestohlenen Betrag zurückgeben kann. Vielleicht hat er das Geld ja schon ausgegeben.

Wir sollten zudem nie vergessen:
Die Säulen der Akropolis waren Vorbild für das Gebäude der Bank von England. Sie waren quasi Muster für das Brandenburger Tor und für das Lincoln Memorial in Washington und für viele andere Gebäude, die für demokratische und staatliche Strukturen Sinnbild sind.
Überall auf der Welt ist Athen.
Griechenland ist die greise Mutter.
Und wir sind nach 2500 Jahren ihre Pflegeversicherung.
Und bedenken wir noch einmal, dass wir Deutschen immer am meisten spenden, wenn es Katastrophen gibt auf der Welt: bei Überschwemmungen in Thailand oder an der Oder. Wir haben stets großzügig abgegeben. Seien wir doch froh, glücklich und dankbar, dass wir für Griechenland spenden dürfen, ohne dass etwas wie eine Naturkatastrophe passiert ist.

Die Griechen erwarten einfach, dass wir für etwas bezahlen, was wir uns von ihnen genommen haben:
die Demokratie!
Wer hat's erfunden?

Nicht die Schweizer!
Die Griechen haben sie erfunden.
Der Grieche Perikles hat sie erfunden vor 2500 Jahren.
Oder zumindest hat er sie realisiert.
Wir alle in Europa haben nur Leasingverträge für diese Demo-

kratie und haben bisher noch nie eine Rate bezahlt. Demokratie, Staatswesen, Recht, Gesetze, Sozialverhalten –
das alles haben wir von den alten Griechen.

Vielleicht ist es ein bisschen so, wie wir uns die Büste der Nofretete von Ägypten genommen haben. Vermutlich rechtmäßig, aber auch sehr günstig.

Ägypten will die Nofretete zurück.

Die Griechen wollen gar keine Rückführung der Demokratie.

Sie wollen nur die Lizenzgebühren.

Und die zahlen wir jetzt!

Staat machen mit Deutschland

Vielleicht rächt sich in diesen Problemen immer noch, dass Deutschland, zumindest Westdeutschland, ursprünglich nach dem Krieg mit dem Grundgesetz angedacht war als Provisorium.
Vielleicht rächt sich endlich, dass man über diese Dinge aus Mangel an Ereignissen nicht nachzudenken brauchte.
Vielleicht rächt sich, dass man mit der Einheit Deutschlands 1990 nicht die Chance genutzt hat, eine neue Verfassung zusammenzubasteln, statt dem Osten nur das abgewetzte Grundgesetz überzuwerfen.
Damit sie es auftragen sollen.
Es war nicht mal gewendet worden.
Da hätte man die Staatsform wirklich frei wählen können, nachdem der sowjetische Staatschef Gorbatschow schon zugestanden hatte, dass jedes Volk frei über seinen Zustand und über seine Zugehörigkeit, wie etwa zur NATO, entscheiden könne.
Da hätte man die einstmals aufgetragene und aufgegebene Demokratie ausfüllen können.

1949 war das nicht möglich.
Da mussten die Deutschen nehmen, was man ihnen hinhielt. Sie hatten keine Wahl. Man hat ihnen eine von vielen möglichen Staats- respektive Regierungsformen regelrecht verpasst. Die sie dann ausarbeiten sollten. Nach dem Krieg. Die Alliierten hätten den Deutschen alles andrehen können.
In diesem Zustand?!
Wir mussten nehmen, was übrig war.

Wir lagen darnieder in Schutt und Asche. Alles war zerbombt, man hatte nur Fetzen am Körper. Da kann man keine großen Ansprüche stellen. Wenn man im Keller haust ohne Fenster und ohne Türen, nimmt man einen Sack als Mantel dankbar an. Da ist man nicht zimperlich und schon gar nicht wählerisch. Und die Deutschen haben in dieser Situation eben die Demokratie genommen. Als Überwurf. Weil sie dachten, sie schützt sie vor der großen innerlichen Kälte.

Natürlich hätte es auch eine Monarchie sein können.
Und die hätten die Deutschen sogar begeisterter akzeptiert.
Aber welcher König hätte diese Deutschen auch genommen?
Eine Monarchie wäre für Deutsche damals viel zu pompös gewesen. Die wäre vergleichbar gewesen mit einer Situation, in der ein Arbeitsloser heute einen Rolls-Royce fährt. Nein, Monarchie war nicht angemessen.

Eine Diktatur war da realistischer.
Und die sowjetische war ja auch bereit zur Übernahme.
Sie machten dort sogleich deutlich, sie empfänden ein gewisses Pflichtgefühl. Und sie sähen auch, dass man da was machen müsse. Aber von diesen unangenehmen Deutschen wollten sie sich maximal ein Viertel einverleiben. Mehr von diesen Deutschen, diesen als Schrott der Geschichte empfundenen Unseligen, könne man auch einer Diktatur unmöglich zumuten.
Da blieb natürlich für den Rest der Deutschen im Westen nur die Demokratie übrig.
Das war das billigste.
Mehr konnten die Deutschen sich damals nicht leisten.
Heute kommt sie das teuer zu stehen.

Das heißt, Deutschland war eigentlich nur gedacht als Notunterkunft für irgendeine Staats- oder Regierungsform, die gerade zu haben war. Demokratie war ein Schnäppchen.
Ein Übergang. Ein Provisorium eben.

Das musste man so hinnehmen.

Selbstbestimmung stand nicht auf der Agenda der Siegermächte.

Und diese Siegermächte haben lange gelebt in Deutschland. Und sie haben auch das Sagen gehabt. So lange, bis 1990 auch die Diktatoren im Osten von dem Rest der Deutschen die Nase voll hatten und sich alle Deutschen zusammen schließlich selbst besiegt hatten.

Seit dem Mauerfall sind die Deutschen praktisch die Siegermacht in diesem Deutschland. Und sie haben auch tatsächlich zum Beispiel längst das Grundgesetz besiegt.

Ob Asylrecht, Datenschutz, Meinungsfreiheit –
das liegt alles für neue Trümmerfrauen am Boden.

Obwohl natürlich diese Demokratie nicht nur Grundgesetz ist. Sie ist nicht nur Schriftform.

Sie sollte ja gelebt werden.

Aber in den ersten 60 Jahren war man zuerst einmal damit beschäftigt, zu verarbeiten, was diese Regierungsform dem Bürger alles zumutete. Was er zu ertragen hatte.

Gleichwohl wird jedes Jahr am 23. Mai der Geburtstag dieser Demokratie gefeiert. Es wird also gefeiert, dass man sie geboren hat. Obwohl seit Jahren klar ist, dass es manchen Hardlinern unter den Bundespolitikern viel lieber wäre, man wäre längst von ihr entbunden worden.

Denn Demokratie wurde hier, wie gesagt, nie ausgetragen.

Sie war eine Sturzgeburt.

Man hat den Bürgern aufgetragen, darin Ideale zu sehen und Träume und Wünsche. Und dann ist man gelandet bei Figuren wie Niebel und Möllemann und Barschel und Westerwelle. Gestalten, denen man 60 Jahre zuvor nicht mal die Stelle des Saaldieners im Deutschen Bundestag angeboten hätte.

Aber ob Schäuble und Schily und Steinbrück und Schröder und Trittin und so weiter, sie alle sind für die Deutschen die »Amerikaner« von heute. Unter denen sind die Deutschen nur das Fußvolk, das unter dem Schutt mit Namen »Grundgesetz« versucht, sich selbst ein bisschen etwas aufzubauen:

Mehr Geld rausholen durch Rabatte.

Über das Ausland zu telefonieren, ohne dabei abgehört zu werden.

Kleine Spickzettel zum Nachbarn rüberschnalzen, damit der BND die Post nicht abfängt.

Freiräume schaffen.

In einer Orwell-Welt, die eigentlich seit 1984 schon vorbei sein sollte.

Man staunt heute wahrhaft in diesem deutschen Alltag von Aldi, Lidl, Bahn, Telekom und Schäuble und Schily, von Onlinedurchsuchung und Nacktscannern, von Trojanern und Lauschangriff und dem gläsernen Bürger über den bundesbürgerlichen Volksaufstand 1983, als Fragebögen zur ersten nachkrieglichen Volkszählung erfassen wollten, wo die Deutschen wohnen und wann sie sich scheiden lassen.

Wenn eines funktioniert hat in dieser Demokratie –
dann ist es die Gehirnwäsche.

Und zwar in Ost und West gleichermaßen.

Die lässt sich beim Deutschen besonders gut umsetzen.

Weil er sich immer einbildet, er ist dann besonders kreativ, wenn er tupfengleich das macht, was andere ihm vormachen.

Der Deutsche ist scheinbar das Vorbild schlechthin für den berühmten Pawlowschen Hund.

Freundlicherweise kann man sagen, er ist sein Herrchen.

Das sich das Verhalten aus Reflex abgeschaut hat.

Weil Herr und Hund sich oft sehr einander angleichen.

Wie kann man das Leben auf Schemata reduzieren?

Das ist das permanente Bestreben.

Und mit der Einheit wurde klar, dass der Westen Deutschlands mit seiner freiheitlichen Grundordnung ein Kauderwelsch sprach und noch immer spricht, in dem für jeden Einzelnen Demokratie etwas ganz anderes ist:
Für die einen ist Freiheit, ihr Leben zu verwirklichen und sich ein eigenes Heim zu bauen, für das sie sogar Opfer und Kredite auf sich laden. Für die anderen ist Freiheit, Luftschlösser am Finanzmarkt zu bauen, die sie den gierigen Konsumenten für reale Einfamilienhäuser verkaufen.
Kaum eine Staatsform vereinigt in sich so viele Interpretationen wie die Demokratie.
Also träumt man die Demokratie nur mit deutschen Untertiteln, weil die Originalsprache gar nicht verstanden wird. Man hat sie und nutzt sie nicht.
Es geht den Deutschen gut, und sie sind unzufrieden, weil der Deutsche sich immer wünscht, das zu sein, was er mal war, als er sich gewünscht hat, das zu werden, was er gerade ist.

Insofern passt dieses Produkt Deutschland ganz gut in die Zeit: Demokratie gibt es nur in Häppchen. Es ist allmählich fast eine Idealform für eine Zapping-Gesellschaft. Weil alle sowieso pausenlos umschalten.
Deutschland ist vielleicht kein Sendeformat.
Aber es fügt sich inzwischen in jede Talkshow, in jede Kochshow, in jede Geschichtsshow. Es ist nur mehr Reality-TV.
Es wird vorgespielt.

Es ist doch bezeichnend, dass gerade wieder jeder klagt, jeder dritte Arbeitsplatz hänge in Deutschland ab vom Export, jeder vierte vom Auto. Aber offensichtlich hängt kein Arbeitsplatz ab von der Demokratie.

Dennoch können wir jedes Jahr diese Demokratie feiern, so wie wir sie verunstaltet haben.
Und nicht umsonst feiern wir ja immer gleichzeitig:

60 Jahre Demokratie, aber auch 70 Jahre Kriegsbeginn.
Was war uns lieber, ist die Frage.
Die Vergangenheit ist uns schon ganz lieb. Wenn wir diese Vergangenheit nicht hätten, müsste man sie erfinden.
Sonst wäre ja die Gegenwart das Einzige –
was wir uns zuschulden kommen lassen.

Darsteller der Demokratie

Diese Demokratie wird bei passender Gelegenheit stets mit solcher verordneter Inbrunst zelebriert, dass man meinen könnte, man würde sie seit langem vermissen.

Aber eigentlich wird jedes Jahr nur deutlicher, wie sehr man sie lediglich spielt. Wie sehr man aus ihr eine Aufführung macht, eine Präsentation. Erstarrt in Floskeln. Schlecht gelernt von ungelernten Darstellern, die in »Marienhof« oder »Verbotene Liebe« auch nicht überzeugender wären. Auch wird so unmissverständlich klar, dass es sich in zunehmendem Maße um eine Fernsehdemokratie handelt.

Und inzwischen wird diese Demokratie auch mit Leuten vom Fernsehen besetzt.

Geschah es doch vor nicht allzu langer Zeit, dass ein Fernsehkommissar sich angemeldet hatte als Kandidat für das Amt des Bundespräsidenten im Jahr 2009.

Er hieß Peter Sodann und war als »Tatort«-Akteur bereits abgemeldet und dachte sich vermutlich, für diese Politik mit diesen Kollegen könne man nicht abgetakelt genug sein.

Und so takelte er auch gleich von Beginn seiner Aufstellung als Kandidat die Politik ab. Er wollte enteignen; er wollte den Chef der Deutschen Bank, Ackermann, gleich mit seinem eventuellen Amtsantritt verhaften; er wollte verstaatlichen und so weiter und so weiter.

Er trat also heftig in die Magenkuhle der Demokratie.

Peter Steiners »Theaterstadl« war dagegen hohe Inszenierungskunst. Natürlich machte das diesen Staat nicht kaputt. Denn auch Sterne-Restaurants machen nicht dicht wegen der Konkurrenz von Fast-Food-Ketten. Und Herr Sodann war letztlich unser politisches Fast Food: im Akkord zusammengepappt und schnell heruntergewürgt. Es wurde vielleicht manchem schlecht dabei. Aber man hatte auch wenigstens für einige Zeit Politiker mal wieder so richtig satt.

Obwohl Herr Sodann ja gar kein Politiker war.
Vielleicht hat er selber nur gedacht, die Präsidentenwahl sei eine neue Serie. Und die Linke dachte, den nehmen wir, denn wenn Politik im Fernsehen ist, dann wird die Einschaltquote gleich hoch mit der Wahlquote sein.
Und die ist umso höher, je tiefer das Niveau sinkt.
Man fragte sich schon, warum die Linke statt Herrn Sodann nicht gleich – wie bei der Zimmermädchentruppe im Hotel oder bei der Putzkolonne im Hochhaus – den Job des Bundespräsidenten outgesourct hatte?
Der Präsident besetzt von einer Fremdproduktion?
Das hätte den Vorzug, dass er öfters wechselt.
Ein Problem entstünde nur, wenn einmal die Auftragslisten verwechselt würden. Dann hätte im Schloss Bellevue plötzlich die Putzfrau einer polnischen Leiharbeiterfirma gesessen, weil Herr Sodann nicht richtig sauber gemacht hat.

Es war schon bedenklich:
Man ist ja einiges gewöhnt an Nicht-Sprech-Talenten.
Aber dass einer sogar die Hauptrolle der deutschen Politik an sich reißen wollte, für den es beim »Tatort« nicht mehr gereicht hatte und der nicht einmal mehr untergekommen wäre in »Marienhof«, war schon sehr bezeichnend für Deutschland in der ersten Dekade des neuen Jahrtausends.
Da stellte sich die Frage:
Wer hatte das Präsidialamt so unter das Niveau von »Sturm der Liebe« gewirtschaftet, dass der Herr Sodann sich nur noch dort Chancen ausrechnen konnte?

Wollte Sodann den Vorgänger Horst Köhler besser spielen als dieser sich selbst? Dieser zwar chancenlose, aber doch ins Rennen und ins Gespräch gebrachte Nachfolger musste sich den Vergleich gefallen lassen, man könnte dann auch gleich für die zur selben Zeit ausgegebene Abwrackprämie seinen neun Jahre alten Wagen hergeben und sich dafür von der Halde ein noch älteres Schrottauto holen.

Zumal dieser Horst Köhler im Grunde auch nichts anderes war als zeit seiner Amtszeit eine Zuliefererfirma des Konzerns namens Präsidentenamt:
Köhler fertigte Worthülsen, Mahnschrauben, Denkplomben und Lachsalven, die das Protokoll für Auftritte zusammenschweißte. Das heißt, Teile vom Präsident waren Köhler.
Aber andere Teile des Präsidenten sind seit Jahren gar nicht gebaut worden. Köhler wirkte immer, als habe die Politikbranche Jahre zuvor keine Staatslimousine gesucht, sondern eine Gehhilfe.
Köhler war als Präsident immer ein Kleinwagen gewesen.
Ein Corsa. Beliebt, aber übersichtlich.

Am Anfang hatte man noch gedacht:
Köhler? Was ist denn das? Wir wollten wissen, wer Bundespräsident geworden ist, und nicht, wen man für Crashtests im Schloss Bellevue als Dummy einsetzt.
Denn das Wort »Köhler« kam einem immer so kleingedruckt vor.
Und wohin mit ihm, wenn er im Präsidialamt fertig gewesen wäre mit dem, was er dort zu tun gehabt hätte? Gut, wenn das Präsidialamt nur noch als Telenovela gesehen wird, käme Köhler überall unter. Kerner war zu SAT1 gegangen. Da hätte Köhler danach zum ZDF gehen können. Auch ihm wäre es bestimmt gelungen, aus jedem Gespräch Inhalt und Aussage herauszufiltern und Ideen und Spontaneität luftdicht zu vakuumieren.

Das Präsidialamt ist eben eine immerwährende Grauzone.
Und die Frage, ob der Präsident vom Volk gewählt werden solle, erhielt plötzlich ganz neu begründete Antworten:
Der Präsident hat bekanntlich in der Tagespolitik nichts zu sagen. Warum sollte er dann nicht gewählt werden von einem Volk, das in der Tagespolitik noch weniger zu sagen hat?

Eine pikante Note ergab sich bei der Feier zum sechzigjährigen Jubiläum der deutschen Demokratie und des Grundgesetzes in diesem Jahr 2009:
Am selben Tag wurde auch der Bundespräsident neu gewählt.
Und die Deutschen mussten sich an diesem nationalen Feiertag entscheiden zwischen Frau Gesine Schwan, Peter Sodann und Horst Köhler.
Das bringen nur die Deutschen fertig:
sich die feierliche Riesenstimmung zu versalzen mit drei Stimmungstötern.

Denn wer immer dabei herauskam –
Deutschland machte an diesem Tag wieder mal ein langes Gesicht. Und wie man die Deutschen kennt, hätten sie, wenn die Präsidentenwahl nicht fällig gewesen wäre, als Höhepunkt der Feierlichkeiten zum sechzigsten Jahrestag gewiss eine Betriebsratssitzung angesetzt.

Die »Einheit« war verschreibungspflichtig

In all diesen Begebenheiten schimmert immer wieder durch, dass man es ja bei der Wiederherstellung von Deutschland im Oktober 1990 beim Provisorium belassen hatte.

Statt aus den Lebenserfahrungen und den sozialen Erkenntnissen, den Veränderungen der Erwartungen an die Deutschen von den Deutschen selbst, also an sich, aber auch von denen, die aus dem Ausland zu uns kommen oder zu uns blicken – statt aus all dem eine dem Grundgesetz von 1949 ebenbürtige Verfassung zu schneidern, hatte man den Osten Deutschlands als neue Provinzen angegliedert.

Bekanntlich blieb als einziges Relikt von »drüben« der sogenannte »grüne Pfeil« übrig. Und hie und da das Ampelmännchen.

Und so tragen wir immer noch ein provisorisches Grundgesetz mit uns herum, das durch unzählige Zusatzgesetze aufgequollen, aufgeweicht und in alle Richtungen, meistens in die Interpretationshoheit des Staates, auslegbar ist.

Man wagte nicht mehr, wie 1949, einen großen Wurf.

Man schusterte zusammen.

Das mag daran liegen, dass man 1949 wirklich nichts mehr zu verlieren hatte. 1990 hing man an zu vielen Dingen, die der Regierung wichtig waren, sie zu erhalten.

Dazu kam, dass die Bestrebung der Deutschen im Osten zur Selbstbestimmung im Westen zwar die leise Hoffnung keimen ließ, dass dieses Aufblühen auch da einiges an Neujustierung einer eingefahrenen Staatsform möglich machen könnte. Der ostdeutsche Wunsch nach Demokratie wurde sofort, nachdem man rein physisch alle Möglichkeiten dazu hatte, nach dem Mauerfall nämlich, noch in derselben Nacht, erstickt mit den profanen Anreizen zur konsumellen Befriedigung. Das Erste, womit sich Ostdeutsche eindeckten, als sie freien Auslauf bekamen, war nicht das Grundgesetz.

Es waren Gebrauchtwagen und Videorekorder.

Der »Demokratische Aufbruch« um Wolfgang Schnur bekam bei der ersten freien Wahl zur Volkskammer 1990 gerade mal 0,9 Prozent der Wählerstimmen.

Demokratie war im Konsum nicht mehr so wichtig.

Jedenfalls nicht, Neues demokratisch zu wählen.

Man trug auch parteipolitisch lieber das auf, was die Westdeutschen schon mehrfach übergestülpt hatten:

CDU und FDP.

Man kleisterte mit viel Augenwischerei.

Und diese Augenwischerei fing bereits an mit dem Helmut-Kohlschen Versprechen an die Ostdeutschen, »blühende Landschaften« zu schaffen.

Und mit dem Versprechen an die Westdeutschen, das alles koste nichts und sei maximal aus der Portokasse zu zahlen und bedürfe keiner weiteren Steuern.

Die Folge war, dass der Ostdeutsche erwartete, dass jeder Quadratmeter geschmückt würde mit Granit und Geranien.

Die Folge war, dass der Westdeutsche entsetzt war, als dann doch der Solidaritätszuschlag eingeführt worden ist.

Diese enorme Erwartungshaltung ließ die Augen verschließen davor, dass tatsächlich einiges blühte im Osten und dass viel mehr Geld ausgegeben wurde für viel unnützere Dinge als nun gerade die Einheit. Und dass bald im Westen Deutschlands viel mehr verrottete. Was jetzt, nach über 20 Jahren, allmählich konstatiert wird.

Tatsache bleibt, dass Ost und West miteinander zufriedener gewesen wären, hätte man von vornherein gesagt:
Es dauert.
Und es kostet.

Als es im Oderbruch im Jahr 2002 zu einer großen Überschwemmung kam, spendeten die Deutschen ihren ertrinkenden Landsleuten doppelt so viel Geld, wie diese in Wirklichkeit benötigten. Hätte man auch bei der Einheit den Deutschen im Westen gesagt, dass es denen aus dem Osten schlecht ginge, die Mauer undicht geworden sei, das Land geflutet werde, die Dämme brächen und alle, die beruflich etwas werden wollen, hinausgespült würden – die Deutschen hätten auf Jahrzehnte das Zigfache gespendet von dem, was ihnen durch den Solidaritätszuschlag abverlangt werden sollte.

Der Deutsche zahlt gerne.
Er opfert auch gerne.
Und er spendet gerne bei jeder Gelegenheit.
Aber er will mitgenommen werden.
Und er will keine Versprechungen.
Vor allem nicht, wenn sogar er sie durchschauen kann.

Dass das so ist, sehen wir an der Steuerdebatte 2011, die die FDP immer wieder aufgewärmt hat, weil sie wegen besserer Wahlchancen permanent glaubte, den Deutschen Steuersenkungen versprechen zu sollen.
Aber der Deutsche wollte das Geschenk nicht haben. Weil er wusste, dass es nicht zu bezahlen war. Und natürlich auch, weil er wusste, dass er dann etwas zurückschenken müsste. In dem Fall hätte das Rückgeschenk sein müssen, die FDP zu wählen. Und die FDP nicht wählen zu müssen ist dem Deutschen sogar keine Steuersenkung wert.
Wir lassen es uns etwas kosten, diese FDP nicht zu wählen.

Der demokratische Aufbruch seit 2011 aber könnte tatsächlich anders ausgehen als 1990, weil die Deutschen insgesamt mit Konsumgütern voller gestopft sind als damals. Im Moment ist nicht vorstellbar, mit welchen Artikeln des täglichen Bedarfs man mittlerweile die neuen demokratischen Wünsche ersticken könnte.

Das gefühlte Wirtschaftswachstum mag im Moment eine Grenze erreicht haben, bei der man sich nach politischen Idealen sehnt und sogar realistisch anfängt, das Grundgesetz als Provisorium abzuschaffen und etwas Gültiges daraus zu machen. Gebrauchtwagen lassen sich auch keine mehr andrehen im Austausch gegen demokratische Proteste.

Es zeichnet sich somit eine Änderung im Selbstbewusstsein der Wähler ab, die vielleicht die Unzulänglichkeit der Verfassung überbrücken könnte auf lange Sicht. Die vielleicht wegführt von dem, was man die Jahrzehnte davor im Westen Deutschlands ertragen musste.

Kraut und Rüben, Kohl und drüben

Wer lange Zeit in Westdeutschland aufgewachsen war, fragte sich irgendwann in einer seiner persönlichen, subjektiven politischen Rückschauen:
Gab es je noch etwas anderes als Kohl?
Dem wir die Einheit zu verdanken haben, heißt es.
In der deutschen Wirklichkeit aber empfinden es viele ganz anders.
Denn die Atomspaltung bedroht uns vielleicht von überall auf der Welt. Aber an der Spaltung der Deutschen haben allein die Deutschen seit Jahrzehnten zu leiden. Wie viel Verlogenheit ist da dabei, wenn sie jährlich zum Geburts- oder Jahrestag den Kanzler dieser Spaltung abknutschen.
Denn in Wahrheit hat er 1990 doch die Deutschen getrennt.

Und trotzdem haben die Westdeutschen bis dahin Wahl für Wahl verstreichen lassen und keine Chance genutzt und ihn sich immer und immer wieder selbst gewählt. Wenn man sich die Liste derer ansieht, die sonst noch freiwillig gewählt worden sind, muss man eingestehen, dass der Deutsche in 60 Jahren oftmals auch einen ausgesprochen miserablen Geschmack bewiesen hat.
Oder aber er hatte, wie schon bei der Installation dieser Demokratie, keine große Auswahlmöglichkeit.

Jedenfalls hat es Kohl geschafft, mit seiner Politik Konrad Adenauer zu seinem eigenen Enkel zu machen.
Seit Kohl wusste man, was Fremdschämen heißt.

Und eines hat er tatsächlich historisch geleistet, was vor ihm kein König und kein Diktator geschafft hat: Er hat seine Lächerlichkeit überlebt. Die hat ihn sogar stabil gemacht.

Ob er jetzt Händchen gehalten hat mit Mitterrand oder sauniert mit Jelzin, ob er von »Gechichte« sprach oder von »Familje« – jeder hat bis heute anerkannt:

Nicht das Privatfernsehen und nicht »RTL Samstag Nacht«, nein, Kohl ganz allein hat die Deutschen von dem Vorwurf befreit, sie hätten keinen Humor und könnten keine Witze produzieren.

Wir hatten Kohl, einen Jungbrunnen für Humoristen und Satiriker. Der jede englische oder amerikanische Comedy-Serie in den Schatten gestellt hat.

Und seine Spendenaffäre und sein Ehrenwort geben ihm letztlich bis heute seine Glaubwürdigkeit bei Steuersündern, Meineidern und Römisch-Dekadenten.

Das alles begann mit einem einzigen Satz.

Einem Satz, der so einfach ist, dass er in seiner Tragweite über lange Jahre keinem bewusst geworden war:

»Herr Präsident, ich nehme die Wahl an!«

Man erinnert sich an den 1. Oktober 1982:

Der neu gewählte Bundeskanzler der Bundesrepublik Deutschland, Helmut Kohl, spricht diesen Satz: »Ich nehme die Wahl an.« Und keiner ahnt in diesem Augenblick, dass er sie 16 Jahre nicht mehr hergeben wird. Und dass das deutsche Volk keine Wahl mehr haben wird.

Es kann zwar noch so tun, als hätte es eine, aber es bleibt als Volk an diesem Kohl hängen wie ein klebriger Kaugummi nach Verkostung. Und Kohl selbst bleibt wie der elektrisierte Fetzen einer Plastiktüte hängen am Revers dieser Bundesrepublik, die er bezeichnenderweise ausspricht als »Punsreplik Deutchland«!

Die Lasten seiner Politik wirken immer noch nach.

War die Erweiterung seines deutschen Wirkungsfeldes in den Osten hinein nur eine Fortsetzung des kolonialen Traumes aus dem 19. Jahrhundert? Eines Traumes, den man in China nicht mehr aufrechterhalten konnte? Wurde Südwestafrika nur in die Mitte von Europa verlegt und »Ostdeutschland« genannt?

Tatsache bleibt:

Seit es die Mauer gab zwischen deutsch und deutsch, zwischen Ost und West, zwischen Kommunismus und Kapitalismus, schickten die Menschen aus dem Westen nach Osten an Weihnachten liebevolle Pakete, und sie stellten Kerzen in die Fenster. Mit dem Fall der Mauer, mit der deutschen Einheit, hörte dieses zärtliche Aneinanderdenken schlagartig auf. Mit der Einheit fing an, dass all das endete.

Hat dieser Helmut Kohl die Menschen gespalten, indem er sie zusammengeführt hat? Indem er ein Gesetz gebrochen hat, das in jedem Hochhaus gilt: Hunderte leben friedlich zusammen, weil sie Mauern zwischen sich haben und sich nicht kennen?

Was hat diesen Helmut Kohl zum Kanzler der Einheit gemacht? Eine Einheit, die für viele das Trennende erst hervorhob?

Helmut Kohl, der einem sogar in der geschichtlichen Betrachtung immer noch vorkommt wie das Trockengesteck auf der Kommode der deutschen Gemütlichkeit, hat den Mantel der Geschichte ergriffen.

Das wird immer zitiert.

Dieser Mantel kam damals gerade aus der Reinigung.

Aber er hat ihn nicht gebügelt.

Er hat ihn sich verknittert umgehängt und die Geschichte selbst dem Wetter der Deutschen schutzlos ausgesetzt.

Wie viel Kohl braucht der Mensch, um eine Einheit zu spüren, die er aus jeder Ehe nach zehn Jahren kennt:

Anschweigen, Misstrauen, Überdruss?

Zur Scheidung fehlen Mut und Geld und Unabhängigkeit!

Kohl bedeutet Jahre der Prägung des Lebens durch ein fremdes Zusammensein. Was wäre gewesen, wenn Kohl Jahre vorher geboren worden wäre?
Trifft die Deutschen hier die Ungnade der späten Geburt?

Sicher ist, dass der Vorgang der Einheit ein sehr persönlicher bleibt. Getragen vom ganz privaten Lebensgefühl dieses Helmut Kohl, der gewachsen ist aus einer Partei der Zuwendungen eines Friedrich Karl Flick und der Parteispenden, getragen von Betrug und Gesetzesbruch.
Parteien brauchen Geld.
Das hat Kohl früh gelernt.
Woher, das hatte man ihm nicht beigebracht.
Also nahm er wohl unregistrierte Gelder, schwarze Kassen, falsch deklarierte und jüdische Vermächtnisse in Kauf.
Aber wie viel Illegalität braucht man, um Großes zu vollbringen in Deutschland? Um ein Volk zu einen?

Ist die Mauschelpraxis eines Außenministers Westerwelle auch schon der Beginn einer großen historischen Leistung?

Und ergänzend bleibt die Frage:
Hat dieser Helmut Kohl Großes vollbracht, um von seiner Unfähigkeit abzulenken?
Denn das wird heute noch von Weggefährten bezeugt: dass er 1989 auf dem Tiefpunkt seiner innenpolitischen Qualifikation stand. Außenpolitik aber war immer sein Thema. Hat ihn die Einheit gerettet, weil er das andere Deutschland als Ausland angesehen hat?

Heutige Politiker, gerade wie ein Guido Westerwelle, nutzen Politik privat. Helmut Kohl ist aus dem Grundgedanken nicht herauszudenken, dass Politik auch politisch nutzbar ist. Er hat die Einverleibung der DDR für sich politisch genutzt. Und er hat bis heute nicht die Namen derer genannt, die damals die DDR an ihn gespendet haben.

Aber wer hat eine ganze DDR geopfert, um diese Kanzlerschaft zu retten? War es Mielke? War es Honecker?

Flick und Co. hatten einmal Geld gegeben, um die CDU zu retten. Wer hat Millionen von Ostdeutschen Geld gegeben, um rechtzeitig zum Parteitag vom November 1989, auf dem Kohl gestürzt werden sollte von Späth, Geißler, Biedenkopf und Süssmuth, die Mauer zu erbrechen?

Die Unzufriedenheit in der Politik ist nichts Neues.
Und sie ist gegenseitig.
Das Volk ist unzufrieden mit den Politikern.
Und die Politiker sind unzufrieden mit dem Volk.
Wenn das Volk Glück hat, wählt es den Regenten ab.
Das sieht die Demokratie so vor.
Helmut Kohl aber war der Erste, der sich mit den Ostdeutschen ein neues Volk gewählt hat. Weil ihm das alte nicht mehr passte.

Ein Volk, das seinen, Kohls, rückwärtsgewandten Vorstellungen am nächsten kam. Ein Volk, das nach zur Schau gestellten Idealen wie Freiheit, Selbstbestimmung und Einheit als Erstes doch nur Konsumartikel kaufte und schnell auf der Couch satt und unzufrieden und von der Marktwirtschaft überfressen eingeschlafen war.

Gerade hatten die Achtundsechziger die Entwestlichung Westdeutschlands und die genetische Abnabelung von der Nazizeit vorangetrieben, da verfiel das neue deutsche Volk in Vaterlandsrufe und neuen Nationalismus. Und mit seiner Hilfe konnte Kohls Sofa- und Strickjackendiplomatie den geistigen Nierentisch bis ans Ende des Jahrtausends bewahren.

Ist also das, was in Kölns U-Bahn-Schacht mit dem Stadtarchiv geschah, auch in Deutschland passiert?
Wurde Deutschland von Kohl so untergraben, dass es nur geflutet werden konnte von der Masse Ostdeutscher?

Ob dieser Kohl in die Geschichte eingeht, wird nur die Geschichte wissen. Auf jeden Fall ist die Geschichte mit Kohl beträchtlich eingegangen.

Jetzt sitzt er schwerkrank im Rollstuhl, und die Junge Union bringt ihm zu diversen Gelegenheiten euphorisch ein Ständchen. Ständchenrechtlich wird hier alles abgeknallt, was an Kritik aufkommen könnte.
Auch Betrug rührt, wenn er krank daherkommt.

Was bleibt, ist die Einsicht, dass Helmut Kohl nicht alleine ohne Fehl nicht war.
Er verschweigt zwar die Namen der Spender, weil er sein Ehrenwort gegeben hat. Und hält! Deswegen wird er in der CDU geächtet. Uwe Barschel hingegen hat zum Beispiel auch sein Ehrenwort gegeben. Es aber gebrochen. Ihm wird dieselbe Ächtung zuteil. Es scheint ein Problem der CDU zu sein, dass sie nie weiß, welche Moral sie gerade für sich gelten lässt.
Denn wieso wurde also ein Jürgen Rüttgers nach ähnlicher Sponsorenpraxis nicht sofort fallengelassen?
Oder anders:
Stellt man erst moralische Ansprüche in der CDU, wenn Wahlkämpfe nicht mehr zu gewinnen sind?

Bei Kohl ging es um zwei Millionen Mark.
Bei Jürgen Rüttgers seinerzeit um 6000 Euro.
Wie klein sind Konservative geworden in Deutschland.
Und wie preiswert!

Das System Kohl ist untergegangen.
Eine Blackbox wurde nie gefunden.
Die schwarzen Kassen bleiben ein Mythos.

Politik kaufen oder leasen?

Ein Mythos, an den so schnell keiner heranreicht.
Wir beschuldigen zwar hie und da den einen oder anderen.
Ein unpassender Außenminister namens Westerwelle fiel uns
da zum Beispiel besonders auf. Oder der Vereinsvorsitzende der
Linken, Klaus Ernst. Aber das Niveau von einem Helmut Kohl
war für alle unerreichbar.
Denn seit Kohl und Flick weiß man, dass Korruption und Vor-
teilsannahme gewissermaßen zum Grundgesetz dazugehören.

Natürlich gibt es gekaufte Politik.
Geschenkt kriegen wir sie ganz bestimmt nicht!
Dazu kommt, dass hier mit zweierlei Maß gemessen scheint.
Permanent wird man aufgefordert, zu spenden – an die Hun-
gernden in Afrika, an Erdbebenopfer, an Aktion Sorgenkind.
Auch das ist Vorteilsannahme.
Es handelt sich dann um Geld, das in der Wirtschaft fehlt, weil
es nicht mehr ausgegeben werden kann in der Kneipe oder am
Wühltisch. Es ergibt keine Mehrwertsteuer mehr, die daraus
abgeführt werden kann, und so weiter und so weiter.
Spenden schaden dem Staat.
Und trotzdem ruft sogar der Staat selbst bei jedem Unglück
dazu auf. Und wenn diese Spenden an öffentliche Personen ge-
hen, darf man schon die Frage stellen, was denn Manager und
Politiker und Betriebsräte anderes sind als ein ganz normales
Unglück.
Da wird dann eben nur gespendet an moralisch Behinderte.
Moral kommt einem immer mehr vor wie der Traum des klei-

nen Deutschen von der Karibik. Weißer Strand, blaues Wasser, dauernd Sonne. Ein Märchen. Aber zum Kotzen langweilig. Man verödet nach drei Tagen.

Und so ist es eigentlich mit der Moral auch.

Sie ist ein Märchen.

Man weiß nicht mehr, wer dem Deutschen dieses Märchen einmal als wahre Politik verkauft hat. Karibik und Moral muss man sich leisten können. Und auch dann hält man sie höchstens zwei Wochen aus. Wer es sich nicht leisten kann, bleibt zu Hause in der Eifel oder in den Niederungen Deutschlands, wo attraktive Vorbilder wie Manager oder Politiker auch bestechend sein können, wenn sie nicht mehr ihrem »Gewissen« verantwortlich sind, sondern nur noch ihrem »Geldwissen«.

Eine Praxis, in der ein Klaus Ernst und eine Sahra Wagenknecht in Porsche und Irland-Villa über Reiche herfallen. Und trotz freier Flüge und gegen die eigenen Parteistatuten eingestrichener Parteigelder denn doch nicht finden, dass sie sich etwas haben zuschulden kommen lassen und vielleicht sogar den Wähler damit betrügen. Denn sie sind stets der Meinung, der Wähler mache es doch auch:

Da werden zu viele Kilometer abgerechnet bei den Fahrten zwischen Arbeitsplatz und Wohnung. Da werden Miles-and-More-Geschenke nicht versteuert. Da werden Handwerker schwarz bezahlt. Und da wollen die betreffenden und betroffenen Politiker eben einfach den Bürger mit seinen eigenen Waffen schlagen.

Diese Politiker wollen auch mal so sein wie die Bürger.

Sie sollen ihn ja vertreten und einen repräsentativen Querschnitt von ihm geben.

Aber was dann von diesen Politikern erwartet wird, ist doch nur das Ideal, das der Bürger von sich selbst hat.

Und an das er nicht heranreicht.

Wir brauchen mehr Menschlichkeit in der Politik.

Und Irren und Fehlen ist zutiefst menschlich.

Das ist die Chance, wegzukommen von der Bürgerverdrossenheit der Politiker. Wenn sie endlich sein dürfen wie ihre Wähler: steuerbetrügend, nachlässig, falsche Angaben machend, Vorteile genießend.

Dann haben wir bald auch wieder Bürgernähe.

Und die meisten beklagen sich doch nur deswegen über Korruption, weil sie von niemandem bestochen werden.

Man nehme doch nur an dieser Stelle das klassische Beispiel von den Privatpatienten und den Kassenpatienten. Der Kassenpatient wartet beim Arzt vielleicht zwei bis drei Stunden, wird aber dafür von seiner Arbeit freigestellt. Den privaten Selbständigen kostet das Warten beim Arzt ein Vermögen. Was macht er also? Er zahlt wesentlich mehr in seine private Krankenkasse, damit der Arzt nicht so trödelt und ihn zwei bis drei Stunden im Wartezimmer schmoren lässt.

Nur, wer ist denn da korrupter?

Wer nimmt mehr Vorteile in Anspruch?

Wer ist der Bevorzugte?

Der Privatpatient oder der Kassenpatient, der sich für zwei Stunden beim Arzt den ganzen Tag krankschreiben lässt?

Könnte es sein, dass die Moralischen manchmal doch die größeren Schmarotzer sind?

Ähnlich geht es bei der Praxis zu in Ämtern:

Wer ein Baugesuch hat, für den gibt es den Dienstweg.

Wer nicht auf seinem Geld sitzt, etwas Geld in den Umschlag steckt, ein bisschen an Fakelaki und an Griechenland denkt und sehnsüchtige Sommergefühle entwickelt, der kommt eben schneller zu seinem Bau.

Wenn alle einmal Maut bezahlen für Privatautos, dann wird man schon sehen, wer alles über Landstraßen zockelt von Stuttgart nach Hamburg. Ist die Maut dann die Korruption, nur weil man damit zehnmal schneller in Hamburg ist und dafür zahlt? Und so ist Korruption nur die Autobahn, die man nehmen kann, wenn man für die Schönheiten des Dienstweges einfach keine Zeit hat!

Denn es gilt: Gegen Korruption hilft nur Bestechung.
Und gegen Bestechung hilft nur eine Menge Geld.

Abgesehen davon, wird Korruption immer mehr zu einem anerkannten Lebensstil und erfährt über Umwege regelrechte gesellschaftliche Verehrung:
Seit Jahren schlägt man doch tatsächlich mit seltener Regelmäßigkeit Helmut Kohl vor für den Friedensnobelpreis. Obwohl er die vielen Gelder angenommen hat und nie die Täter nannte und er, wie erwähnt, mit diesem Schweigen und dieser Geldannahme schlicht und einfach am eindrucksvollsten die von ihm so empfundene Diktatur des deutschen Grundgesetzes gebeugt hat.
Ist es da nicht widersprüchlich, wenn die Politik sich jetzt so inständig bemüht, gegen Korruption etwas zu unternehmen?
Natürlich kann man nicht sagen, dass alle Manager oder alle Politiker so gekonnt korrupt sind, wie die hier dargelegten Beispiele diese Kaste repräsentieren.
Die meisten sind nur ganz normal und bieder verlogen.

Korruption ist eben nur der Feinstaub, den die Gesellschaft mit einatmet. Fahrverbote nützen da nicht. Weil man ja beweglich bleiben will. Und so ersticken die Deutschen lieber an ihrer Wut, weil sie glauben, wenn Manager und Politiker nicht mehr mobil sind, fahren sie Staat und Betriebe an die Wand.
Nur sitzen eben in den Manageretagen immer mehr von denen, die eigentlich –
sitzen müssten.

Und tatsächlich hat man ja auch einmal, im Jahr 2007, in einer ziemlich singulären Aktion den Vorstand von Siemens verhaftet. Weil er an eine Beratungsgesellschaft Geld gezahlt hatte, die wiederum den Betriebsrat bei Siemens stellte, ohne dass die Gegenleistung das wert gewesen wäre.

Bei VW war einmal das Theater genauso groß. Da hatte der Betriebsrat bekanntlich Geld und Nutten bekommen – vom Betrieb.

Wenn man es genau betrachtet, kann man auch sagen, dass das sehr großzügig war. Der Betriebsrat soll da sein für die Mitarbeiter. Aber zahlen die vielleicht an den Betriebsrat, wenn der für sie höhere Löhne aushandelt oder mehr Urlaub? Jeder Arbeitnehmer hat schließlich auch immer die Möglichkeit, selbst den Betriebsrat zu bestechen. Aber dazu ist man dann zu geizig, gell?! Darüber hinaus sah man es so, dass Manager mit ein paar Zahlungen dem Betrieb Millionen an Lohnerhöhungen erspart haben. Und Milliarden an Abfindungen hat es auch nicht gegeben, weil Betriebsräte zum Wohle des Betriebs Geld genommen haben. Das heißt, ohne diese Korruption gäbe es vielleicht den ganzen Betrieb nicht mehr.

Guter Betriebsrat ist teuer.

Und Moral und Mitbestimmung sind natürlich nichts, was für einen Betriebsrat besonders erotisch oder animierend wäre.

Das ist das Problem an dieser Gesellschaft:

dass wir Anstand und Ehrenhaftigkeit in die Grundregeln des Lebens hineingeschrieben haben.

Und gleichzeitig wollen wir aber auch Mensch sein.

Wer das Geld dafür hat, verwirklicht es ja auch.

Moral ist immer nur der Mindestlohn für die, die anständig bleiben müssen – aus Geldmangel.

Moral und Anstand sind etwas für Leute, die sich nichts anderes leisten können.

Gelegenheit macht da Manager.

Und auch Politiker.

Aber dann kommen die, die es sich nicht leisten können, daran teilzuhaben: Niedriglöhner, Hartz-IV-Empfänger, kleine Arbeitnehmer. Nur weil sie nicht das Geld haben, sich Vorteile zu kaufen, oder weil sie nicht die Qualität haben, Vorteile zu bieten, wollen sie dann sogar noch die Moral geschenkt bekommen.

Ist das nicht der pure Neid?

Nur weil man selber nichts leisten kann, wofür es sich lohnt, dass ein anderer einen besticht, setzt man sich an den Straßenrand und bettelt:

»Ach, Herr Hartz, ach, Herr Feldmayer, ach, Herr Kohl, bitte um ein bisschen Anstand für einfache Arbeitende!«

Und die gehen natürlich an ihnen vorbei, weil sie sich sagen:

»Anstand? Wir tragen doch kein Kleingeld mit uns rum!«

Diese ewig Zu-kurz-Gekommenen haben in den Augen derer, die sie regieren, keinerlei Fingerspitzengefühl in den Ellbogen! Wenn alte Frauen in der Kirche Geld in den Opferstock werfen mit der Bitte um ein angenehmes Leben, dann ist das für sie Religion. Aber gibt aus demselben Grund jemand einer zivilen Einrichtung Geld, dann schreien diese alten Frauen:

»Das ist Korruption!«

Dieser Ruf übersieht, dass Leben immer bedeutet, den eigenen Vorteil zu suchen. Weil man sonst Angst hat, unterzugehen.

In dieser Hinsicht ist sogar jedes Parteiprogramm Bestechung: Wir geben den Politikern die Stimmen.

Und wann erhalten wir eine angemessene Gegenleistung dafür? Auch das ist wie beim Lotto: Jeder regt sich auf, wenn er nichts gewinnt. Und trotzdem macht man dauernd weiter mit. Wer gibt der Müllabfuhr an Weihnachten kein Trinkgeld, damit die eigene Tonne sauberer ist als die vom Nachbarn? Auf dem Autobahnklo wirft man doch nur deswegen der Klofrau 50 Cent hin, damit die einem nicht hinterherschimpft: »Du Drecksau hast die ganze Schüssel verschissen.« Man erkauft sich Sauberkeit, die andere für einen erbringen sollen. Und wenn man das

Geld nicht hätte, ginge man in den Wald, oder man würde die Klobürste nehmen.

So ist es sogar bei jedem Christenfest.

Korruption ist doch die Gabe, großzügig zu sein mit Geschenken im Wissen, mehr zurückzubekommen, als man selbst gegeben hat.

Man schenkt doch der Cousine Isolde nur deswegen vier Servietten am Gabentisch, weil man erwartet, dass man von ihr eine Tischdecke bekommt. Wenn nicht, dann kriegt sie das nächste Mal nur einen Waschlappen. So lange, bis das Gegengeschenk mehr wert ist. Denn Korruption macht nur Sinn, wenn man sich etwas spart dabei.

Geben ist seliger denn nehmen, das ist wahr.

Aber: Wer mehr nimmt, kriegt ja vom anderen etwas gegeben.

Und warum soll man dem andern nicht auch dessen Seligkeit lassen, die er empfindet, wenn er gibt?

Vorteilsannahme nach dem Amt

Bei Kohl und Kompagnons war das alles noch ziemlich plump: Es wurde Bargeld über den Tisch geschoben, Schwarzgeld in Liechtenstein angelegt, und es wurde auch noch alles aufgeschrieben. Es war eine andere Zeit, in der von Staats wegen diese Dinge nicht kontrolliert wurden, weil sie zum Tagesgeschäft gehörten.

Es war eine Zeit, in der Bestechungsgelder für ausländische Firmen zum Vorteil der deutschen Wirtschaft sogar in einer deutschen Steuererklärung geltend gemacht werden konnten: als absetzbare Ausgabe!

Man konnte Korruption steuerlich geltend machen!

Ganz anders hat es in der Folge offenbar ein Bundeskanzler Gerhard Schröder gehandhabt. Der hat im Amt nur gesät, was ihm später erst zuwachsen sollte. Schröder hat sich zu Amtszeiten gleich persönlich im Ausland als Stiftung angelegt. Und zwar als eine, die sich selbst unterstützt.

Denn Schröder hatte sich immer verstanden als eine GmbH.

Ein Kleinstunternehmen als Geschäfteanbahnungsinstitut.

Schröder hatte zur Regierungszeit eine Bürgschaft akzeptiert. Keine Bürgschaft für die SPD. Eine für Gazprom.

Viele betrügen also auch die Politik mit der Wirtschaft, noch während sie mit der Politik verheiratet sind. Aber vielleicht hat Schröder auch nur das neue Unterhaltsrecht von 2008 auf sich bezogen: Wer von den deutschen Wählern geschieden ist, muss schneller wieder arbeiten.

Trotzdem zahlt der deutsche Bürger Herrn Schröder noch

den Unterhalt, seit er sich von ihm hat scheiden lassen. Denn wer einmal ein Lebensabschnittsverhältnis mit dem deutschen Wähler eingegangen ist, kann sich von diesem Wähler auf Lebenszeit aushalten lassen.

Kein Wunder, dass im Privatbereich immer mehr Menschen Single bleiben. Bei so anspruchsvollen Expolitikern ist es vielen nicht mehr möglich, auch noch eine Exfrau zu unterhalten.

Doch zurück zu Schröder:

Wenn man ihn heute, was auch Altbundeskanzlern zukommt, »Herr Bundeskanzler« nennt, hat man leicht den Eindruck, man stößt auf Unverständnis und Irritation. Bei diesem Altkanzler.

Immerhin ist er inzwischen Aufsichtsratschef einer großen russischen Firma von internationalem Rang! Bei einer Tochterfirma von Gazprom! Da scheint der Titel »Bundeskanzler« doch ziemlich geringgradig zu sein für ihn.

Denn wenn man mal seinen Meister gemacht hat, sagt auch keiner mehr »Herr Lehrling« zu einem. Bundeskanzlerjahre waren, ließ Gerd Schröder uns schon zu Amtszeiten spüren, seine Lehrjahre. Bundeskanzlerjahre waren seine persönliche Drecksarbeit für höhere Weihen.

Die einen gehen als Tellerwäscher oder als Klofrau nach Amerika. Und sie werden dort Millionär. Gerd Schröder hat es in Deutschland versucht mit dem Bundeskanzleramt.

Und es hat auch geklappt!

Das Amt des Bundeskanzlers war sein Sprungbrett.

So wie zum Beispiel auch das Amt des Bundeswirtschaftsministers ein Sprungbrett war für Wolfgang Clement. Oder das des Bundesaußenministers eines für Joschka Fischer in die Privatwirtschaft. Was will man dagegen sagen?

Man sagt dem Sieger von »Deutschland sucht den Superstar« auch nicht, er dürfe nach dem Sieg keine Karriere machen, das schade dem Ruf von Herrn Bohlen.

Man soll das Kanzleramt nicht vergleichen mit einer RTL-Show.

Aber wenn man sich die diversen Bundeskabinette durch die Jahre ansieht, muss man sagen:

Die meisten singen seit Jahren vor, obwohl sie gar nicht in den »Recall« gehören.

Da will nur jeder etwas werden im späteren Leben.

Denn als deutsche Bundesregierung, so lehrte uns Schröder, ist man ja erst mal nichts!

Bei Antritt seiner Meisterjahre nach der Amtszeit sah dieser Gerd Schröder natürlich auch keine Kollision der Interessen, dass während seiner Amtszeit die deutsche Regierung unter seiner Leitung eine Ein-Milliarden-Bürgschaft für Gazprom übernommen hatte und zeitgleich ein Vertrag zwischen Gazprom und EON über sechs Milliarden zum Bau einer Pipeline zustande gekommen war.

Wer meinte, hier den Ruch von Vetternwirtschaft und Lobbyistentum erschnüffeln zu können, musste erkennen, dass eine ganz neue Darstellung und Form und Handhabung von Politik im Regierungsviertel Einzug gehalten hatte.

Es wurde weniger politisch im klassischen Sinne gehandelt, sondern nach den Prinzipien des Marktes und der Werbung.

Der Wähler hatte diese Werbung von Schröder und Co. ernst genommen. Das war sein Fehler. Aber wer »Meister Proper« oder »Viss« kauft, glaubt ja auch nicht, dass sein Bad nach Gebrauch blitzt wie im Fernsehen. Dieses Blitzen, dieser Glanz wird mit Tricks und Retusche erreicht. Das hat mit der wahren Wirkung nicht viel zu tun.

Nur an Schröder hatte man auf einmal höhere Ansprüche.

Das verstand er nicht.

Und er verstand das wohl als unfaires Geschäftsgebaren.

Und als undankbar obendrein.

Er schien immer der Ansicht, er hätte mit seiner Qualifikation statt mit dem Label »SPD« auch mit der Aufschrift »Google« oder »Toshiba« regieren können. Seine politische Partei war ihm gleichermaßen ein Markenprodukt.

Zumal in jedwedem Bereich, ob Pharma, Energie oder Auto-branche, ob über Tempo 130 oder Atom oder über Rauchverbot, in den Wandelhallen des Deutschen Bundestages mitgekungelt wird von den Lobbyisten, die am meisten springen lassen. Die regieren. Die Politik setzt dann das um, was der demokratische Wille der Mehrheit der Lobbyisten bei ihr durchgesetzt hat.

Regieren tat ein Gerd Schröder erst nach der Amtszeit.
Das Amt des Bundeskanzlers sah er mehr als seine Privatange-legenheit. Zuerst hat er sich, wie schon erwähnt, als Model ver-standen, mit schicken Anzügen und Zigarre.
Das war den deutschen Wählerherrschaften nicht genug.
Dann hat er versucht, aus Deutschland einen Betrieb zu ma-chen, mit Entlassungen und Kürzungen. Wenn er nach dem Jahr 2005 weiter im Amt fungiert hätte, wäre Deutschland ver-mutlich eine AG geworden und würde heute an der Börse ge-handelt!
Er strahlte die Ansicht aus, dass nicht er als Kanzler dem Land dienen solle, sondern das Land ihm!
Wenn er sich schon dafür hergibt.
Eigentlich hätte er gemäß dieser Auffassung 2005 bei seinem Abgang eine Milliardenabfindung bekommen müssen. So wie es bei Vodafone oder VW oder anderen Konzernen üblich ist. Aber so einen Gesetzentwurf konnte er vielleicht nicht mehr rechtzeitig durchpauken.

Sozialdemokratie war für ihn eine Formel aus dem vorletzten Jahrhundert. Und diese SPD war für ihn eine sentimentale Erinnerung, wie es die Karl-May-Festspiele in Bad Segeberg sind.
Die SPD war für ihn ein Produkt.

Und er meinte wohl, wenn er es geschafft hätte, diese SPD zu koppeln an bestimmte andere Konzerne wie Gazprom oder einen für Atomstrom, dann hätten die Menschen ihm die SPD auch in USA oder Burundi abgekauft!

War das sein Ziel?

Aus der SPD eine Marke zu machen wie Coca-Cola oder Sony? Und damit präsent zu sein in allen Ländern der Welt?

Wenn Coca-Cola zusätzlich ein Produkt in der Palette hätte, das als politische Partei präsentiert werden könnte, die dann in Deutschland den Bundeskanzler stellen würde, wäre es für Wirtschaft und Politik viel einfacher.

Denn die Wirtschaft regiert ohnedies.

Die Politik tut nur so.

Und die Wirtschaft hat sie lange Jahre gewähren lassen, weil sie so die Politik aus der Schusslinie gehalten hat.

Schröder hat beide Lager zusammengeführt.

So wurde Deutschland zum Beispiel von russischem Gas wesentlich abhängiger als früher. Hatte Herr Schröder das im Amt eingefädelt? In Erwartung seines neuen Jobs? Und das wäre dann auch gar nicht so schwer gewesen. Er musste nur Wladimir Putin als lupenreinen Demokraten hinstellen.

Und sollte Russland tatsächlich einmal als Lieferant für deutsche Verbraucher ausfallen, kann man sich gewiss auf das Land mit den zweitgrößten Energiereserven dieser Art verlassen: den Iran.

Wer Sorge hat, dass es hier aus politischen Gründen vielleicht schwierig würde, Verhandlungen zu führen mit dem Ergebnis großzügiger Lieferungen, der möge bedenken, dass Gerd Schröder zum Iran oder zu Herrn Ahmadinedschad sicher auch noch etwas Demokratisches einfallen wird.

Im Jahr 2009 war er bereits einmal privatgeschäftlich dorthin gereist. Mit einigen Wirtschaftsführern im Gepäck, die sich von ihm Vermittlung erhofft und erwartet haben.

Schröder hat tatsächlich seinerzeit viel an Ideen angeregt im Iran. Er hat den Iranern die friedliche Nutzung der Atombombe zugestanden. Oder war es nur die friedliche Nutzung von Atom? Die Iraner wollten das nicht so genau verstanden haben.
Die Dolmetscherei ließ da viele Spielräume.
Ein paarmal hin und her übersetzt, und jeder verstand das, was er gesagt oder gehört haben wollte.

Vielleicht hätte man für Schröder auch eine Abwrackprämie aussetzen sollen, weil er die deutsche Geschichte gerade im Iran so erfolgreich verschrottete.
Iran hat ja genügend Uran angereichert, um eine Atombombe abzuwerfen. Aber die deutsche Geschichte hat auch genügend Ironie angereichert, um einen deutschen Altbundeskanzler im Iran niedergehen zu lassen.

In diesem ursprünglichen Land.
Wo Gewalt noch vom Menschen ausgeht.
Und auch beim Menschen ankommt.
Wo der Mensch noch als Masse existiert.
Und wo es keine lästigen Individuen gibt. Im Iran!
Den Iran privat zu erleben, muss ein Traum sein.
Einmal ohne Amtspflicht ausspannen von den Belästigungen der Demokratie. Einmal erfahren beim Holocaust-Plausch, beim Kaffeetratsch, dass es auch etwas anderes auf der Welt gibt als Menschenrechte und Freiheit.

Nur wurde leider ausgerechnet während des Besuches von Gerd Schröder in diesem Iran plötzlich bekannt, dass man vom Iran seit Jahren weiß, dass dieser Ahmadinedschad den Holocaust leugnet.
Sofort wurde Schröder wiederum in Deutschland vorgeworfen, mit diesem Besuch habe er selbst durch diplomatische Ehren der Aufwartung quasi den Holocaust domestiziert und resozia-

lisiert. Das habe man von ihm nicht gedacht. Er sei doch immer so unauffällig und so unverdächtig vorlaut gewesen. Jetzt liefe er da Amok im Iran und knalle die Geschichte über den Haufen. Mit der Waffe Ahmadinedschad.

Warum machte er das? Es gibt keine Hinweise aus seinem Umfeld. Mobbing ist an ihm immer abgeprallt, und Killerspiele kannte er nur live aus der eigenen Partei.

Jetzt spielte er dort Außenminister.

Als er den Bundeskanzler spielte, war er doch auch nie so radikal.

Den Holocaust-Leugner zu treffen, privat!?

Warum machte er nicht gleich Urlaub in Buchenwald oder Auschwitz, hieß es in deutschen Massenblättern.

Suchte er jetzt eine politische Lösung für das deutsche Verbrechen? Privatisierte er unsere Schande?

Die Reise in den Iran sei privat gewesen, sagte Schröder.

Aber wie privat war der Holocaust?

Wie privat war dann Leni Riefenstahl?

Sie hatte nur Fotos von Hitler gemacht.

War Schröder kurzzeitig die Leni von Ahmadinedschad?

Ohne Kamera. Aber mit vielen Negativen?

Auf der anderen Seite musste man Schröder auch verstehen. Hier wurde einfach Geschichte und Gegenwart unzulässig ineinandergemischt. Was bedeutet der Judenhass des Iran? Und was bedeutet er wirklich für den Altbundeskanzler? Schröder hatte in seiner Amtszeit nie den Iran besucht. Er hätte ja auch nichts davon gehabt. Der Iran hätte ihm ja nichts bieten können als Gegenleistung dafür, dass er sich die Hasstiraden dieser Iraner anhört. Heute ist Schröder aber quasi Gasableser von Putin, Chef einer Energiefirma .....

Außerdem hatte Ahmadinedschad seinen Judenhass nicht so platt hinausposaunt, wie es hier immer unterstellt wird. Er schien gesagt zu haben, er wolle Israel von den Seiten der Zeit

tilgen. Nun, wenn man Grauen so poetisch darstellen kann, dann kann man doch kein schlechter Verbrecher sein.
Solche Menschenhasser haben das Herz auf dem rechten Fleck.

Schröder hatte sein Vorgehen in Form seines Besuches begründet, das ist richtig. Aber den Holocaust zu leugnen ist ja nach dem deutschen Gesetz strafbar. Wie strafbar ist dann ein deutscher Ex-Bundeskanzler, der sich mit einem Holocaust-Leugner trifft?

Des Weiteren versicherte Schröder, es habe ihn außerdem ein Freund begleitet, der Versicherungsfritze ist, und zwar für Altersversorgung.
Und dann macht diese Geschäftsanbandelung auch Sinn – weil die Iraner so jung sind. Das Durchschnittsalter der Iraner liegt bei etwa 25 Jahren. Da lohnt sich eine massive Rentenversicherungswerbung, weil sie wegen der berühmten 72 Jungfrauen im Jenseits ihres Glaubens gar nicht alt werden wollen.

Es haben dann natürlich wieder gleich die Neonazis in Deutschland frohlockt, dass sie auch jung seien und der Schröder solle auch mal bei ihnen vorbeikommen und sie aufwerten. Sie würden auch den Holocaust leugnen. Und wenn das nicht reiche, um den Schröder zum Besuch und zu ihrer Anerkennung zu bewegen, würden sie sich auch dazu durchringen, Israel ausrotten zu wollen.

Klar gesagt, befand sich Schröder hier auf einem Trip zur Versöhnung mit der Geschichte, die die Welt erst noch haben wird. Natürlich wurde daheim in Deutschland gleich weitergepöbelt. Etwa in der Art, ob Schröder gegebenenfalls auch den Hitler besucht hätte. Und warum er zum Geschäftemachen nur Machthaber und Mächte mit fragwürdiger Menschenrechtspolitik besuche. Putin, China, Libyen, Iran?

Ließe sich mit denen mehr Geld machen?

Offensichtlich!

Die einzige Frage, die übrig blieb, war, wie schädlich denn die Menschenrechte und die Demokratie für die deutsche Wirtschaft sind. Steht Deutschland in der Finanzkrise gar nicht so mies da wegen eines Kapitalismus, der ausgenutzt und missbraucht wurde, sondern nur deswegen, weil hier immer noch frei gewählt werden darf und keine politischen Gegner oder aufsässigen Journalisten umgebracht werden können?

Können wir uns bei der Finanzkrise überhaupt noch Geschichte leisten?

Vor allem unsere?

Ist unsere Geschichte in diesen Zeiten ein Luxus?

Ist diese Geschichte ein Zeichen der Wohlstandsgesellschaft, die uns in Krisenzeiten nur noch mehr hinabreißt, weil sonst nicht mal mehr ein Iran mit uns Geschäfte macht?

Muss Deutschland endlich Abstand nehmen von seiner unseligen Geschichte?

Und seine Bürger können dafür vielleicht ihren Zweitwagen behalten?

Man muss Schröder auch in weltpolitischem Zusammenhang sehen:

Wenn der Papst sogar den Holocaust-Leugner Williamson zurückholt, warum soll Schröder dann nicht den Holocaust-Leugner Ahmadinedschad zurückholen?

Vor allem eben aus wirtschaftlichen Gründen!

Abgesehen von Geschäften spart uns das Kosten für Gedenkfeiern, Gedenkstätten, Betreuung rechter Demonstrationen et cetera.

Vor allem aber hat Schröder sich immer gerne gesehen als Papst der Sozialdemokratie.

Jedenfalls war er im Amt immer unfehlbar.

Nur im Gegensatz zu Benedikt XVI. hat er sich nicht bei seinen

Kritikern erklärt. Denn Benedikt ist Gott verantwortlich, aber Schröder nur sich selbst.

Jimmy Carter bekam für seine Außeramtstätigkeit einmal den Friedensnobelpreis. Schröder soll für sein Bemühen im Iran eine Raketenhülse mit Judenstern erhalten haben. Oder hatte man nur das Gefühl, als ob das hätte passieren können? Und als Gastgeschenk wären zwei Brocken angebracht gewesen, die bei der Steinigung lesbischer Frauen in Teheran nicht getroffen hätten. Ein Zeichen, dass Menschlichkeit auch im Iran nicht fremd ist.
Nicht alles, was tödlich sein kann, trifft dort.
Aber wer tödlich ist, denn kann man auf jeden Fall treffen.
Auch privat.

Wobei während des Besuches von Schröder wohl im Nordiran ein Iraner durch Strang hingerichtet worden ist wegen Ehebruchs.
Und da fiel Herrn Schröder plötzlich siedend heiß ein …
Im Nu war er schneller abgereist, als er angekommen war.

Friedliche Nutzung von Atomkatastrophen

Aber der Iran beschäftigt die Menschen nicht nur wegen der Menschenrechte beziehungsweise wegen keiner Menschenrechte.
Er hält auch alle auf Trab wegen seiner atomaren Anlagen.
Da will die Welt immer wieder und unbedingt Kontrolleure installieren. »Kontrolleure«, schreien Deutschland und der Westen, »Kontrolleure, Kontrolleure, Kontrolleure!!!«

Auf der anderen Seite hat Deutschland ein Asse II.
Das Atommülllager, in dem die Fässer seelenruhig auslaufen.
Da sucht man vergebens nach einem iranischen Kontrolleur.
Man hat Angst, dass der Iran bei seiner Atompolitik lügt, verschweigt, falsche Berechnungen in Umlauf bringt und alle gefährdet. Also hat man Angst, dass der Iran sich da genauso verhält –
wie Deutschland?
Oder auch wie Japan?

Als Fukushima geschah im Frühjahr 2011, begann Japan, genau wie es damals 1986 die UdSSR bei Tschernobyl tat, lange zu verschweigen, zu schönen und dürftig zu informieren.
Mit dem Unterschied, dass die Sowjetunion damals eine Diktatur war.
Japan soll ja eine Demokratie sein.
Die Sowjets haben damals Tausende Soldaten zum Aufräumen in das zerstörte Atomkraftwerk geschickt.
In Japan reichten wegen moderner Technik ein paar Hunderte

198

Soldaten, die das Gleiche taten. Aber freiwillig sind sie auch nicht da gewesen:

Sie wurden gezwungen von Ehre und Moral und Pflicht.

Kann es sein, dass sich die Systeme Demokratie und Diktatur doch ähnlicher sind, als wir vermuten?

Weil sich eben radikale Systeme und absolutistische Regierungsformen am besten bewähren, wenn es um das Überleben von allen geht?

Wobei ein Reaktorunfall jetzt als das größte anzunehmende Übel vorstellbar ist, das die Menschheit bedroht.

Aber der Mensch hat auch andere Dinge erschaffen, bei denen Tausende und Abertausende an den Spätfolgen krepieren:

Autos, Flugzeuge, Waffen, schlechte Ernährung.

In Fukushima sterben unvorstellbar viele Menschen an den Spätfolgen.

Wenn sie es erleben.

Viele werden vorher überfahren oder haben sich totgefressen.

Und zudem gibt es klare statistische Berechnungen, dass so etwas wie Fukushima nur alle 100 000 Jahre passieren kann.

Wie schnell die Zeit vergeht!

Und wer weiß, wie viele Jahre vergehen, bis die nächsten 100 000 Jahre rum sind?

Das kann ein Jahr dauern.

Und so hat Fukushima wieder gezeigt:

Atom ist wie das Leben.

Man sieht es nicht.

Und stirbt doch daran.

Und man braucht erst eine Katastrophe, um an die Gefahr zu glauben, aus der sie kommt.

Weil man erst sterben muss, damit man den Tod wahrhaben kann.

Auf jeden Fall wurde man durch Fukushima wieder der menschlichen Kurzsichtigkeit beraubt und hat man die Überheblichkeit zurückbekommen, als Menschheit in Größenordnungen zu denken, die nicht im Monats- oder Jahresbereich liegen, sondern in Zehntausenden von Jahren angesiedelt sind.

Gegen die Sorge, dass den deutschen Menschen etwas passieren könne durch ungesicherten Atommüll in vielleicht schon 30 000 Jahren, gibt es einen einfachen Tipp:

sich einfach nicht fortpflanzen.

Die Erde platzt ohnedies aus allen Nähten. Mit einer Menschheit, die die Sieben-Milliarden-Grenze längst überschritten hat. Vor Jahrhunderten hat einmal die Pest 95 Prozent der Griechen ausgerottet. Und ein weiteres Mal ein Drittel von Europa. Diese natürlichen Regulative gibt es heute nicht mehr.

Es gibt hierzulande keine Cholera und kaum Typhus mit solcher Breitenwirkung. Woran sollte man denn mal umkommen?

Um Platz zu machen für eine nachfolgende Generation, die dann am Atom krepieren kann? Man lässt ihr ja gar keine Möglichkeit, zu leben, um verrecken lassen zu können.

Es kann der Nächste nur in Frieden leben, wenn der Vorangegangene schon ausgestorben ist! Mit Sauriern könnten Menschen doch heute nicht existieren. Und wie viele Arten könnten leben ohne den Menschen?

Obwohl dieser Mensch resistent ist.

Es gibt nur drei Arten, die sich erst im Müll und übrigens auch im Atommüll zu vollem Leben entfalten:

Das sind Kakerlaken.

Das sind Ratten.

Und das ist der Mensch.

Wo es sauber ist, finden sich keine Schaben. Und keine Gegend, in der der Mensch sich aufhält, bleibt rein. Deswegen werden am Schluss von dieser Welt sowieso nur übrig sein:

Fungizide, Pestizide und Hominide.

Dazu kommt, dass sich wirklich die Relationen verschoben haben, was das Leben angeht. Wenn man bedenkt, dass man Millionen von riesenhaften Dinosauriern ungehindert hat aussterben lassen, und heute werden ganze Brücken nicht gebaut, weil eine Fledermaus daruntersitzt!

Es soll durch das Atom keiner umkommen in 30 000 Jahren. Aber gleichzeitig hat Deutschland in den letzten sechs Jahren seine Rüstungsexporte nahezu verdreifacht. Das Verrecken durch Atomkraft ist wohl nicht effektiv genug!?

Es dauert zu lange.

Deswegen schiebt man die Rüstungsexporte hinterher.

Dass es hier um das Leben geht, ist doch eine Lebenslüge.

Was heißt überhaupt »Leben«?

Was heißt Leben für die vielbeschworene nachfolgende Generation? Und was heißt überhaupt »nachfolgende Generation«?

Um die dreht sich immer alles:

Man will Schulden abbauen für die nachfolgende Generation, obwohl die vielleicht die Schulden geltend machen und dadurch weniger Steuern zahlen will. Man will Bildungseinrichtungen schaffen für Leute, von denen man noch gar nicht weiß, ob sie vielleicht lieber ins Ausland gehen und da studieren. Das Leben verläuft doch meistens so: Der Vater baut die Arztpraxis auf, und der Herr Sohn macht auf Friseur in der Karibik.

Und jetzt fängt man beim Atom auch noch mit der Sicherheit an, wegen der nachfolgenden Generation. Und keiner weiß, ob die Kinder oder Kindeskinder die überhaupt in Anspruch nehmen wollen.

Im Gegenteil, wenn man jetzt das Atom und die Atompolitik in diesem Lande vernachlässigt, müssen die Kinder später abwandern, und man braucht jetzt zusätzlich keine Bildungseinrichtungen hinzustellen, weil gar keiner dableibt.

Das nennt man Nachhaltigkeit.

Man weiß wirklich nicht, woher die Idee kommt, die nachfolgende Generation sorgenfrei leben zu lassen.

Was hat denn die vorfolgende der jetzigen nachfolgenden hinterlassen? Es war alles zerbombt und die Menschheit halbtot. Die Städte waren kaputt. Das war natürlich nicht nur zu deren Schaden. Sie konnten alles neu aufbauen und nach ihren Wünschen gestalten. Sie konnten sich verwirklichen.

Das ist doch auch das Ziel:

der Jugend Barrieren mit auf den Weg zu geben, an denen sie wachsen kann. Bisher wurde das Gegenteil praktiziert. Und was ist das Resultat? Die Jugend ist in Trägheit gelandet, knallt sich an den Schulen selbst ab und verblödet am PC.

Muss man unbedingt weiterhin die nachfolgende Generation zugrunde sanieren?

Was konnte man sich betätigen, als alles in Schutt und Asche lag nach dem Krieg. Heute sind es wenigstens Vorhaben wie das Wiederzusammenpuzzeln des Kölner Stadtarchivs. Da haben – wenn auch nur wenige – Menschen für 50 Jahre wieder eine klare, konkrete Aufgabe.

Man muss auch immer an die Zerstörung denken, damit die nachfolgende Generation etwas zu tun hat. Denn ohne die Katastrophe Zweiter Weltkrieg hätte es kein Wirtschaftswunder gegeben. Und ohne Diktatur wäre später nie ein Grundgesetz zustande gekommen.

Für große Leistungen braucht man vorher einen Schock.

Die Zerstörung der Eltern ist die Kreativität der Kinder.

Der Hass der Väter gibt den Söhnen den Traum der Verbrüderung zurück.

Die von den Enkeln verhöhnt wird.

Damit die Urenkel kaputtmachen.

Was die Ururenkel wieder aufbauen können.

Das ist Geschichte.

Und wenn die kommende Generation mit der Verpestung durch Atom aufwächst, geht sie doch auch viel leichter damit um.

Wenn die Kindeskinder im Sandkasten mit dem Atommüll spielen, dann lernen sie spielerisch, dass diese Gefahr zu ihrem Leben gehört.

Jedes Leben hat doch eine andere Zeit.

Wenn heute eine Mutter ihr Kind verliert, wird ein Leben lang getrauert. Mit Recht. Aber vor 200 Jahren hat von zehn Geburten eine halbe überlebt.

Da war das Kind Wegwerfware.

Nur diese heutige Generation glaubt, sie sei für die Ewigkeit geschaffen. Es muss zuerst einmal eine neue Menschheit her, die damit aufwächst, dass sie nur Beiwerk ist zu einem Vernichtungsprogramm der Natur, von dem der heutige Mensch viele Sicherheitskopien angefertigt hat.

Übrigens sprach Frau Merkel von der Beseitigung von radioaktivem Müll als dem Schlüsselproblem der friedlichen Nutzung. Und niemandem fiel auf, dass in diesem Satz die Lösung an sich liegt:

Dann soll man diesen Atommüll eben unfriedlich nutzen!

Stattdessen verschrotten Obama und Russland jetzt auch noch Atombomben! In den Waffen war es doch wenigstens sicher aufgehoben. Das Atom. Das wird jetzt möglicherweise auch noch in Asse II dazugelagert. Und das heißt, es ist das erste Mal, dass ungenutztes Kampfpotential die Menschheit mehr schützt als genutztes Friedensarsenal.

Deswegen liegt auch die Gefahr beim Iran gerade nicht in der Bombe. Sondern darin, dass die Verantwortlichen im Iran sagen, sie nutzen das Atom auch friedlich. Wenn der Iran auch irgendwann so ein Asse II haben wird wie Deutschland, dann wird der Friede die Menschen schneller ausrotten, als es alle Kriege bisher getan haben.

Klimahandel

Wenn dem Frieden die Umwelt nicht zuvorkommt.

Denn die ganze Diskussion um Atomkraft ist natürlich zuvorderst geprägt vom Klimawandel.

Für den sich Frau Merkel schon als Umweltministerin besonders breit gemacht hat. Sie hat immerhin Eisberge persönlich besucht. Sie hat ihnen zugesprochen in der Annahme, dass die Schmelze oft auch nur psychische Ursachen hat. Sie hat den Eisbergen Verständnis entgegengefiebert. Sie hat sich ihrer Sorgen angenommen. Und man hatte auch das Gefühl, die Eisberge haben sie verstanden.

Deswegen war für sie der Klimawandel in Grönland am besten aufgehoben: in großen Gehegen, mit viel Auslauf und trotzdem hinter Gittern und mit Elektrozäunen gesichert. Man darf da nur nicht heizen bei offenem Fenster und auch nicht Vollgas fahren. Also ist es verboten, den Klimawandel zu füttern.

Die deutsche Kanzlerin machte somit auf Katastrophentourismus. Ferien auf dem Bauernhof sind nicht mehr angesagt. Sie wollte sehen, wie der Kangia-Fjord kalbt. Der verschiebt sich jeden Tag um bis zu 30 Meter. Und von der abgebrochenen Gletscherkante hat sie sich sogar ein Stück mitgenommen und auf dem Schreibtisch aufgestellt. Und dokumentiert dadurch nachhaltig, dass sie auch persönlich dieses Klima retten will. Das gesamte Klima.

Weil sie erkannt hat, dass die Deutschen insgesamt dafür nicht zu gebrauchen sind. Klima ist für uns wie Beutekunst.

Wir haben sie erobert, aber zurückgeben tun wir sie nie!
Deswegen wollte Frau Merkel die Sache selbst in die Hand nehmen und in der EU den CO_2-Ausstoß um 20 Prozent verringern. Auf 80 Prozent. Bis zum Jahr 2020. Sollte sich der CO_2-Ausstoß in dieser Zeit um das Doppelte erhöhen, ist er immer noch um 60 Prozent höher als heute. Auf diese Weise, meinte sie, würde das Klima nur zu 80 Prozent vernichtet. Und wer braucht schon 100 Prozent Klima? Man soll sowieso nicht den ganzen Tag in der Sonne liegen.

Und außerdem:
Wenn das Klima so bald zu Ende geht, hat das natürlich auch etwas ungeheuer Beruhigendes für den Menschen.
Der hat in der Regel im Alter die übliche Depression wegen der ihm plötzlich bewusst werdenden Tatsache, dass er endlich ist und auf der Erde alles munter weitergeht nach seinem Tod. Ohne ihn. Er fühlt sich so ausgeschlossen. Und isoliert. Und einsam.
Und genau diese Emotionen gestalten sich nun anders. Wenn alles hinüber ist, wenn die Welt und das Klima hinüber sind, stirbt man selbst viel leichter.
Dann ist man einverstandener mit dem Tod.

Da allerdings das Klima schon 2020 dahingerafft sein soll, hat der ein Problem, der jetzt noch eine statistische Lebenserwartung hat von vielleicht 35 Jahren. Wenn die Erde aber schon erledigt ist im Jahr 2020, muss man sich beizeiten überlegen, wo man dann die restlichen Jahre verbringt!
Aber vielleicht wollen viele diese restlichen Jahre gar nicht verbringen, wenn sie mitbekommen haben, dass auch CDs nicht Hunderte von Jahren halten, sondern nur maximal 30 Jahre. Womit soll man dann das überschüssige Leben füllen?

Das Klima demnach retten zu wollen bis 2020 lässt Überlegungen nahelegen, dass auch hier Ignorieren wieder zum zentralen

Motto der Politik werden soll, mit dem sich so vieles andere in dieser Politik auch erledigt.

Vielleicht sollten wir uns lieber an die angenehmen Seiten des Klimawandels rechtzeitig gewöhnen. Damit wir daran mehr Freude haben, wenn wir es nicht mehr ändern können. Wenn sich die Jahreszeiten beispielsweise verschieben, blühen eben die Krokusse im Dezember. Wo ist das Problem?
Was macht es schon aus, ob wir im Januar Schnee schippen oder im August? Wer sich mit der Natur einlässt, muss Flexibilität mitbringen.

Man kauft auch jetzt schon Erdbeeren im Februar.
Wir haben doch sowieso bereits alles unpassend gemacht.
Und kümmern uns um keine Jahreszeit.
Spargel im Winter und Wintergemüse im Sommer sind unser täglich Brot. Jetzt bietet sich uns die Natur als Dienstleister an, und da passt es uns auch wieder nicht.
Weil wir das Gefühl haben, die Natur tut zwar eigentlich, was wir wollen, aber sie bestimmt, was wir bestimmen wollen. Diese Natur wird zunehmend selbstbestimmt.

Und wenn es uns wirklich zu warm wird, kommt diese Menschheit gewiss auf die Idee, nicht nur ganze Bürohäuser mit Klimaanlagen zu kühlen, sondern auch ganze Landschaften.
Damit wird es zwar noch wärmer, aber wenn wir mehr Energie verbrauchen, mehr Auto fahren, verstärkt nach Thailand fliegen, heizen bei offenem Fenster, dann wird es eben auch wärmer hier bei uns. Dann gehen Landstriche in Wüsten über, die Winter werden Sommerklima haben, und der Meeresspiegel steigt! Und wenn es dermaßen warm wird, heizt kein Mensch mehr. Wenn der Winter mild ist, fliegt man nicht mehr nach Fernost. Und wenn das Meer hochkommt, hat man durch den Wüstensand den Strand direkt vor der Haustür in Frankfurt am Main.

Und dann brauchen wir so wenig Energie und Kohlendioxid zu verbrauchen, dass das Klima sich total entwärmt.
Dann wird es so kalt in Deutschland, dass wir noch einmal froh sein werden um jede Klimakatastrophe!

Und deswegen wollen wir beim Klima jetzt alle richtig Gas geben. Denn wir wollen die Oberhand zurück. Seit Jahrhunderten hadert der Mensch mit seiner Geringfügigkeit.
Alles hat er schon erfunden:
das Auto, den Computer, die Raumfahrt, die Arbeitslosigkeit – nur hat noch niemand je jemanden vom Tod auferweckt.
Und das Wetter kann der Mensch auch noch nicht ändern.
Und dann heißt es auf einmal, wir seien schuld am Klimawandel. Bisher konnten wir den Regen nicht abstellen, und jetzt soll jeder Einzelne durch seinen persönlichen CO_2-Ausstoß daran Schuld tragen, dass es regnet und dass es wärmer wird?

Das ist ein ungeheuerliches Erfolgserlebnis.

Ändern wird sich also am Klimawandel nichts.
Aber wir werden uns dadurch nur wieder noch göttlicher fühlen. Bevor wir unsere Liebsten dem Klimagott opfern:
nämlich den Konsum und unsere Autos.
Damit wird das Klima zum Götzen aufgebaut. Zu einem Nebengott. Man wundert sich, dass die katholische Kirche noch kein Veto eingelegt hat. Wenn wir alle immer mehr ans Klima glauben, dann ist an Glauben für den Benedikt bald nichts mehr übrig. Da kann der Papst schon mal die Bibel umschreiben:
»Am Anfang schuf das Klima Himmel und Erde.«

Und dass das Ganze eine Verwechselung mit einer göttlichen Institution ist, sieht man schon an dem Ablasshandel mit der Dritten Welt: Wer da weniger CO_2 verbraucht, bekommt Geld, damit wir mehr umweltliche Sauereien machen können. Das ist katholische Kirche aus dem Mittelalter pur!

Man sieht, dass das Klima auf jeden Fall mit Gott zu tun hat, denn es ist mindestens so gerecht, wie unser bisheriger Gott es eigentlich sein sollte:
Bei der Erderwärmung sind alle gleich Opfer.
Aber auch alle sind gleich Täter.
Ist das nicht wunderbar?

Und selbst wenn wir sofort ohne Autos und Kühlschrank in Steinhöhlen ziehen würden, wäre das Klima trotzdem erst in 1000 Jahren wieder so, wie es vor zehn Jahren gewesen ist, sagen wissenschaftliche Untersuchungen. Aber so wie es vor zehn Jahren war, war es ja vor 1000 Jahren auch nicht! Das Klima wandelt sich dauernd!
Eiszeit, Steinzeit, Neandertal –
das Klima ist bereits so gebraucht.
Weil es schon Hunderte von Vorbesitzern hatte.
Was heißt denn, die Gletscher würden schmelzen?
Wenn die letzte Eiszeit nicht geschmolzen wäre, gäbe es gar kein Deutschland und kein Europa. Da könnten wir heute in Iglus hausen.
Denn was ist Klima?

Das sind Orkane, Schmelzeis, steigende Meere, Überschwemmungen, Hitze, Dürre, weniger Wasser –
nicht mal Al Kaida terrorisiert uns so wie dieses Klima.
Und außerdem hat es offenbar sein Gutes:
Im Jahr 2003 hat es beispielsweise durch den Klimawandel 35 000 Hitzetote gegeben. Aber durch diese Hitze gab es gleichzeitig etwa 100 000 Kältetote weniger! Wer da über das Klima klagt, bedauert doch offenbar nur, dass zu wenig krepiert sind. Da kann man nur sagen:
Das Klima ändert sich – was für eine Binsenweisheit.

Das Klima ändert sich jeden Tag. Und irgendeiner muss ständig davor warnen. Wenn das so weitergeht, kommt demnächst ein anderer und warnt davor, weiter am Morgen Kaffee zu trinken, weil es dann künftig nachts dunkel werden könnte in Deutschland. Vielleicht findet auch noch einmal jemand heraus, dass wir alle sterblich sind.

Oder täglich aufs Klo müssen.

Manager und Umweltanbieter und Umweltnutzer haben längst erkannt, dass die Welt sich noch schneller verändert, als wenn sie etwas für diese Veränderung tun.

Deswegen zahlen sie bei Umweltkatastrophen zwar hohe Abfindungssummen und entgelten Entschädigungsansprüche, scheinen aber gleichwohl ungerührt mit diesen Unglücken umzugehen.

Wenn wir uns nur erinnern an die Handhabung des Stopfens der Bohrlöcher im Golf von Mexiko im Frühjahr 2010 durch den betroffenen, oder besser: betroffen machenden Ölkonzern BP, der die Offenlegung und die Bergung offenbar immer weiter zu verzögern schien. Und der bemüht war, die öffentliche Darstellung einer gewissen Relativierung zu unterwerfen.

Am Tag liefen, hieß es, sechs Millionen Liter Öl unkontrolliert aus. Aber wenn man alle Ozeane zusammennehme, sei das ja homöopathische Dosis. Und die sei wahrscheinlich für die Natur auch noch heilsam. Jeder Sterne-Koch wisse doch: Ein Schuss Öl ins Nudelwasser, und nichts klebt mehr zusammen. So viele Nudeln ließen sich seinerzeit so schnell nicht auftreiben. Aber das Wasser wird ja nicht schlecht.

Man hatte das Gefühl, BP versuchte wochenlang, das Wasser so in den Griff zu bekommen, dass es nicht dauernd ins Öl reinlief. Und dieses Öl auch noch verschmutzte. Der Konzern hat vielleicht sogar zuerst versucht, herauszufinden, wo das ganze Wasser überhaupt herkam.

BP suchte darüber hinaus händeringend nachzuweisen, dass man in dieser Sache einfach ungerecht behandelt wurde. Denn

in Nigeria läuft jedes Jahr so viel Öl unkontrolliert aus Bohr-
löchern aus wie einmal bei dem einen Unglück mit der *Exxon
Valdez*. Aber keiner spricht davon.
Und man kann schlechterdings BP dann nicht verübeln, dass es
als Konzern auch dahin wollte – dass da keiner davon spricht.

Die Stärke von BP sei es schließlich, »an den Grenzen von
Technologie und Geologie« zu operieren. An den Grenzen von
Katastrophen und heiler Welt.
Und beim Thema »Katastrophen« konnten sie sich im Golf
von Mexiko ausgezeichnet bewähren. Eine schöne, stabile Ka-
tastrophe haben sie da durch den Untergang der Ölplattform
Deepwater Horizon mühsam aufgebaut. Und es ist ihnen auch
gelungen, sie zu Forschungszwecken lange zu erhalten.
Das heißt, sie hatten durch einen einzigen Vorfall unglaublich
viel Zeit bekommen, ganz allgemein zu experimentieren. Und
ein Experiment war auch schnell gelungen:
Es gab die ganzen Wochen des tragischen Vorfalls hindurch im
Golf von Mexiko immer noch mehr Wasser als austretendes Öl.
Das war ein Erfolgserlebnis.

Wer den Zweiten Weltkrieg überlebt hat, wer die Pest im
Mittelalter nachvollziehen kann, wer das Erdbeben von Haiti
vor Augen hat, der begreift nicht, dass sich Menschen erregen
können über Umstände, die vor den großen Katastrophen der
Menschheitsgeschichte als Lappalie dastehen.
Man erwartete, dass auch die Vorzüge eines solchen Ölunfalls
anerkannt würden:
Nach Hurrikanen und Taifunen bauen die Menschen jedes Mal
alles wieder auf, obwohl der nächste Taifun schon vor der Tür
steht. Bei Ölverseuchung ist ein Wiederaufbau auf Jahrzehnte
unmöglich. Das heißt, BP empfand, dass es endlich die Leute
dazu zwinge, sich woanders anzusiedeln. Da, wo sie nicht jedes
Jahr wieder neu anfangen müssen und alles von Grund auf aufbauen.

Wie man weiß, lag der Unfall auch in der Nähe von New Orleans, das erst kurze Zeit vorher 2005 nach dem Hurrikan »Katrina« wiederhergestellt worden war. Diese Doppelkosten hätte man sich sparen können, wenn man den Unfall durch BP – von dem BP wissen konnte, dass er kommt – abgewartet hätte.

Gleichwohl brachte der Ölunfall seinen Nutzen mit sich:
Die amerikanische Regierung hat zum Beispiel den Fischfang dort verboten. Das hat sicher einen unglaublichen Schub verursacht, um der Überfischung der Meere entgegenzuwirken.
Und BP hat sogar erwogen – gerade wegen der Probleme mit Norwegen und Japan, die nicht zu bewegen sind, Walfang und Delphinfang einzuschränken –, ähnliche Bohrlöcher dort undicht zu machen, um Norwegen und Japan durch Ungenießbarmachung der Tiere das Handwerk zu legen.
(Dafür ist dieser Text als Buch herausgegeben, damit Sie, lieber Leser, diesen Satz mehrmals lesen können!)

Man empfand, dass sich BP im Grunde nur dasselbe Recht herausnahm, wie es die Banken tun, die mit riskanten Derivaten hantieren. Sie improvisierten mit gewagten Bohrungen. Und sie wollten natürlich in dieser Notlage auch von der Weltgemeinschaft, die stets ihre Produkte getankt und verheizt hat, eine angemessene Unterstützung erhalten.

Und natürlich, das ist inzwischen bekannt, wurde die Aufsichtsbehörde von BP bestochen. Ganz Griechenland ist ohne Korruption, wie erwähnt, nicht denkbar. Und bekommt ständig dreistellige Milliardensummen Euro an Hilfe. Das war das Mindeste, was BP von der Welt auch verlangte. Sie wollten, genau wie Griechenland, eine umfassende finanzielle Unterstützung beanspruchen für ihr Fehlverhalten in den letzten Jahrzehnten.
Denn sie können schließlich nichts dafür, dass Behörden die Nichteinhaltung von Sicherheitsvorschriften gegen Geld ak-

zeptiert haben. Sie haben auch nicht gelogen. Die Wahrheit war für sie nur ganz einfach nicht erkennbar. Der Unfall im Golf von Mexiko war zustande gekommen durch das »Versagen einer Reihe von Abläufen, Systemen und Apparaturen«.

Und wenn die Direktorenriege von BP irgendwann diesen Satz verstanden haben wird, dann kann sie ihn uns sicher auch erläutern.

Sie wuschen ihre Hände in Öl.

Die Lage hatte sie im Griff.

Sie wuschen unsere Hände in Unschuld.

Wir führen Frieden in Afghanistan

Obwohl wir Deutschen eher in Schuld baden.
Deswegen haben wir uns auch in Afghanistan aufgehalten.
Und dafür gab es sogar irgendwann eine späte Begründung.
War man im Irak wegen des Öls, so hieß es auf einmal, in Afghanistan solle es Lithium geben.
Trotzdem blieben die meisten bei ihrer Forderung:
Raus aus Afghanistan!
Denn was der Einsatz in Afghanistan gesetzesändernd auch alles in Deutschland selbst durchgeknetet, umgemodelt und auf den Kopf gestellt hat, das übertraf sogar die Notstandsgesetze in den siebziger Jahren, die wegen des Terrors der RAF durchgesetzt worden waren:
Kontrolle, Ausspionieren, Erfassen, Verdächtigen.
Und die Fragen werden immer drängender:
Wie viel Rechtsstaat steckt eigentlich noch in Politikern, wenn sie sich bedroht fühlen?
Wie viel Moral bleibt bei einem Menschen übrig, der einen Mordanschlag befürchtet?
Wie viel Unschuld frisst der Krieg?

Auch da wird übrigens der Unterschied zum Bewältigen von Zerstörung durch Naturgewalten offensichtlich, nach denen alles wieder aufgebaut wird. Nach einem auch nur versuchten Terroranschlag wird jedes Mal nachgesehen, welche Teile an Rechtsstaat die Terroristen stehengelassen haben.
Und die werden dann weggesprengt.
Wieder aufbauen will sie keiner mehr.

Aber kann es dann überhaupt Erfolge geben, wenn deutsche Soldaten in Kabul im Kampf stehen, um das zu verteidigen, was sich Deutschland in über 65 Jahren nach dem Zweiten Weltkrieg aufgebaut hat an diesen Menschenrechten, an diesen Persönlichkeitsrechten, an Grundrechten, Datenschutz et cetera? Wo doch aus dem Zwang der inneren Verteidigung gegen Terroristen bereits so vieles davon durch diverse Bundesinnenminister auf dem Altar der Sicherheit geopfert worden ist?

Krieg in Afghanistan zu führen wurde eben schnell etwas anderes, als Brunnen zu bauen und Kindern zuzuwinken und Rosen am Revers der Waffen zu tragen.

Das ist eine Aufgabe für Pantomimen.

Im Kosovo, Bosnien und Somalia hatte die Bundeswehr schon versucht, Pantomime zu spielen. Sie hat in diesen Ländern Bewegungsabläufe vorgeführt.

Aber sie hat eben nicht gesprochen.

In Afghanistan hat die Bundeswehr begonnen zu reden.

Man wollte den direkten Kontakt pflegen. Und das sollte bedeuten, man wollte mit den Menschen dort leben. Aber eben auch mit ihnen sterben.

Ein Haus baut sich nicht ohne Steine und Mörtel.

Für das Haus »Frieden« sollte genügend Menschenmaterial aufgebracht werden.

Also stirbt man wieder für das Vaterland!

Das mag sich zu drastisch anhören.

Andererseits wollte man jungen Menschen in der Bundeswehr die Chance geben, in Afghanistan den Frieden aus der Nähe zu betrachten! Man wollte jungen Menschen die Chance auf ein ruhmvolles junges Ende ermöglichen. Statt hier in Deutschland qualvoll in Hartz IV dahinzuvegetieren.

Die BRD wollte nicht mehr, wie in den letzten 60 Jahren, liebste und beste Nation in den Augen der Weltgemeinschaft sein.

Der Weg dahin ist lang, liebste Soldaten zu haben und die beste Einstellung zum Krieg.

Dazu gehört natürlich, ihn zu akzeptieren.

Zu akzeptieren, dass Krieg auch Krieg ist.

Es mag den einen oder anderen Argumentator beruhigen, dass bisher in Afghanistan immer noch weniger deutsche Soldaten umgekommen sind als Menschen allein im deutschen Straßenverkehr monatlich. Nennen sie sich schon deswegen dort Friedenstruppe?

Weil weniger sterben? Als hier? Weil im Nahkampfgebiet Autobahn einfach mehr Personen dahingerafft werden?

Gleichwohl gehört zu diesem Einsatz, zu akzeptieren, dass eingesetzte Soldaten nicht mehr wiederkehren.

Weltpolitik kann auf Tote keine Rücksicht nehmen.

Und ein paar Tote machten keinen Abzug aus Afghanistan.

Das ist vielleicht unverhältnismäßig.

Aber wenn man eine Busreise in den Schwarzwald unternimmt und es verstirbt ein Fahrgast an Fischvergiftung, fahren ja auch nicht alle nach Hause.

Afghanistan war nicht der Schwarzwald!

Das ist verständlich.

Aber arbeitete die Bundesregierung nicht daran?

Insbesondere vor dem Hintergrund, dass es in Afghanistan nicht einfach mehr nur um Afghanistan ging, sondern seit dem 4. September 2009 nach einer Bombardierung von Tankwagen durch einen Oberst Klein um eine schriftlich so fixierte und ausgesprochene und ausgeschriebene »Vernichtung« von Aufständischen. Und die sei dementsprechend angemessen gewesen.

Was angesichts der vielen zivilen Opfer zwar nicht mehr als angemessen angesehen werden konnte, aber menschlich durchaus für verständlich gehalten wurde. Die Angemessenheit erstreckte sich also auf menschliche Unzulänglichkeit.

Damit war die Angst angemessen.
Die Reaktion war es nicht.

Das heißt, man kann von angemessener Reaktion sprechen, die aus unangemessener Angst hervorging.
Man kann auch kurz sagen: Sie hatten Angst im Krieg.
Doch die deutsche Welt störte sich an und fokussierte sich besonders auf Oberst Kleins Definition, Aufständische zu »vernichten«!
Denn diese Wortwahl führte direkt hin zum Vokabular der »Ausrottung« und des »Vernichtungsfeldzugs«.
Die Frage stellte sich, als wie groß die akute Bedrohung empfunden werden musste, um bei deutschen Menschen über ihre Geschichte hinaus wieder den Wunsch zu provozieren, zu »vernichten«.

Wie viel Mordbereitschaft steckt in einem Menschen, wenn er mit Mord bedroht wird?
Wie viel Mord frisst die Friedensbereitschaft, die aus Schuld geboren ist?
Die Empörung über die Vokabel »vernichten« machte die Bedenken in Afghanistan auf einmal zur Formsache.
Der Zweite Weltkrieg wurde plötzlich zu einer statischen Größe. Die Deutschen erfuhren, dass sie ihre Schuld als Folge des Dritten Reiches noch lange nicht verloren hatten, sondern nur bestehen oder sogar überleben können, wenn sie ihre Unschuld jeden Tag neu verlieren.
Wobei zu bedenken ist, dass unsere deutsche Unschuld von heute eigentlich nur eine chirurgische Wiederherstellung der Jungfräulichkeit bedeutet.
Eine Hymenalrekonstruktion.
Um den Partnern in aller Welt Unbeschmutztheit und Keuschheit vorzugaukeln.

Und da müssen die Deutschen sich als inzwischen kriegführende Nation von sich selbst fragen lassen, ob nicht der Wunsch, eine Bundeswehr zu haben, die eben nicht vernichtet, ein Mythos ist wie die Heilige Familie im Christentum?

Wollten die Deutschen nach ihrer Schuldkatastrophe des Dritten Reiches vielleicht sogar aufsteigen zur Heiligen Dreieingstirnigkeit der Weltgemeinschaft?

Die aus den Ruinen dieses Dritten Reiches wiederauferstanden sind als unschuldige Kinder?

Da kommt man wieder in die Grauzone der Diskussion, ob der Krieg – und in diesem Fall eben der Krieg in Afghanistan – angemessen sei. Oder ist die Verteidigung angemessen? Oder heißt Schuld, sich nur so lange verteidigen zu dürfen, bis man noch nicht schuldig werden muss?

Heißt Verteidigung, die erfolgreich ist, wieder schuldig zu werden? Oder lässt sich Schuld nur abtragen, indem man immer wieder die Schuld anderer erträgt?

Bedeutet sich zu wehren also, dass man akzeptieren muss, schuldig werden zu können?

Obama hatte seinerzeit bei der Verleihung des Friedensnobelpreises an ihn im Jahr 2009 von einem »notwendigen« Krieg gesprochen.

Wie notwendig ist die Schuld für das Überleben?
Geht es in Kabul gar nicht um Krieg?
Geht es um Schuld?
Führen wir Schuld in Afghanistan??

Schuld aus Prävention

Und führen wir diese Schuld wirklich nur aus, um gegen die Schuld von anderen vorzugehen? Wie viel Schuld muss man dann anderen entgegensetzen, um sich vor der Schuld anderer zu bewahren?
Ab wann kann man von Notwehr sprechen?

Und kann sogar Prävention Notwehr sein?
Manchmal hat man das Gefühl, dass ein Jonglieren mit Schuld in Form von Waffenexporten beispielsweise an Libyen oder an den Irak zwar die Unsicherheit in sich trägt, dass diese unberechenbaren Diktatoren unerwartet zuschlagen, wie etwa mit dem Anschlag auf die La-Belle-Diskothek in Berlin 1986 oder dem Jumbo-Abschuss über Lockerbie 1988. Aber dies schien man in einer Weise abzutun, wie Dompteure es von ihren Raubtieren sagen. Beißen die zu, heißt es, das sei der eigene Dompteurfehler gewesen. Man habe nur die falschen Bewegungen gemacht. Die Raubtiere Saddam oder der Beutegreifer Gaddafi hätten ja nur reagiert. Die könnten ja nichts dafür.

Ist es möglich, dass man diese Risiken eingeht, um ein neues Bild zu schaffen vom unschuldigen Deutschen? Ein Bild, das man durch Mitleid aufgrund solcher Vorfälle wie La Belle oder Lockerbie verstärkt sehen möchte?
In zunehmendem Maße funktioniert diese Praxis weniger.

Denn die Abmachung zur Lieferung von 200 Leopard-Panzern im Jahr 2011 an Saudi-Arabien wurde in der breiten Wähler-

schaft kaum mehr eingestuft als Gegenwehr gegen terroristische Gefahr, sondern eher mit der Frage begleitet, was wohl die Menschen selbst in Saudi-Arabien darüber denken, die seit Monaten gegen Unterdrückung auf die Straße gingen?
Die offen ihre Meinung sagen und damit Verfolgung riskieren?
Diese Lieferabmachung wurde zusätzlich mit der Frage begleitet, was wohl die Deutschen im Osten gesagt hätten, wenn 1989 zur Zeit der Montagsdemonstrationen umgekehrt Saudi-Arabien 200 Panzer an die DDR-Führung geschickt hätte?

Ist das nur nicht passiert, weil die DDR eben keine weltwichtigen Rohstoffe wie Öl hatte?
Ging es hier wirklich um die Verhinderung von Schuld durch Terror? Oder doch auch nur wieder um Energieressourcen?
Gehen deswegen auch deutsche Kriegsschiffe nach Angola?
Weil wir Sorgen haben vor den Vorwürfen unserer Kinder, wenn sie wegen fehlendem Benzin aus Nahost nicht nach Mallorca fliegen können, sondern nur einen aufsässigen Studenten in Riad gerettet haben?

Die deutschen Regierungen haben bisher offenbar keine Sorge gehabt, dass sich unsere Panzer bei den wechselnden Meinungen in diesem Raum auch einmal gegen Israel wenden und die Deutschen auf Umwegen wieder schuldig würden.
Unsere Regierungen sind möglicherweise sogar beruhigt, dass der Überträger unserer Schuld in Waffengestalt dann wenigstens direkt aus Deutschland kommt. Das wäre immerhin besser, als wenn er zum Beispiel aus dem Iran käme.
Nicht wegen der Unberechenbarkeit.
Sondern nur deswegen, weil wir Deutschen geübter sind.
In der Buße.
Und in der Wiedergutmachung.
Und im Vergeben der Fehler.
Der Fehler, die wir selbst gemacht haben.

Fehler wie die, in nicht ausreichendem Maße die Arabische Revolution zu unterstützen.

Statt dessen aber zum Beispiel Saudi-Arabien.

Natürlich nur, um den Iran in Schach zu halten.

Aber um den Kommunismus in Schach zu halten, hat der Westen schon Saddam unterstützt und Bin Laden. Und immer wurden die dann die großen Feinde des Westens. Wir schaffen uns also wieder einen größtmöglichen Feind für die Zukunft.

Aber mit dem Niedergang des alten Feindbildes Kommunismus reichen diese neuen alten Feinde nicht mehr.

Oder ist es eine Überreaktion, wenn sich die potentiellen Opfer von Terroristen – die Deutschen – als Täter empfinden? Weil sie ausgelauscht werden und vorverdächtigt an jedem Flughafen und in jedem Computer?

Der durchschaubare Deutsche

Man hat als deutscher Bürger seit langem das Gefühl, dass Regierungen auf der Suche nach Feindbildern vor allem die Gemeinsamkeiten erkannt haben:
Terroristen sind gegen Freiheit und Bürgerrechte?
Nun, das sind die deutschen Regierungen von links bis rechts offenbar auch.
Terroristen sind gegen Grundgesetz und Liberalität?
Aber welche deutsche Regierung hätte diese nicht selbst bereits eingeschränkt unter dem Vorwand, sie vor den Terroristen zu schützen?

Der Kampf gegen Terror ist erfolgreich, weil der deutsche Staat das eliminiert hat, was Terroristen zerstören wollten:
Freiheiten, Bürgerrechte, Liberalität, Datenschutz, Asylrecht und so weiter und so weiter.
Anschläge wie beispielsweise in Madrid 2004 oder in London 2005 sind durch Terroristen verursacht worden, die sich in völliger Freiheit bewegen konnten. Also gingen die Regierungen dazu über, mit den Terroristen auch die Provokationen für diese Terroristen zu beseitigen. Nicht nur der Terrorismus, auch die Freiheiten werden mittlerweile verfolgt bis in die letzten Winkel.
Denn wenn wir unsere Freiheiten nicht gehabt hätten, hätten wir ja wohl auch den Terror nicht, der diese Freiheiten bedrohen will, scheint man argumentieren zu wollen.
Die Würde des Menschen ist seit langem antastbar.

Und abtastbar ist sie auch.

Und das nicht nur durch den lange avisierten Nacktscanner.

Bei dem wir alle durch den Fotokopierer gejagt werden sollten. In dieser Konsequenz hätte man nach dem 11. September 2001 aber auch alle Wolkenkratzer in Frankfurt einreißen müssen. Zur Prophylaxe!

Das Grundgesetz wird auch prophylaktisch eingerissen.

Früher bedeutete Rechtsstaat:

»Im Zweifel für den Angeklagten«.

Heute heißt es:

»Im Zweifel alle anklagen«.

Die ganze Welt wird durchleuchtet. Es ist, als wenn man mit dem Inhalt einer Spraydose die eine Mücke im Wohnzimmer nicht erwischt und sich für die nächste Mücke 1000 Spraydosen bereitstellt.

Funktioniert wirklich so Weltpolitik?

Da war der Nacktscanner natürlich nur ein symbolischer Akt. Weil eben an Flughäfen am meisten passiert. Wenn nun Terroristen umdenken und öffentliche Klos in die Luft sprengen würden, dann ginge der Scanner gewiss nicht mehr von vorne durch die Brust, sondern von unten durch die Spülung in den Darm. Die Regierung ist da flexibel.

Deswegen warten wir jetzt schon auf den Gedankenscanner.

»Die Gedanken sind frei« ist ein altes Volkslied. Frei ist allerdings inzwischen nur noch das Gedankenleergut.

Natürlich hatten bislang die verantwortlichen Stellen zwar damit geprotzt, dass drei Viertel der deutschen Bürger einen solchen Nacktscanner befürworteten. Aber das hatte mit Angst vor dem Terror nichts zu tun.

Drei Viertel von uns sind reine Voyeure!

Da würden sich viele ohne Not und ohne Ticket aufmachen zum Flughafen, um mit einem solchen Nacktscanner das neue

Sexkino zu bewundern. Den Nacktscanner stellten sich viele vermutlich vor wie das Ursprüngliche, das Natürliche, den neuen Hausfrauenexhibitionismus.
Unprofessionelle, ursprüngliche Erotik im Departure-Camp.
Die Peepshow für den ahnungslosen Fluggast.
FKK im Abflugbereich.
Die Lufthansa als Nudistenpark.

Das Perfide war, dass man behauptet hat, den Nacktscanner installieren zu wollen wegen des Terrorismus und wegen der Bombengefahr und wegen der Islamisten.
Diese Islamisten bekämpfen uns bekanntlich wegen unserer Freizügigkeit. Bei denen ist Nacktheit auf den Tod verboten.

Und alles, was sie mit ihrem Terror erreicht hätten, wäre, dass die verhassten westlichen Staaten einfach alle Fluggäste regelrecht ausziehen. Sie hätten praktisch mit ihrem Terror noch mehr Freizügigkeit bei uns hervorgerufen!

Da könnten sich die Terroristen mal fragen, was gefährlicher ist für ihr geistliches Wohl:
Eine Karikatur über Mohammed aus Dänemark?
Oder eine Karikatur über sich selbst aus dem Nacktscanner in jedem Flughafen?!

Den Nacktscanner hat man zwar erst einmal hintangestellt:
Weil vielleicht eine gewisse Einsicht gereift war, dass Terroristen doch nicht nur zu bekämpfen sind durch Sicherheitsmaßnahmen.
Das sollte aber nicht darüber hinwegtäuschen, dass man prinzipiell der Meinung ist, den Terror nur eindämmen zu können durch geistige und persönliche Freiheitsberaubung der Opfer.
Freiheit funktioniert bei uns nur noch, wenn sie unter Polizeischutz steht. Und wenn sie beäugt wird von unseren Sicherheitsfundamentalisten.

Der Islamismus ist ja nach Kommunismus und Nationalsozialismus die dritte totalitäre Herausforderung. Die vierte große Herausforderung ist die totalitäre Demokratie in Deutschland.

Nur, muss die eigene Regierung wirklich zum Feind werden, damit sie Feinde bekämpfen kann?
Die Frage ist: Welcher Nacktscanner bewahrt uns nicht nur vor Terroristen, sondern auch vor unsern Politikern?
Und was ist eigentlich, wenn eine Frau in Burka durch den Scanner gehen soll und vor ihrem Gott nicht nackt dastehen darf? Hätte man das aus religiösen Gründen durchgehen lassen?
Ist das offenbar das Problem unserer Freiheit und unserer Privatsphäre und unserer Nacktscanner und unserer Kontrolle?
Ist das das wirkliche Problem?
Dass wir aus unserer Freiheit in über 60 Jahren keine Religion gemacht haben?
Wir glauben nicht an sie!
Wir glauben nicht mit Inbrunst an die Freiheit!

Damit man ein paar Terroristen fängt, verleumden wir die Werte, nach denen wir leben. Früher ist man in den Krieg gerannt und ist gefallen für Kaiser und Vaterland. Und diese Einstellung hat tatsächlich Jahrhunderte überlebt.

Wir leben vielleicht für unsere Überzeugungen. Heute überlebt das, wofür wir leben wollen, aber nicht sehr lange, weil wir dafür nicht mehr sterben können.
Mal sehen, wie lange wir selbst damit durchhalten.
Denn unsere Freiheit war bisher immer unsere Beatmungsmaschine.
Wir haben Hanns-Martin Schleyer 1977 umbringen lassen für unsere Ideale und für das Grundgesetz und für den Staat. Und für die Unerpressbarkeit dieses Staates. Und tatsächlich ist die RAF zugrunde gegangen.
Heute bringen wir unsere Freiheit um, weil wir glauben, wenn

wir sie als Opfer darbringen, sind die Herren des Terrors uns gnädig und merken nicht, dass wir nur damit überleben, indem wir uns dem Terror gleichmachen:

Wir sind beide wieder heidnisch geworden.

Die Freiheit ist ein Götze.

Wir halten unsere Freiheit nicht für überlebenstauglich.

Der Deutsche ist immer der Täter

Also resümieren wir:

Bei dem Beginn der Terrorbekämpfung ging es um die Sicherheit der Bürger. Inzwischen geht es um die Sicherheit des Staates vor dem Bürger.

Die Zahl der Sicherheitsvorschriften hat sich in den Jahren bedenklich der Zahl der Deutschen angenähert.

Man hat die Grundrechte in Sicherungshaft genommen.

Da kommt keiner mehr dran.

Man ist anscheinend der Ansicht, dass das Grundgesetz die Insignie der Macht sei in Deutschland und weggeschlossen gehört. Genauso wie die Kronjuwelen in Großbritannien streng abgeschirmt im Tower lagern.

Sie sind zu besichtigen. Aber sie sind nicht zu benutzen.

Außerdem sind viele Grundgesetzartikel einfach ein zu guter Grund für illegale und radikale Einwanderung. Und die beste Möglichkeit, sich Einbrecher vom Leibe zu halten, ist, keine Wertsachen im Haus zu haben. Wenn wir das Grundgesetz nicht mehr im Hause Deutschland haben, bricht auch kein Asylant mehr bei uns ein, schien man zu denken.

Und so wurde allmählich alles weggeschlossen.

Und es wurde dem Staat Tür und Tor und PC geöffnet.

Genauso wie man über die DNA schnellstens den Täter ermittelt, will man von jedem Deutschen jetzt die DNA benötigen. Denn der Deutsche ist ja nicht nur potentieller Terrorist, sondern eben auch potentieller Verbrecher oder Terroristensympathisant oder einfach nur Steuersünder.

Es geht um die Gefahr, die von den Deutschen an sich aus-geht. Praktiken wie Telefonüberwachung etwa waren bisher nur möglich zur Strafverfolgung. Aber man wollte nicht immer warten, bis der betreffende Deutsche auch tatsächlich tätlich geworden war. Insbesondere Psychologen gingen bisher davon aus, dass der Mensch, wenn er in Versuchung gerät, kriminell werden kann.

Die deutschen Regierungen machen es jetzt umgekehrt.

Sie behaupten, dass der Mensch nicht nur kriminell werden kann. Sie behaupten, dass er von Natur aus kriminell ist.

Oder zumindest kann man es ihm nachweisen. Und wenn er in Versuchung gerät, kann er unter Umständen unschuldig wer-den.

Es kommt eben nur darauf an, zum richtigen Zeitpunkt neue Gesetze zu erlassen oder andere Modalitäten zu finden, auf die der Einzelne sich nicht schnell genug umstellen kann.

So, um ein Beispiel zu geben, animiert man seit Jahrzehnten mit freier Fahrt und mit vielen Arbeitsplätzen zum Bau großer und schneller Autos und kommt dann von einem Tag auf den andern zu dem Schluss:

Wer wegen des CO_2, wegen des Klimas, des Ozons, der Umwelt oder wegen des Wetters noch große Autos schnell fährt, ist aus dem Stand ein Verbrecher.

Er ist zumindest Täter.

Und ebenso hat man den Terror als Vorwand benutzt, endlich etwas gegen den deutschen Bürger schlechthin zu tun.

Vornehmlich auch, weil die Unberechenbarkeit des Deutschen bereits bei den Wahlen immer mehr zunimmt. Das Wahlverhal-ten ist mittlerweile derart irrational, dass man schon deswegen das Bedürfnis zu haben scheint, den Wähler unter Dauerbeob-achtung zu stellen. Vielleicht träumt man sogar von der Auf-lage, bei geringen Abweichungen wie abfälligen Bemerkungen oder einer Vorliebe für gewisse Filme über Terror und Gewalt als Präventivmaßnahme eine bestimmte Partei – vielleicht die

CDU? – wählen zu müssen, etwa weil nur dort gewährleistet wäre, dass man nicht außer Kontrolle gerät.

Das ist zu verstehen als Fußfessel.

Und die CDU kann man seit Jahrzehnten durchaus verstehen als geistige Fußfessel des deutschen Bürgers.

Eines Bürgers, der noch Freigang hat.

Aber nur kontrollierten Freigang.

In einer Zeit zunehmender und gewissenhafterer Krebsvorsorge kann man schließlich nicht im Ernst empört sein, wenn man Vorsorge trifft gegen Wucherungen, die beim Wähler in seinen Ansichten wachsen könnten und die das Wahlverhalten beeinflussen.

Und wenn dem so ist, wäre es natürlich sinnlos, wenn man das nur unter Beobachtung stellt. Da muss sich eine Behandlung anschließen. Ist ein Knoten in der Brust, kommt der raus. Und dann kommen die Chemotherapien. Wenn ein Deutscher zu Terrorismus zu neigen scheint oder nur eine Sympathie dafür haben mag, ist das eine Wucherung. Und die muss raus.

Wir haben ja auch Sexualstraftäter, die kastriert werden.

Man kann sich heute schon Verdächtige vorstellen, die versehen werden mit implantierten Chips, die genormtes Regelverhalten auslösen und dem Staat die Überwachungssignale übermitteln, wenn sie in Berührung kommen mit kriminellen Affekten:

Sympathie für die Täter in Kriminalfilmen.

Wut auf die Regierung.

Wahlkreuz für die Piratenpartei.

Für all diese Eventualitäten können Hinweise reichen.

Es geht um Prophylaxe.

Der Deutsche lebt inzwischen mit allen Freiheiten in einer regelrechten »Flatrate«-Demokratie.

85 Prozent der Deutschen haben den Zweiten Weltkrieg nicht mehr erlebt. Oder sie haben ihn nur im Kleinkindzustand durchgemacht. Das bedeutet, dass sie gar nicht wissen, was

es bedeutet, sich Demokratie zu erkämpfen. Sie haben geistig nichts für ihre Freiheiten getan.

Sie haben sie ererbt.

Und wenn man bedenkt, dass ein Nelson Mandela etwa für seine Freiheit und für Demokratie Jahrzehnte im Gefängnis gesessen hat, kann es wohl nicht zu viel verlangt sein, Verständnis einzufordern, dass Leute, die in diesem Land demokratisch leben wollen, sich das erkämpfen, indem sie einfach vom Staat umfassend kontrolliert werden.

Dazu kann auch mal prophylaktischer Gewahrsam gehören.

Ist es also übertrieben, zu befürchten, dass die Entwicklung dahin geht, Terroristen, die uns bedrohen, auszuhebeln mit terroristischen Mitteln? Es mag das homöopathische Prinzip sein, Gleiches mit Gleichem zu vergelten. Deutschland scheint in dieser Lage immer mehr den Mut zu haben zum eigenen »Terrorismus«.

Man sagt, es geht um unsere Sicherheit.

Wer sicher leben will, braucht keine Menschenrechte!

Der gesicherte Deutsche

Wir brauchen innere Sicherheit.

Und das Grundgesetz greift da ja wohl zu kurz. Die deutsche Bevölkerung muss einfach sicher sein vor dem Grundgesetz und seinen Artikeln. Und was DDR und UdSSR und was Kuba praktizierten und praktizieren, war und ist ja nichts anderes als ein Idealschutz der eigenen Menschen, die dem jeweiligen Staat gehört haben.

Das hat sich Margot Honecker im April 2012 eindrucksvoll in ihrem ersten Interview seit 20 Jahren zurechtgefaselt.

Und nur, wenn der Staat genügend Verbrecher aufspürt, lohnt sich auch der immense Aufwand, den er mit seinen ganzen Sicherheitsgesetzen betreibt.

Videoüberwachung, Lauschangriff, offenes Bankgeheimnis, DNA von allen – damit kommt man auch der deutsch-deutschen Einheit einen großen Schritt näher:

Wo der Ostdeutsche sein Leben lang gewohnt war, von der Stasi bespitzelt zu werden, wird er sich im Westen jetzt auch endlich heimisch fühlen können.

Mit den neuen Gesetzen werden alle gefunden werden:

Terroristen, Schläfer, Diebe, Steuerbetrüger, Mörder, Bürger, Kinogänger, Ehemänner, Mütter, Kleingärtner.

Mit den neuen Gesetzen ist zum ersten Mal die Chance da, dass alle Deutschen Täter sind. Ab jetzt muss der Bürger beweisen, dass er unschuldig ist. Auch ohne dass ihm etwas Konkretes vorgeworfen wird.

Dabei helfen Fingerabdruck, Biometrik und offene Konten.

Und wenn über einen Unverdächtigen so gar nichts herauszubekommen ist, wer weiß, vielleicht werden letztlich auch Daumenschrauben und Streckbänke nötig sein, um ihm zu beweisen, dass er schuldig ist. Auch wenn er es selbst unter Umständen noch gar nicht gewusst hat.

Nach der Genfer Konvention darf bekanntlich niemand abgeschoben werden in ein Land, in dem ihm Folter oder Todesstrafe drohen. Das kann doch im Umkehrschluss nur bedeuten, dass man auf dem besten Wege ist, diesen Leuten in Deutschland Folter und Todesstrafe eben anzudrohen.
Um sie loswerden zu können!

Diese Vorstellung ist gar nicht so abwegig, lässt man doch jetzt schon Folter zu in Guantánamo. Oder in Marokko.

Gab es nicht den Fall des in Deutschland aufgewachsenen Türken Murat Kurnaz?! Der in Guantánamo viereinhalb Jahre einsaß und für dessen Freilassung sich nicht mal der damalige Bundesaußenminister Frank-Walter Steinmeier wirksam einsetzte?
Gab es nicht den Fall von Khaled al-Masri?! Einem aus dem Libanon stammenden Deutschen, der 2004 in Mazedonien von der CIA verschleppt wurde nach Afghanistan, wo er auch gefoltert wurde? Und die Frage blieb, ob deutsche Sicherheitsbehörden in den Fall verwickelt waren. Sie gaben wenigstens zu, dass sie Kenntnis davon genommen hatten, davon unterrichtet worden zu sein.
Und gab es nicht den Fall von Muhammad Haidar Zammar?! Der Deutsch-Syrer soll in einem syrischen Foltergefängnis sogar direkt von deutschen Beamten verhört worden sein.
Und es soll Gefangenenflüge der CIA über deutsches Gebiet gegeben haben. Das heißt, dass der deutsche Luftraum von der CIA geheim missbraucht wurde. Und dass die Bundesregierung von CIA-Flügen mit Häftlingen, die in Folterländer geflogen wurden, gewusst hat.

All diese Betroffenen entkamen schon nicht mehr der Praxis, die auch Deutschland anwendet. Nämlich die Opfer selbst zu bekämpfen.

Nämlich die Beweislast umzukehren:
Jeder Ausländer und jeder Deutsche, der aus dem Ausland kommt oder Kontakt zu einem Ausländer hat, und sei es auch nur, dass ihm eine Türkin Gemüse verkauft hat, muss nach der persönlichen Vorstellung der letztjährigen Bundesinnenminister beweisen, dass er kein Terrorist ist. Wenn wir erst mal ein Volk von Tatverdächtigen sind, braucht der Staat nur zuzugreifen. Dieser Staat wird irgendwann bei jedem Fahndungsaufruf sagen können:
Hier sind 80 Millionen Deutsche.
Und wir haben sie alle.

Dazu braucht man natürlich Hilfe:
Dazu braucht man Bürger, die Hinweise geben, Details melden, informieren, hysterisieren und denunzieren.
Gerhard Schröder hatte einstmals bereits die Idee zur Denunziation, indem er Bürger aufrief, eine anonyme Anzeige nicht zu scheuen, wenn sie den Verdacht hätten, der Nachbar habe steuerlich etwas gemauschelt.
Das Gegenargument war da bereits, dass zu viele Unschuldige hineingezogen würden. Dass es falsche Verdächtigungen gäbe. Oder auch irrtümliche Verhaftungen. Man beruhigte sich damit, dass ein deutscher Bürger ja auch wissen müsse, dass sich das nicht gegen ihn persönlich richten würde. Man müsse schließlich einen Unterschied machen, wenn man aufgrund von falschem Material wie einer Namensverwechslung etwa unter Umständen fünf Jahre im Gefängnis zubringe. Man habe dann doch zu der Haftzeit ein ganz anderes Verhältnis, wenn man wisse, dass in Wahrheit ein ganz anderer schuld ist.
Vielleicht sogar ein richtiger Terrorist.
Und nicht man selbst.

Im gemeinsamen Kampf gegen eine Bedrohung wie den Terror müssen auch Zivilpersonen, die nichts mit der Sache zu tun haben, weiter angegriffen werden dürfen vom Staat. Jeder muss einen Beitrag leisten. Es geht nicht an, dass der Bürger sich zurücklehnt und den Staat einen guten Mann sein lässt, der alles richten soll. Der Bürger ist der Staat.

Und der wird bedroht. Und wenn man dann als Unbescholtener vielleicht einmal verdächtigt wird, weil Gesichtszüge übereinstimmen oder Namensverwechslungen vorhanden sind, und man dann vielleicht versehentlich ein paar Jahre absitzt, dann ist das ein aktiver Beitrag zur Terrorbekämpfung.

Wir sind also schon weit vorangekommen im Abschaffen dessen, was Terroristen bei uns zerstören wollen. Und so geschieht es wohl auch nicht von ungefähr, dass Terrorakte oft in Deutschland vorbereitet werden. Mag sein, dass Extremisten hier eine Übereinstimmung im Geiste empfinden und den Nährboden, der mit Grundrechten und Liberalität kritisch so umgeht, wie sie sich das vorstellen?!

Terroristen und ihre Opfer sind ganz allmählich beidseits auf ihre Art Fundamentalisten geworden. Es entwickelt sich immer mehr eine Bekämpfung von Tätern und von Opfern. Denn der einfachste Weg, Wilddiebe loszuwerden, ist ja immer noch der, das Wild vorher selbst abzuschießen.
Und deswegen sehen unsere Bürokraten nur eine Alternative. Bevor Terroristen die Demokratien dieser Welt im Fadenkreuz haben und in ihnen die Freiheits- und Bürgerrechte abschießen wollen, die zum Beispiel unser Grundgesetz mit sich bringt, sagen die Geschäftsführer dieser Demokratie:
Wir werden euch nichts geben, um es zu zerstören.
Weil wir es vorher schon selbst zerstört haben.

Der Bürger als Kollateralschaden

Die Demokratie ist also besetzt in Deutschland.
Man sucht händeringend nach immer mehr Maßnahmen, um wildlebende Deutsche an den Staat zu gewöhnen. Als Grundvoraussetzung für Volksdressur oder Volksdomestikation.
Der Bürger ist bald nichts mehr als ein biometrischer Chip in der Hand des Staates. Denn ein Satz von Schiller wie der über die Gedankenfreiheit wird in diesen Tagen an sich schon zum Verbrechen, weil der Terrorismus bekanntlich im Kopf anfängt. Deswegen wurde ja auch unter Missachtung des Grundgesetzes über das Briefgeheimnis die Online-Durchsuchung von Computern mit Trojanern von diesem Staat installiert.
Man will in die Hirne der Menschen.

Wir haben eine konstitutionelle Demokratie!
Weil alle Rechte des Volkes als Herrscher beschnitten sind: Briefgeheimnis, Computergeheimnis, Datenschutz.
Und damit natürlich auch die Würde?
Der Staat hat genüsslich – um diesen Kalauer zu benutzen – die Würde zum Konjunktiv gemacht.
Manchmal hat man das Gefühl, der Terrorismus sei für die deutschen Regierungen mit Schily und Schäuble und Friedrich wie maßgeschneidert, damit sie die Deutschen im Zaum halten können.
Für die Demonstranten gegen den Weltwirtschaftsgipfel in Heiligendamm 2007 hatte Schäuble sogar Schnüffelhunde in der Hinterhand, die die Demonstranten erkennen sollten an

Geruchsproben. So wie es früher nur die Stasi gemacht hat. Wir erkennen: Die Parallelitäten werden immer mehr.

Und wer sich gegen diesen Staat wehrt, wird mittlerweile abgetan als Grundgesetzfetischist.

Wer die Menschenrechte einklagt oder nur die Bürgerrechte wie Demonstration, freie Meinungsäußerung, Briefgeheimnis, eigene Computerdaten, der gilt diesen Regierungen als pervers. Wer sich nicht in den Computer und damit auch nicht in die Unterhose sehen lässt, will also im Terrorismus umkommen.
Das heißt, er ist selbstmordgefährdet.
Und wer nicht auf das Demonstrieren verzichtet, unterstützt der nicht in der Konsequenz Al Kaida?

Man muss schon aufpassen, dass man nicht bei einem Verhör sagt, man stehe auf dem Boden des Grundgesetzes. Man könnte gegebenenfalls sofort eingeliefert werden in die geschlossene Psychiatrie.
Denn ob Einsatz der Bundeswehr im Inneren oder die geheime Ausforschung von Computern oder Fingerabdrücke im Pass:
Der Staat macht den Bürger zum Exhibitionisten.
Und verhaftet ihn dann.
Wegen Erregung öffentlichen Ärgernisses.

Der Bürger ist bei dieser Terrorbekämpfung nur noch der Kollateralschaden.
Denn mit einer übergreifenden, bundesweiten Terrordatei zum Beispiel vereinen zum ersten Mal seit den Nationalsozialisten Polizei und Geheimdienst wieder ihre Erkenntnisse. Damals hat sich – sarkastisch formuliert – der Überwachungsstaat auch bewährt. Oder gab es vielleicht Terroristen bei den Nazis? Natürlich nicht. Die Nazis waren ja selbst welche. Lässt sich also der internationale Terrorismus nur eindämmen, indem man selbst Terror ausübt???

Das große Ziel der Al Kaida ist bekanntlich, westliche Demokratien zu verunsichern und ihr freiheitliches Wesen zu verändern. Das hat auf jeden Fall schon mal wunderbar geklappt. Dabei bleiben die USA vielleicht das Land der unbeschränkten Möglichkeiten.
Aber Deutschland ist nur noch das Land der möglichen Beschränkungen.

Das Problem bleibt dabei stets, dass Menschenrechte, Grundgesetz und Bürgerrechte nicht wirtschaftsfähig und wirtschaftstragend sind. Bei ihrer Einhaltung, Umsetzung oder Verwirklichung steigt kein Bruttosozialprodukt. Wenn man aber Geschäfte machen kann, etwa durch Waffenlieferungen, haben beide Seiten einen Nutzen von eventuellen Menschenrechtsverletzungen: die andere Seite, weil es ein Genuss ist, und wir, weil wir uns mit dem Geld wieder für Menschenrechte einsetzen können. Und wenn es im Iran selbst wäre.

Informationsabfluss

Es ist natürlich auch denkbar, dass die Veränderungen im Informationsfluss zwischen Volk und Regierung respektive vom Volk zur Regierung nur deswegen als zu drastisch empfunden werden, weil sie so sehr ausufern in einer Gemeinschaft, die wir inzwischen »Globales Dorf« nennen.

Wenn man ehrlich ist, muss man andererseits zugeben, dass das Interesse des Staates, das informationelle Selbstbestimmungsrecht des Einzelnen zu unterwandern, auszutricksen und zu eliminieren, ein zutiefst menschliches ist. Wenn man es als Klatsch und Tratsch bezeichnet, ruft es ja auch sonst untereinander die größte Aufmerksamkeit hervor.
Und dieses Bedürfnis hat man in früherer Zeit von Haustür zu Haustür befriedigt oder am Gartenzaun mit Lockenwicklern im Haar oder der Heckenschere in der Hand.
In Zeiten des Internets aber und der weitgehenden Isolation erfährt heute kaum noch jemand gelebte Nachbarschaft. Er hat selten noch Nachbarn, mit denen er kommuniziert.
Früher riet die Frau von gegenüber, wo man am besten Zwetschgen kaufen könne und wo sie einen Euro billiger seien. Heute kriegt man dafür 20 Anrufe am Tag, weil das Angebot eben größer geworden ist. Die Nachbarin könnte die Fülle der Informationen schon zeitlich gar nicht weitergeben.
Früher hat man im Tante-Emma-Laden die intimsten Eheprobleme ausgeplaudert. Und der ganze Laden hatte zugehört. Dann hat man Beziehungstipps bekommen. Oder es hat einem jemand Kondome vorbeigebracht. Oder seine Frau, zur Ab-

wechslung. Weil man etwas voneinander gewusst hat. Früher hat man Briefmarken gesammelt, und man war stolz darauf, sie herzeigen zu können. Jeder hat davon gewusst und einem neue Briefmarken angeboten.

Für den Optimisten und Schöndenker mögen Daten nichts anderes sein als die Briefmarkensammlung von früher. Und so wie früher fragen heutzutage andere, die einem zu nahe treten wollen, am Telefon:

»Komm, ich zeige Ihnen Ihre Datensammlung.«

Anders ist gar nicht erklärbar, dass über das Sammeln durch den Staat der Datenklau durch die Privatwirtschaft so umfassend funktioniert.

Es handelt sich um Datendiebstähle, bei denen Millionen von Daten verkauft wurden für jeweils Tausende von Euro. Was wiederum ein weiterer Skandal in sich ist. Denn dies wären pro Datensatz ein paar Euro-Cent. Das heißt, dass das menschliche Leben billigst gehandelt wird. Deswegen kann die Empfehlung bald nur noch sein, die Daten selbst zu verkaufen.

Jeder ist doch Einzelhändler seines Glücks.

Und damit seiner Daten.

Vielleicht sollte man sich selbst anbieten.

Aus Goethes *Faust* kennt man noch den Akt, seine Seele zu verkaufen. Heute sind es die Daten. Mehr Seele als seine Daten hat der Einzelne in einer Konsumgesellschaft wie dieser ohnehin nicht mehr. Goethes Faust wollte für seine Seele noch die Unsterblichkeit haben. Der Normalbürger von heute kauft sich nur noch die Einbildung, durch die Preisgabe seiner Intimität etwas Billiges oder etwas geschenkt zu bekommen.

Was die Regierung nur irritiert bei ihrer vehementen Datensammelwut, ist die Antwort darauf aus dem Volk. Es ist die radikale Informationsgewalt von Internetportalen wie WikiLeaks oder Facebook oder Twitter. Die geben dem Bürger Informationen über den Staat in die Hand, die jede Privatsphäre der Regierung verletzen.

Es ist die Aufgabe der Bundesregierung, vor dem Terror zu warnen. Aber es kann ja nicht angehen, dass Informationsterroristen auf einmal warnen vor der Bundesregierung!

Zumal es konkrete Hinweise gibt auf immer noch nicht vollständig entschlüsselte Bürger. Und es gibt ernstzunehmende Hinweise, dass der normale Bürger nicht nur erfährt, was die Welt über den Staatsapparat denkt, sondern auch, was dieser Staatsapparat über den Bürger weiß.

Mehrmals schon wurde Terroralarm ausgerufen.
Bald wird man sich gezwungen sehen, Bürgeralarm zu melden.

Der Staatsapparat Deutschlands ist im Visier von Al Kaida. Durch WikiLeaks ist er jetzt auch noch im Visier des deutschen Wählers. Ab jetzt geht es um den Fortbestand der privaten Freiheit der Bundesregierungen.

Es gilt die Urheberrechtsverletzung, die im Netz immer noch groß geschrieben wird. Aber was Datensammeln, Datenvergleiche und dadurch Verdächtigungen und Vorverurteilungen angeht, muss man klar sagen: WikiLeaks macht sich zum Trittbrettfahrer der deutschen Regierungen.

Die sind allmählich auf einem guten Weg perfekter Kontrolle durch Online-Durchsuchung, Datenspeicher, Körperscanner.

Wenn jetzt durch die totale Information auch der Bürger uneingeschränkte Freiheiten bekommt, die er zum Beispiel bei WikiLeaks sogar ohne Namensnennung ausspielen kann, warum sollte er sie nicht nutzen für seinen ganz persönlichen Polizeistaat?

Die Kassiererin träumt ja nicht davon, den Chef zu beerben, um sich glücklich an der Kasse zu räkeln, sondern um selber Angestellte zu schikanieren. Weil der Mensch der Diktatur von Natur aus näher steht als der Demokratie.

Im Dritten Reich gab es eine kleine Widerstandsgruppe. Der Rest hat mitgemacht. In unserer Demokratie macht schon die Hälfte nicht mehr mit. Bei Kommunalwahlen wählt mehr als ein Drittel der Wahlberechtigten nicht.

Aus der Diktatur der DDR sind ein paar Hundert geflohen.

Aber Hunderttausende wollen die Mauer wiederhaben.

Weil es hier nichts mehr gibt, wogegen man sich existentiell wehren muss, um sich als Mensch näherzukommen.

Im Netz will jeder alles von sich wissen

Bei »Stuttgart 21« zum Beispiel wachte wohl vor allem deswegen demokratischer Geist auf, weil obligatorisch über die Köpfe hinweg entschieden worden war.

Der Bürger braucht den Zwang, um Freiheit zu erstreben. Wenn aber durch das Internet der Bürger keinen Zwang mehr verspürt, befürchtet die Regierung, dass er die endgültige Freiheit nutzen wird: zur antidemokratischen Einschränkung und Machtausübung über seine eigene Regierung.

So wie die Regierung es bisher getan hat.

Natürlich nur, um den Bürger in gesundem Maß und durch Widerstand zur Demokratie hinzuführen.

Denn wir sehen jetzt schon bei rechtsstaatlichen Reaktionen wie der Verhaftung von Julian Assange, dem Mitgründer von WikiLeaks, dass die radikal-informierten Nutzer sich Cyber-Kriege liefern und Websites lahmlegen und Adressen von Feindfiguren preisgeben. Das heißt, wenn man den Menschen nicht das meiste verschweigt, bricht er aus in Anarchie.

Aber wir sind auf einem guten Weg.

Wir haben Jahre des Aufstandes gegen die Regierung hinter uns und Zeiten der Politikverdrossenheit und der Ablehnung, die uns die politischen Würdenträger entgegengebracht haben. Demonstrationen weiten sich aus bis ins bürgerliche Lager. Gerade jedoch in der völligen Loslösung des Volkes von seinem Staat mithilfe von Interneteinrichtungen wie Facebook, WikiLeaks oder Google, die die völlige Freiheit und Offenheit versprechen, liegt die Keimzelle für die Selbstbeschränkung der Einzelnen.

Man stelle sich vor, man läge tagaus, tagein am Strand in praller Sonne, ohne Kommunikation, ohne Pflicht, ohne gebraucht zu werden. Das erträgt man nicht. Der Mensch erträgt nicht, alles zu wissen, alles frei selbst zu bestimmen, wie es ihm das Netz jetzt anbietet.

Man will auch nicht den eigenen Todeszeitpunkt kennen.
Das Netz zeigt uns, wie tot unser Staat in Wahrheit ist.

Es gab bekanntlich ungeheuerliche Proteste in den letzten Jahren wegen der Totalkontrolle der Bürger aus terroristischen Gründen. Jetzt gibt jedoch der Bürger denkwürdigerweise mehr preis in Facebook und Twitter und so weiter, als der Staat je aus ihm herausbekommen hätte.
Das bedeutet, der Bürger schafft selbst für den Staat vorauseilend gehorsam Kontrollmöglichkeiten über sich. Psychologen würden vermuten, dem ist so, weil dieser Bürger an die Hand genommen werden will. Wie der notorisch Straffällige froh ist, endlich erwischt zu werden. Der Bürger nutzt seine Freiheiten, um entdeckt zu werden, weil er seine eigene Gefährlichkeit erkannt hat. Er gibt dem Staat und den Mitbürgern deswegen durch Offenheit dutzendfach Möglichkeiten, ihn dingfest zu machen.

Facebook ist die Selbstbezichtigung des Bürgers, die dem Staatsanwalt endlich bestätigt, dass der Deutsche sich auch selbst als potentiellen Täter betrachtet.
Facebook, Twitter et cetera sind Selbstjustiz derer, die sich freiwillig mit Beweisen wieder in die Informationshaft des Staates begeben.
Sie verändern die Intimsphäre des Staates durch Bekanntmachung der Privatheit der Bürger, die der Staat kennt, aber nicht der Bürger von sich.
Das Volk legt hier seine eigene Stasiakte an.
Es wird Mitläufer mit einem System, das längst untergegangen war.

242

Daraus kann man schließen, dass der Mensch selbst unterdrückt, wenn er nicht unterdrückt wird.

Zur Not unterdrückt er auch sich.

Wenn man das Datensammeln und Ausspionieren, den Verrat und die Intimlosigkeit der augenblicklichen Gesellschaft betrachtet, kommt man zu dem Schluss, dass der Untergang der DDR absolut unnötig war.

Selten haben sich staatsdiktatorische Mechanismen so stabilisiert wie die der alten Staatssicherheit im Internet.

Es ist bemerkenswert, dass Facebook jetzt an die Börse gegangen ist. Mit den Daten, die der Staat schon längst über deutsche Bürger gesammelt hat, fragt man sich, warum das Innenministerium das nicht schon längst getan hat.

Es bleibt, nebenbei bemerkt, bis heute unerklärlich, warum Exhibitionisten am Straßenrand strafrechtlich verfolgt werden, Facebook-Nutzer aber ungehindert weit mehr entblößen als ihre körperlichen Weichteile.

Und mehr ist es tatsächlich auch nicht!

Aber jetzt erfährt es endlich einmal die Welt.

Die Welt beginnt zu begreifen, dass das Leben nicht so spannend ist, wie es das Internet immer vorgaukelt. Die Chancen der Medienwelt enden bei »Google Street View« mit dem Blick auf Gartenzwerge. Mehr ist im Leben offenbar nicht drin. Humboldt und Darwin haben damals noch die Welt ausgelotet. Mit Google wird der langweilige normale Durchschnittsbürger vermessen. Und mehr als ein Zwei-Meter-Zollstock wird dafür nicht gebraucht. Deswegen regen sich auch alle Betroffenen so auf. Weil sie Angst haben, dass die Welt merkt: Mehr als ein Blumenbeet mit Unkraut ist bei ihnen geistig nicht zu holen.

Denn Google kann, was der Mensch trotz Geschichte nicht vermag: Es lernt sehen!

Bei den heutigen staatlichen und medientechnischen Einzwän-
gungsmechanismen beginnt man plötzlich zu begreifen, warum
in der DDR FKK so beliebt war.
Es war deren einzige Freiheit:
sich entblößt allen zu zeigen.
Man drehte sich um und sagte damit:
»Ihr könnt uns mal.«
Unsere heutige Freiheit ist, dass wir uns im Netz entblößen.
Wir haben eine Freiseelenkultur.
Wir strecken der Regierung die Zunge raus und meinen, sie
kann uns nichts mehr nehmen.
Wir haben nichts Persönliches mehr. Durch Google.
Wir sind durchsichtig.

Anders ausgedrückt, könnte man auch sagen, wir sind mit unseren Ängsten und Sorgen für die Regierung, für Google und
für die Banken Luft.

Was uns vordergründig ablenkt, ist ja der Glaube, dass wir
durch Google den Datenklau selbst in die Hand genommen
haben. Wir spielen selbst Datenkrake. Bei uns. Wir ketten uns
an unsere eigene Öffentlichkeit. Und so können vielleicht dann
einmal Lothar de Maizière, Luc Jochimsen oder Gregor Gysi
auch von diesem Staat behaupten, wie sie es über die DDR
schon immer gesagt haben:
Die BRD war kein Unrechtsstaat.

Weil der Bürger zum Staat wird.
Und weil er sich immer mehr durchsetzt:
Rauchergesetze, Schulreform, Stuttgart 21.
Der Staat wird Privatsache.
Das Volk kapiert endlich, dass es Machthaber ist.
Demokratie heißt Volksherrschaft.
Deswegen empören wir uns, wenn unsere Untergebenen – die
Regierung, Merkel, Mappus, Steinmeier – Datenkontrollen

machen. Aber wir sind wie jeder Betrieb von Lidl bis Telekom, von Edeka bis zur Bahn und zum bayrischen Verfassungsschutz mit Begeisterung dabei, wenn wir es tun.
Der Unterschied ist nur:
Die Regierung macht Datenklau, weil sie das Volk als Verbrecher ansieht. Unser Google nimmt das Volk als Kunde und umwirbt es mit Lockrufen und Angeboten.

Die Müllerstochter hat uns im Märchen Stroh zu Gold gesponnen. Google spinnt aus langweiligen Daten Geld. Es macht aus faden, trostlosen Fassaden Kohle. Mit öden Vorgärten wird Google reich. Und wir sind ein Teil davon.
Die Privatsphäre wird massenhaft geklaut.
Aber wir haben endlich Gleichheit.

Das ist der Sozialismus der Elektronik.
Wir kommen nicht raus.
Der PC ist unsere Mauer.

Wir sind alle in Sicherungsverwahrung.
Wollen wir die totale Erfassung??
Jaaaa!!!

Und nach den Erfahrungen mit Online-Durchsuchung, Abhören und Lauschangriff ist es doch beruhigend, dass das Volk Vertreter des politischen Willens geworden ist.
Man hat geglaubt, Politiker hätten mit dem Volk immer weniger zu tun. Aber das Volk hat mit Politik immer mehr gemeinsam. Man muss das Volk nur Politiker sein lassen. Wenn das so weitergeht, werden wir die Vertreter der Volksvertreter.

Zieht uns die Regierung aus gegen unsern Willen, ist es Vergewaltigung. Machen wir es selber, ist es Exhibitionismus. Machen es alle freiwillig –
vergewaltigen sich die Exhibitionisten selbst.

Und wer wirklich meint, er habe wegen der Kontrolle durch Google dann mehr Privatheit, wenn er zu Lidl, zum Bahnhof oder in die Einkaufspassage geht, wird dort erfasst von Kameras der Regierung oder der Geschäftsführung. Wer jetzt noch Privatheit will, weiß, dass er ganz nah ist bei vielen Afghaninnen: Er muss die Burka nehmen.

Und damit bekennt er sich vor diesem Staat wieder als politischer Terrorist. Wer hier noch privat sein will, denkt vom Ansatz her extremistisch.

Wie viel Gewalt braucht der Staat?

Demokratie ist für die Regierung eine Emotion.
Nach über 60 Jahren wacht diese Demokratie endlich auf aus dem Winterschlaf der Gutgläubigen.
Demokratie ist ein Polster von Grundrechten, die man aus der Not der Nachkriegszeit nach 1945 geboren hatte. Man hatte nichts zu essen. Also machte man sich wenigstens ein paar schöne Gesetze. Um den Hunger schön angerichtet servieren zu können. Man sagte sich, es sei schön, wenn man sie hätte. Aber wenn man satt ist und immer noch diese Rechte herumliegen, stören sie eigentlich nur. Sie wirken unaufgeräumt. Das ist wie mit den berühmten Büchern auf der einsamen Insel:
Alle Bücher müssen mit, aber man liest nicht ein einziges.

Wenn man sieht, wie ein Wulff, ein Schäuble, ein Kohl, ein Kauder, eine Ypsilanti und so viele mehr mit der Demokratie umgingen und umgehen, wenn man an Überlegungen denkt, die Bundeswehr im Innern einzusetzen und Flugzeuge abzuschießen, die entführt wurden, wenn man an verschleuderte Finanzen denkt, an sinnlose Projekte wie mit klassischer Musik bespielte Klohäuschen in Leipzig oder ohne weitere Planungsverfahren in die Landschaft gestellte Brücken, für die es nie eine Straße gegeben hat, wenn man an Lügen und Hintergehungen denkt, ahnt man auch, warum der innerdeutsche Terror vor über 30 Jahren den Staat so hypnotisiert hat:
Die RAF wollte einen anderen Staat.
Das war keine Gefahr.

Das war Konkurrenz.
Das wollten diverse Parteien relativ gewaltlos alleine hinbekommen.

Deswegen plädierten seinerzeit auch so viele für eine vorzeitige Begnadigung von Christian Klar. Er war keine Gefahr mehr. Führungspersonen wie Hartz und Ackermann haben niemanden umgebracht. Aber wollten die nicht auch einen anderen Staat? Haben sie nicht einen Staat im Staat verwirklicht?

War deshalb Deutschland damals gespalten über diesen potentiellen Gnadenakt an Christian Klar?
Und war es deswegen so aufgewühlt?
Hatten wir Sorge, dass wir Klar zu ähnlich geworden waren?
Denn hassen wir nicht auch das System, wenn wir auf Managergehälter schauen und auf Abfindungen in Milliardenhöhe, während wir selbst arbeitslos sind und nur 800 Euro im Monat zur Verfügung haben? Wenn wir auf die kaputte Umwelt schauen und hohe Politikerpensionen und an Ehrensold für unliebsame Bundespräsidenten denken – träumen wir da nicht alle auch einmal davon, Bomben zu werfen? Wer wäre da im Nebenberuf nicht gerne Extremist? Hassten wir deswegen Herrn Klar, weil wir uns selbst nie gewehrt haben?

Und trotzdem wollen wir ja nie freigelassen werden.
Aus diesem Rechtsstaat, der uns immer unrechter vorkommt.
Also wollten wir Herrn Klar auch nicht freilassen sollen.
Denn auch wir vernichten und zerstören die Umwelt, das Soziale, das Nebenher, was uns hervorgebracht hat. Das vernichten wir im Großen. So wie die RAF es damals gemacht hat im Kleinen.
Und wir fragen uns: Wer gibt uns Gnade?
Wer entlässt uns aus unserer Schuld, aus der Versteppung unserer Landschaft, aus den Orkanen, aus dem Ansteigen der Meeresspiegel, aus der Vernichtung von Lebensräumen? Wir

müssen das alles absitzen. Wir kommen nicht frei! Weil keiner da ist, der über uns wäre und Gnade kennt. Gott kennt keine Gnade. Warum sollen wir sie dann kennen, wo wir nur den Gott spielen in dieser Welt?
Wollen wir uns erheben über uns?
Und geben uns Frieden?
Wollen wir zu uns Amen sagen?

Mit dieser Diskussion um Gnade, Schuld, Sühne und Reue wurde deutlich, dass uns mit Christentum und Rechtsstaat etwas zugemutet wurde, was wir menschlich gar nicht leben können.
Hier steht uns unser Glaube im Weg:
Wie einfach könnte das Menschsein sein. Denn das Menschsein an sich ist einfach. Das Menschliche kennt die Rache, und der Fall ist erledigt. Aber hier rächt sich, dass wir im Verzeihen übermenschlicher sein wollen, als Gott selbst es ist.

Gott, der wahllos mit Klimakatastrophen und Kinderschändern auf uns einschlägt. Das kommt uns doch gerne vor als üble Rache an unserer Fehlbarkeit.
Bekommen wir Gnade, wenn wir begnadigen?
Blieb deswegen Christian Klar bis zum Ende der vorgesehenen Zeit in Haft? Mussten wir deswegen Gnade ablehnen?
Weil wir uns damit nur erheben wollen über uns?
Denn das ist die erschreckende Erkenntnis:
Wer Opfer war, muss tierisch Rache üben oder gottgleich verzeihen. Als Mensch hat er ausgedient. Als Opfer ist er keiner mehr von uns. Deswegen wird von Opfern nach einer Tat auch in der Regel nicht mehr gesprochen. Wir werden nicht fertig damit, dass andere an uns schuldig geworden sind.

Vielleicht ist das der Grund, dass wir nur langsam beginnen, uns zu wehren gegen den generellen Schuldspruch der Regierung, die in jedem von uns zuerst den potentiellen Täter sieht.

Vielleicht ist das der Grund, dass wir nur langsam beginnen, Demokratie so auszulegen und zu praktizieren, wie wir allmählich erkennen, dass sie angelegt war 1949.

Mut zur Katastrophe

Wir sind dennoch wirklich auf einem guten Weg.
Auf einem Weg zu demokratischem Bewusstsein, das von ausufernder Informationsmöglichkeit und definierterem Selbstbestimmungswillen geprägt ist.

Aber wir tun uns unendlich schwer damit.
Weil wir nicht aus unserer Haut können.
Weil wir Deutschen unter vielen Nationen diejenigen sind, die besonders geprägt sind durch Absurdität, vorauseilender Psychologie und gefühltem gesunden Menschenverstand.

Wenn wir nur denken an die Atomkatastrophe in Fukushima im März 2011:
In Japan machte sich atomare Verstrahlung breit.
Aber in Deutschland waren die Geigerzähler ausverkauft.
In Japan starben 20 000 Menschen beim Tsunami.
Aber in Deutschland waren wir schockiert über Opfer, die wir haben könnten, wenn wir einen Tsunami haben würden.
In Japan haben sie Angst vor Spätschäden.
Aber wir Deutschen hatten im Angesicht der Katastrophe dort hier bereits Frühschäden. Wir haben Phantomschmerzen an den dritten Beinen oder Armen, die unseren Urenkeln durch Atomverseuchung erst noch wachsen werden.
Wir Deutschen brauchen erst eine Katastrophe irgendwo auf der Welt, um an die Gefahr zu glauben, aus der sie kommt. Weil der Deutsche erst sterben muss, damit er den Tod wahrhaben will.

Wobei wir uns natürlich damit beruhigen könnten, dass in Deutschland kaum ein Tsunami möglich ist, der unberechen bar über uns hereinbräche. Und der für Atomkraftwerke ein Risiko sein könnte. In den allermeisten bundesdeutschen Gebieten ist das dazugehörige Meerwasser einfach zu weit weg. Dafür haben wir aber den Menschen mit seinem möglichen menschlichen Versagen. Und deswegen ist der deutsche Mensch auch so entsetzt – weil er nicht so perfekt funktioniert wie die japanische Roboterbevölkerung. Die flüchtete in der Not nicht mal aus Tokio, weil sie an die Gemeinschaft mit ihren Mitmenschen dachte. Über diese heidnischen Gefühlsduseleien sind wir Deutschen schon seit dem Mittelalter raus.

Nein, wir haben als Tsunami den Menschen.
In Japan hat die Natur zugeschlagen.
Hier kann diese Natur nur der Mensch sein. Alle Störfälle in Deutschland gingen in den letzten Jahren zurück auf menschliches Versagen. Weil der Mensch eben genauso wenig zu kontrollieren ist wie die Natur. Der Mensch ist eine Sicherung, die jederzeit durchbrennen kann.
Der größte anzunehmende Unfall ist der Mensch selbst.

Wobei die Chancen von Gefahr und von Not für die Allgemeinheit wohl nicht zu überschätzen sind.
Und je größer die Angst, umso positiver mag das für das Gemeinschaftsgefühl sein. Je schlechter es dem Einzelnen geht, umso mehr bemerkt er, dass er nicht alleine ist auf dieser Welt. Die Japaner beispielsweise waren ja immer ganz ehrenrührig und haben stets der Welt vermittelt: Wir brauchen euch nicht, wir kommen allein zurecht. In der Atomangst durch Fukushima ist es das erste Mal, dass die Japaner Hilfe von außen annehmen. Denn Hilfe von außen anzunehmen heißt in Japan, sein Gesicht zu verlieren. Das spielte dann keine Rolle mehr. Denn wegen Staub und Seuchen trugen alle Mundschutz. Da sah man vom Gesicht ohnehin nicht mehr viel.

Während in Europa jeder hemmungslos Hilfe annimmt:
Portugal oder Griechenland oder Spanien.
Ohne jeden Mundschutz.
Aber wer hat in Europa schon ein Gesicht?

Für einen Bahnhof wird die Demokratie umgegraben

Wenn nun wirklich etwas beginnt, sich zu verändern, so wird es andererseits natürlich schon auch erleichtert durch die Informationsmassivität des Internets und gleichzeitig durch seine Vereinfachung. Die mühselige Umsetzung von Wählerwillen in Politik scheint endlich sichtbaren Erfolg haben zu können. Wenn er auch nur ideell ist.

Seit Jahren demonstrieren also die Menschen in Stuttgart gegen einen Bahnhof, den sie nicht wollten.
Ein Bahnhof, der unter die Erde gelegt werden soll, damit – so die offizielle Begründung – Stuttgart oberirdisch innerstädtisch weiter wachsen könne. Denn Stuttgart liegt in einem Talkessel, so dass es in die geographische Breite nicht viel weiter wachsen kann. Und da sagten die Stuttgarter bald, das wollten sie nicht. Der Bahnhof solle oben weiter wachsen dürfen. Stuttgart gehört unter die Erde.

Natürlich war auch eine Portion Neid dabei, von Seiten der alten CDU-Landesregierung unter einem Stefan Mappus. Denn einige Zeit davor hatte man in Berlin vor dem Roten Rathaus gegraben und alte Kunst entdeckt, die dort zum Schutz vor der Verfolgung durch die Nazis 70 Jahre vorher in der Erde versteckt worden war. Daraufhin war Stefan Mappus natürlich der Ansicht, der Stuttgarter Hauptbahnhof sei auch Kunst, der stehe unter Denkmalschutz. Und wenn die Schwaben in 70 Jahren einmal etwas finden wollten, müssten sie es jetzt schon vergraben.

Und so wurde »Stuttgart 21« praktisch zum Dschihad im eigenen Land. Zum Glaubensbekenntnis. Das durch nackte Tatsachen dem Prinzip des Glaubens zunehmend widersprach.

Und diese Tatsachen sind beispielsweise nicht berücksichtigte Signalanlagen in den Tunnels; sind über einen Meter kleinere Radien der Tunnels, als es die EU-Norm vorsieht; sind Bahnsteigegefälle, die sechsmal so stark sind wie erlaubt, was auf eine Bahnsteiglänge der Höhe von zwei Stockwerken eines Hauses entspricht. Um Kinderwagen oder Rollstühle daran zu hindern, auf die Gleise abzurutschen, müssen die Bahnsteige nach innen gesenkt und eingeriffelt werden. Man kann sich den Lärm vorstellen, den Gepäck macht, wenn es darübergezogen wird.
Diese Tatsachen sind ferner Wasserpumpen, die das Grundwasser abpumpen müssen, solange dieses Stuttgart existiert. Und wenn es noch ein paar tausend Jahre dauert.

Trotz alledem beharrten deutsche Bundesregierung, schwäbische Landesregierung und Deutsche Bahn auf den vor langer Zeit abgeschlossenen Verträgen, ließen sich alles im Großen und Ganzen von einem Symposion mit Herrn Geißler absegnen und erduldeten schließlich widerwillig eine Volksbefragung zu diesem Thema. Das Volk sollte endlich seine Meinung abgeben zu ebenjenem »Stuttgart 21«. Seine Meinung!
Das war schon recht schwierig. Denn Baden-Württemberg hatte fast 60 Jahre eine CDU-Regierung.
Wann hätte man da jemals eine eigene Meinung gebraucht?

Diese Meinung war jedoch im Grunde am Ende wichtiger, als es der Bahnhof inzwischen selbst geworden war, und veranlasste die Stuttgarter Bürger fast schon dazu, der Ansicht zu sein, sogar die Ägypter und Libyer animiert zu haben zu ihrem Recht auf freie Meinungsäußerung durch diese bahnhöflichen Demonstrationen.

Die Volksbefragung ergab zwar ein Votum für den Bau des neuen Bahnhofs. Aber wer meinte, dass er verloren hatte mit dieser Volksabstimmung zu »Stuttgart 21«, wusste jetzt wenigstens, dass doch nicht demokratische Instanzen und rechtskräftige Verträge auf Dauer Erfolg haben. Sondern vor allem demokratische Fehlinformationen und rechtskräftige Lügen.
Und sie haben vor allem Bestand.

Nur, warum sollte es in Stuttgart anders sein als in ganz Europa? Griechenland ist mit Lügen, Tricksereien und falschen Angaben an unseren Euro gekommen. Das ist inzwischen wirklich bewiesen. Trotzdem wirft die EU den Griechen noch mehr Geld hinterher. Wieso sollte man dann die Deutsche Bahn aus Stuttgart rauswerfen, wo sie bei Gleissteigung, bei Notrampen, bei Kosten, bei Tunnelröhrenbreite, bei Stromversorgung und Signalanlagen auch nur getrickst hat?
Die Deutsche Bahn ist unser Griechenland.

Vielleicht übersahen wir bisher vor lauter Ärger und über diesem Thema gespaltener Freundschaften die Chancen, die uns daraus erwachsen können und die weit größer sind, als die Versprechungen der Bahn es ahnen lassen.
Denn nach dem Ersten Weltkrieg hatte man alles wieder aufbauen können. Dann kam der Zweite Weltkrieg. Alles war wieder kaputt. Und man konnte wieder alles aufbauen. Die Unternehmen florierten, und es gab sogar ein Wirtschaftswunder. Diese Phase dauert fast 70 Jahre. Wie will man in Stuttgart jemals wieder ein Wirtschaftswunder haben, wenn ein Krieg oder die Deutsche Bahn nicht vorher alles in Schutt gelegt haben?

Dennoch ist es denkwürdig, dass ein Bahnhof es quasi zur vierten Weltreligion gebracht hat.
Der Turmbau zu Babel geht in Stuttgart nur in die Tiefe.
Aber genauso wie damals spalten sich alle Beteiligten auf in verschiedene Sprachen, mit denen keiner mehr die anderen ver-

steht. Die ehemalige baden-württembergische Landesregierung und die Führungsebene der Deutschen Bahn haben es wirklich erreicht, dass die schwäbische Menschheit auseinandergefallen ist. Die Sprachverwirrung in den Gutachten der Bahn war tatsächlich ansteckend.

Von großen Ereignissen findet man ja immer wieder Massengräber. Wir erleichtern wenigstens in Stuttgart künftigen Archäologen und Altertumsforschern die Arbeit. Hier führen durch ganz Deutschland von Paris und Bratislava aus Schienen direkt zum Arnulf-Klett-Platz, wo wir unser Geld begraben und unsere Vernunft beerdigt haben.
Jeder Bürger im Land weiß, dass Stuttgart durch heftige Mineralquellen auf Wasser gebaut ist und dass da alles hochkommen kann. Aber genauso wie Gerd Schröder bei der Oder-Flut 2002 den Menschen ruhige Worte geschenkt hat, stehen sicher auch bei einer Überschwemmung in Stuttgart Regierungsverantwortliche bereit, um tatkräftig vor Ort zuzuschauen.

Außerdem würde Stuttgart dann nicht nur im Wasser, sondern auch in Spenden schwimmen. So resistent haben sich potentielle Opfer von Katastrophen noch nie gebärdet. Vor allem, wenn diese Katastrophen erst noch bevorstehen. Wenn man den Menschen in Pakistan vorher gesagt hätte, dass das ZDF in einer einzigen Nacht acht Millionen Euro an Spenden sammelt, kann man überzeugt sein, dass die Pakistani ihrer Flut mit Freude entgegengefiebert hätten. Kann man das von den Stuttgartern denn nicht erwarten?

Die Wirtschaftslage ist so schlecht, die Kommunen sind so pleite – Stuttgart hätte durch Spenden die einmalige Chance, wirklich in doppeltem Sinne hochzukommen durch eine breit angelegte Katastrophe.

Alle Gewaltlosigkeit geht vom Volk aus

Das alles versteht der deutsche Bürger plötzlich richtig.
Eine Schmerzgrenze scheint überschritten.
Der Leidensdruck hat eine Barriere erreicht, bei der der Deutsche spürt, dass er sich hier nur noch selbst helfen kann.

Die Bürger in der DDR haben 40 Jahre gebraucht, bis sie gemerkt haben, dass sie gerne eine Demokratie hätten. Die westdeutschen Bürger haben 60 Jahre gebraucht, bis sie gemerkt haben, dass sie schon eine haben!

Und so rückt dieser Bürger endlich auf ins Bewusstsein der politischen Kaste. Und es gibt gute Hoffnung, dass er sich zumindest Gehör verschafft und vor allem verschaffen will!
Und mit dem Internet wird ihm das Grundgesetz auch noch mundgerecht in Happen serviert. Ideal für eine Zapping-Gesellschaft. Es wird immer nur das auf den Tisch gestellt, was aktuell auf dem Speiseplan steht. Es gibt keine exotischen Dinge. Es gibt nur das, was den Deutschen persönlich tangiert und von dem er sich belästigt fühlt. Wie etwa durch die Ölkonzerne im täglichen Fortkommen mit seinem Auto.
So hat er sich erfolgreich gewehrt gegen eine Benzinmischung mit Namen »E 10«. Aber er hat auch den Atomwandel vorangetrieben. Er hat eine Schulreform in Hamburg platzen lassen per Volksentscheid.
Dieser Bürger bekommt das Gefühl, eine Menge plötzlich selbst bestimmen zu können.

Bisher haben wir alle vier Jahre wild irgendwo ein Kreuz gemacht, und das war es dann. Und ein Kreuz wurde auch nur deshalb zugestanden, weil die Regierungen der Ansicht waren, dass die meisten von uns nicht mal ihren eigenen Namen richtig schreiben können. Jetzt setzt sich dieser namenlose Bürger überall durch. Wenn das so weitergeht, haben wir in Deutschland bald die schönste Demokratie. Wir könnten endlich unsere heißersehnte Mitsprache zementieren, bei der sich jeder zu allem eine Meinung bilden, sich informieren und das dann verarbeiten muss.
Aber haben wir Deutschen das wirklich schon gelernt?

Das war ja das Problem nach dem Krieg:
Die Alliierten haben gesagt: Wir holen euch politisch die Sterne vom Himmel. Ihr kriegt was Tolles: Demokratie!
Und die lag dann Jahrzehnte bei uns zu Hause rum.
Es war, wie wenn man heute einem Obdachlosen eine Zehn-Meter-Yacht schenkt: Er kann sie nicht nutzen. Wir wussten nicht, wie wir Demokratie nutzen sollten. Wir wussten nicht mal, wie wir den Motor starten von dieser Demokratie. Jetzt läuft er. Aber wir Deutschen müssen nun erst mal auf viele Übungsplätze.

Denn wir Deutschen haben praktisch 60 Jahre im demokratischen Koma gelegen. Wir fangen mit der Außenwelt nichts mehr an. Und sie nichts mit uns. Diese Außenwelt, die fern vom Bürger ist. Also die Welt des Regierungsviertels in Berlin oder der diversen Landtage. Diese Welt kennt nicht mehr das, was wir noch kennen. Woran wir uns wieder erinnern.
Wir haben diese Politikziele von 1949 verschlafen, wachen auf und denken, wir hätten noch ein richtiges Grundgesetz. Aber das wird ja längst nicht mehr genutzt. Im Umfang des Briefgeheimnisses, des Asylrechts, des Rechts auf informationelle Selbstbestimmung.
Mitbestimmen, Demonstrieren, Kritik am Ausnutzen von

amtsgegebenen Annehmlichkeiten – das ist für die Gewählten, wie wenn wir nach langer Bewusstlosigkeit plötzlich Dampflok fahren wollen oder Kutsche und fragen, ob der Weltkrieg schon aus sei.

Aber wir geben keine Ruhe. Wir lassen uns nicht mehr abspeisen mit Paragraphen, Auslegungen und Gepflogenheiten.
Einem Rudolf Scharping oder einem Sigmar Gabriel haben ihre Eskapaden mit der Flugbereitschaft der Bundeswehr damals nur schlechte Tagespresse-Notizen eingebracht, ohne große Langzeitwirkung. Ein paar Jahre später ist der Wähler länger am Ball geblieben und hat seine persönliche Auffassung von Nachhaltigkeit durchgesetzt, als er etwa von ausladenden Einladungen eines Christian Wulff erfahren hat.

Fall-Beispiel Wulff

Dieser Christian Wulff war kurzzeitiger Bundespräsident. Viele werden sich nicht mehr erinnern. Die anderen werden sich hoffentlich nicht mehr erinnern wollen.

Und Christian Wulff wurde heftig kritisiert, weil er auf allen Spielplätzen der privaten Wirtschaft neue Freunde suchte. Und je mehr Vorwürfe und Fakten zusammengetragen wurden, die einen Rücktritt vom Amt immer näher legten, umso mehr plärrte Christian Wulff, er bleibe noch, er bleibe noch. Es sei so schön hier. Er wolle noch was »leernen«. Und er sagte, in fünf Jahren wolle er eine gute Bilanz vorlegen.

Es mutete an, wie wenn man den Autodieb erwischt und ihn auffordert, den Wagen zurückzugeben, und nur zur Antwort bekommt: »Nein, ich leerne noch, ich kann noch nicht Auto fahren. Und ich will in fünf Jahren beweisen, dass ich das Auto gut gepflegt habe.«

Man warf Wulff dann vor, er habe bei ähnlichen Vorwürfen gegen Rau und Glogowski Jahre vorher einmal ganz anders gesprochen. Jetzt müsse er doch diesem Anspruch auch für sich gerecht werden. Aber Wulff entgegnete, damals habe er eben noch nicht angefangen zu »leernen«.

Nein, damals hat er sicher noch nichts geahnt von den Grunddaten der privaten Finanzierung als Ministerpräsident und wie man das umwandelt in ein langfristiges Bundespräsidentenamt.

Und daraus ergab sich, dass die plötzlich auftauchende Frage, ob wir überhaupt noch einen Bundespräsidenten brauchen, auch gleichzeitig überflüssig geworden war. Mit diesem Wulff hatten wir bereits gar keinen mehr. Wir hatten höchstens einen Azubi. Er »leernte« ja nur. Er hatte das Präsidialamt tatsächlich gemacht zu einem Volontariat.

Und so wirkte auf einmal die ganze Aufregung über ihn besonders kleinmütig und kleingeistig. Was regten wir uns auf über einen Lehrling? Vor allem, weil er so deutlich machte, dass von ihm nichts abhing.
Er durfte nichts entscheiden. Schon weil er auch als ausgelernter, vollwertiger Präsident nichts entscheiden darf. Das Präsidentenamt ist rein formal und lässt sich reduzieren auf Dienstvilla, Flugbereitschaft, Händeschütteln und Dienermachen. Es ist im Grunde reine Fassade. Leeres Geplänkel. Und Christian Wulff war der Erste, der dieses leere, formale Amt auch inhaltlich und persönlich voll ausgefüllt hat.

Darüber hinaus aber soll der Präsident mit den wenigen Mitteln, die ihm zur Verfügung stehen, bekanntlich den Menschen vor allem Richtung und Orientierung geben und vorleben.
Und das machte Wulff:
Er zeigte, dass der Mensch klein sein kann, gierig, vorteilsheischend und aalglatt.
Und er kann trotzdem Präsident bleiben wollen.
Und als solcher war er vielleicht nicht menschlich. Das hieße, er hätte Verständnis für andere und nähme sich nicht so ernst. Wulff sagte, er sei »auch nur Mensch«. Das ist etwas ganz anderes. Denn das heißt, dass er nur Verständnis hat für sich und sich sehr wichtig nimmt. Denn wenn einer nur Mensch ist, muss er noch lange nicht menschlich sein.

Aus diesem Grund bekam Herr Wulff dann auch den Ehrensold zugesprochen: das lebenslang gewährte volle Amtshonorar. Weil die politischen Weggenossen der Ansicht waren, dass Herr Wulff juristisch ein Täter ist. Aber politisch kann das dennoch bedeuten, dass er sich richtig verhalten hat. Wer Politiker ist, muss auch die Fähigkeit haben, Täter zu sein.

Es gibt Leute, die das nicht verstehen.
Wahrscheinlich vor allem deswegen, weil sich die Moral so schnell wandelt in Deutschland. Wulff war aufgewachsen mit Helmut Kohl und Wolfgang Schäuble im Sinn. Diese Zeit hat ihn geprägt: mit Parteispenden, Geldübergaben unter dem Tisch, Geldfreundschaften, illegalen Konten, falsch deklarierten jüdischen Vermächtnissen, Bestechungsgeldern.
Wie sollte ein Herr Wulff so schnell »leernen«, dass sich das geändert hatte?

Die Frage war dann nur noch:
Wenn Vorteilsannahme für Beamte ein ähnlicher Vorwurf ist wie Steuerbetrug für leitende Angestellte – wieso hat eigentlich ein Klaus Zumwinkel dann keinen Zapfenstreich bekommen? Wann wird Wulff Ehrenbürger von Stadelheim, Sing-Sing oder Stammheim? Als Volksvertreter von Habsucht, Maßlosigkeit, Hochmut und Gier?

Die Wurzel für alle diese Verhaltensweisen liegt in einem Schlüsselsatz, den wir einst Ulla Schmidt zu verdanken hatten, als sie auf die Vorwürfe antwortete, sie sei zwar mit einem normalen Urlaubsflug nach Spanien geflogen, habe aber ihren Dienstwagen mit Chauffeur nach Spanien nachkommen lassen, weil sie ihn für Diensttermine brauchen wollte und ihn für 30 bis 40 Kilometer in Anspruch nahm. Das empfand der Wähler als in keiner Relation stehend und unverschämt übertrieben. Ulla Schmidt ließ wissen:
»Das steht mir zu!«

Viele haben kein Gefühl mehr, dass das, was ihnen zusteht, auch maßlos sein kann und in keinem Verhältnis steht zu dem, was dafür geleistet wird.

So nutzte vor Jahren einmal auch Annette Schavan während ihrer Amtszeit als Bundesministerin für Bildung und Wissenschaft die Flugbereitschaft für einen Kurztrip in die Schweiz – zum Preis von 26 500 Euro.

Damit sie zu einem Interview pünktlich kam.

Sie hatte einen Termin in Stuttgart um zwei Uhr nachmittags und um vier Uhr nachmittags einen in Zürich. Daraufhin ließ sie die Flugbereitschaft aus Berlin nach Stuttgart kommen, die die Strecke Stuttgart–Zürich in knapp anderthalb Stunden fliegen konnte, und gab als Begründung an, ein Auto wäre auch nicht schneller gewesen.

Oder meinte sie, ein Auto wäre vielleicht nur eine Viertelstunde langsamer gewesen? Wie immer in diesen Angelegenheiten konnte man die Aussage und die Ausrede nicht auseinanderhalten.

Frau Schavan empfand es als ganz natürlich, denn sie war gewählt. Und sie nahm bloß ein Dienstleistungsangebot des deutschen Steuerzahlers in Anspruch. Sie nutzte nur, was wir ihr zur Verfügung stellten.

Es stand ihr zu!

Sie brauchte da absolut kein Unrechtsbewusstsein. Dass sie von uns gewählt war, schien ihr praktisch Anstiftung zur Tat zu sein. So fühlte sie sich völlig zu Unrecht im Zwielicht stehend, denn vorher hatten schon ganz andere die Flugbereitschaft benutzt: Süssmuth, Rau, Gabriel hatten sich ja alle um Deutschland schon unverdient gemacht. Jetzt war eben sie einmal für viel Geld nach Zürich geflogen.

Wo war der Unterschied?

So mussten die Deutschen auch bei Annette Schavan erkennen, dass sich andere vielleicht einen Sportwagen leisten oder goldene Wasserhähne. Oder eine Luxuskreuzfahrt. Wir aber fahren und fliegen nicht selbst. Wir haben unsere Schavans, die für uns Unsummen in die Schweiz verfliegen.

Das leisten wir uns einfach.

Dafür sparen wir dann wieder an anderer Stelle.

Zum Beispiel bei der Moral.

Oder der Ehrbarkeit.

Oder beim Strom.

Der deutsche Steuerzahler leistet sich seine Politiker!

Er bekommt dafür einen Luxusstaat und fürstliche Repräsen-
tanten. Die Queen trägt auch nicht Plastikkrone oder wohnt im
Sozialbau. Linienflug ist für diese Politiker Sozialbau.

Das ist unkritisierbar.

Der Deutsche bringt alles fertig

In diesem Zusammenhang bekommt eine Bemerkung im Rahmen der Finanzkrise eine ganz andere Bedeutung.

Frau Merkel und Herr Sarkozy wollten ja bekanntlich Griechenland retten, mit der vornehmlichen Begründung – oder wie ein Joachim Gauck sagen würde: mit der »vorfindlichen« Begründung –, dort sei die Wiege der Demokratie.

In einem Griechenland, das uns jetzt erscheint als Nest für Korruption, Bestechung, Mauscheleien, Lügen und falsche Angaben. Aber damit weiß man auch, wo deutsche Politiker, die unter harten Bedingungen mit viel Mühsal ihre Vorteile suchen, wie Wulff und Guttenberg, Schavan und Gabriel, Demokratie gelernt haben müssen.

Denn wenn Demokratie aus Griechenland kommt, kann man unseren Hanseln gar nicht mehr böse sein wegen all der Korruption, der Schnäppchenjagd und der Geschenkementalität.

Sie denken, das ist die Urausgabe unserer Staatsform.

Sie wollen dem griechischen Ideal nur gerecht werden.

Denn Demokratie ist Volksherrschaft, und Volk ist jeder Einzelne. Und der Einzelne sucht in der Welt immer nach den besten Umständen, nach den größten Vorteilen, nach Gewinn und nach einer Chance, Geld zu sparen.

Das ist der Mensch.

Und die Demokratie ist für den Menschen.

Und irgendwann nutzt er auch die Demokratie nur zu seinem Vorteil.

Das heißt, wir haben Demokratie bisher einfach nur falsch verstanden.

So wie Honecker und Castro und Breschnew den Sozialismus falsch verstanden haben. Und missbraucht. So missbrauchen wir, das Volk, auf einmal die Demokratie für unsere Träume, weil wir den Oberen nichts gönnen.

Demokratie ist Korruption und Vorteilsannahme.
Alles andere sind Ideale von denen, die da nicht drankommen und die für die menschliche Natur nicht gedacht sind.

Deswegen kriegt Griechenland Geld.
Und deswegen kriegt ein Wulff Geld.
Beide haben sich verdient gemacht um diese reine Lehre der Demokratie: um Korruption und Vorteilsannahme.

Und wenn wir jetzt nach Wulff auch noch dieses korrupte Griechenland aus unserer Mitte herauswerfen würden, müssten sich Politiker ein ganz neues Weltbild anerziehen. Das wäre vergleichbar mit dem Ende der Monarchie oder der DDR. Mit dem Rauswurf von Wulff aber fingen wir an, uns auf einmal zu lösen von dem offensichtlichen griechischen Vorbild, das Kohl und Schäuble mit Spendenaffäre oder Scharping, Gabriel, Schavan, Gysi und Özdemir mit Freiflügen und anderen Nutzungen noch so perfekt vorgelebt hatten.

Jetzt fingen wir an, selbst die Demokratie zu nutzen und aus ihr unseren Nutzen zu schlagen. Wir wollen sie mitnehmen, weil wir meinen, sie brauchen zu können.

Im Moment können wir sie gut gebrauchen.
Sie wird kompatibler mit unseren Wünschen, das Leben in der Gesellschaft umzusetzen.
Das kann sich wieder verflüchtigen. Das kann sich aber auch wie ein Virus festsetzen, der nur zum Ausbruch kommt, wenn der Gemeinschaftskörper geschwächt ist oder wenn bestimmte

Symptome zusammentreffen. In jedem Fall lernen wir gerade, damit zu leben. Wir nehmen die Chancen der Demokratie wahr, wir wandeln sie um, wir ergänzen sie, bauen sie aus, und wir werden sie auch missbrauchen.

Das wird unumgänglich sein.

Und das müssen wir ertragen.

Und jeden Tag entscheidet es sich neu, wohin wir mit dieser Demokratie gehen wollen.

Denn wenn wir uns erinnern an die deutsche Geschichte und was in ihr alles möglich gewesen ist, fällt uns als Erstes ein, dass man Jahrzehnte verwundert darüber diskutierte, wie es möglich war, dass nach dem Zweiten Weltkrieg auf deutschem Boden mit gleicher nationaler Geschichte zwei so unterschiedliche Deutschlands entstehen konnten wie die BRD und die DDR.

Und diese beiden Deutschlands waren, das kommt noch erschütternderweise dazu, in ihren Systemen Kapitalismus und Kommunismus jeweils die besten und unter den Ihren angesehen als die Musterschüler ihrer Lehrer USA und UdSSR.

Übrigens auch im Vorgaukeln.

Mit der Einheit wurde klar, dass der Osten Deutschlands nur den Primus vorgespielt hatte und in Wahrheit seit Jahrzehnten hätte nachsitzen müssen.

Es ist zu bezweifeln, dass solch demütige Erfüllung der Vorgaben möglich gewesen wäre mit einem geteilten Frankreich oder einem gespaltenen Holland.

Denn vor allem der Deutsche kannte bisher zuerst die Pflicht. Vor jedem Wunsch nach persönlicher Entfaltung. Wenn man ihn nötigt, setzt er gewissenhaft um, was von ihm verlangt wird.

So lange, bis er meint, er verlange es von sich selbst.

Deswegen gilt vermutlich auch für die weitere Zukunft:

Die Deutschen sind zu allem fähig.

Man kann ihnen alles zumuten.
Und man kann mit den Deutschen alles machen.
Zur Not auch eine richtige Demokratie.
Deutschland to go!